1627년 1월 16일부터 3월 17일까지 40일간 정묘일기
1636년 12월 13일부터 1637년 2월 15일까지 62일간 병정일기
정묘호란 때 소현세자 분조활동, 병자호란 때 관악산 일대 피란생활

용주 조경 호란일기

龍洲 趙絅 胡亂日記

趙絅 원저 · 申海鎮 역주

보고사
BOGOSA

머리말

 이 책은 미간행된 《용주유고(龍洲遺稿)》에 담긴 4종의 일기 가운데 호란 관련 〈정묘일기〉와 〈병정일기〉를 번역하였다.

 1627년 정묘호란이 일어나 인조(仁祖)가 강화도에 파천하고 소현세자(昭顯世子)가 전주에서 분조(分朝)를 할 때, 용주 조경(趙絅, 1586~1669)은 세자 시강원(世子侍講院) 사서(司書)로서 세자를 따라가 전주에 멀물다가 3월에 다시 강화도로 들어갔다. 바로 이때 1월 16일부터 3월 17일까지 동안의 기록으로, 1월 19일 및 2월 27일부터 3월 16일까지는 쓰여지지 않은 40일간의 일기가 곧 〈정묘일기〉이다.

 1636년 12월 14일 외적의 경보가 아주 급하다는 소식을 들은 조경(趙絅)은 계모 진천 송씨(鎭川宋氏)와 처자식을 어린 동생인 조구(趙緱, 1613~1640)와 사위들(李維楨, 李惇臨 등)에게 부탁하고, 말을 타고서 두 노복과 함께 남한산성으로 갔지만 이미 청나라 군사들에게 포위되어 있어서 성안으로 들어가지 못한 채, 과천의 관악산, 수리산, 청계산 등을 전전하며 피란을 한 것으로, 1636년 12월 13일부터 1637년 2월 15일까지 1월 27일만 빠진 62일간의 일기가 곧 〈병정일기〉이다.

 〈정묘일기〉는 시강원 사서로서 분조에 참여했던 일기인데, 조선시대에는 두 차례의 분조가 있었음은 주지의 사실이다. 분조는 전란과 같은 국가의 비상시국에 조정을 둘로 나누어 세자가 이끄는 작은

정부인데, 임진왜란 때의 광해군(光海君) 분조 활동이 정묘호란 때의 소현세자 분조 활동에 비해 상대적으로 세간에 더 많이 알려져 있다. 이러함으로써, 용주 조경의 개인적 일상보다는 분조에서 소현세자의 활동을 중심으로 수행 관원 및 지방의 감사와 병사, 고을 수령들의 전란 준비 태세와 행적 등을 기록한 조경의 〈정묘일기〉는 더욱 값진 자료라 할 것이다. 서울대학교 규장각한국학연구원이 소장한《동궁일기(東宮日記)》 가운데 소현세자 분조 활동에 대한 기록 부분을 주목한 『역주 소현분조일기』(성당제·유연석·이남종 공역, 민속원, 2008)와 함께 본다면 자료적 가치를 살필 수 있을 것으로 여겨진다. 그리고 당시 인조의 강화도 행재소 동향은 『17세기 호란과 강화도』(신해진 편역, 역락, 2012)에 실린 〈강도일록(江都日錄)〉이 자세히 기록하고 있는바, 정묘호란 당시 행재소와 분조의 활동을 보다 종합적 관점에서 살피고자 한다면 두 자료를 함께 살피는 것이 효과적이라 할 수 있겠다. 〈강도일록〉은 역주자의 방조(傍祖) 만오(晩悟) 신달도(申達道, 1576~1631)가 기록한 것이다.

〈병정일기〉는 용주 조경이 1636년 6월 사간원 사간에 제수되자 좌의정 홍서봉(洪瑞鳳)을 탄핵하다 체직되어 고향 포천(抱川)에서 지내던 중, 그해 12월 호란이 일어나자 남한산성으로 갔으나 들어가지 못하고 과천(果川) 일대에 머물면서 관악산, 수리산, 청계산 등지로 옮겨 다닌 피란일기이다. 과천 현감 김염조(金念祖, 1589~1652)·전 낭천 현감 김경(金坰, 1595~1671)과 함께 피란민을 상대로 창의(倡義)하려 한 상황, 경기도 각 고을의 수령과 사대부 및 남양 부사 윤계(尹

槊) 그리고 충청도 감사(監司)와 병사(兵使), 유도대장 심기원(沈器遠) 등에게 격문(檄文)을 보내었거나 보내려 한 정황, 1637년 1월 7일엔 이인원·이형득·변취일·변해일 등 아전들과 6명의 노복 등을 거느리고 청나라 군사들과 전투를 벌인 긴박한 장면, 이후에는 적에게 쫓기며 겨우 목숨만을 부지하느라 관악산(冠岳山)의 영주대(靈珠臺)에서 수리산의 수리사(修理寺)·사신암(謝身庵), 청계산의 원통암(圓通菴)·청계사(淸溪寺)·수월암(水月菴) 등지로 피란 등이 기록되어 있다. 병자호란 관련 자료는 주로 남한산성 안에서 일어난 일들이 기술된 것들인 반면, 이 〈병정일기〉는 남한산성 밖의 전장(戰場)에서 청나라 군사들에게 쫓기며 겪을 수밖에 없었던 고난뿐만 아니라 충정까지도 살필 수 있는 값진 자료라 하겠다.

조경(趙絅)의 본관은 한양(漢陽), 자는 일장(日章), 호는 용주 이외 주봉(柱峯)·간옹(鬝翁)이다. 조수곤(趙壽崑, 생몰년 미상)의 증손자, 공조 좌랑 조현(趙玹, 1543~1606)의 손자이다. 부친 사섬시 봉사 조익남(趙翼男, 1564~1613)과 모친 류개(柳愷)의 딸 문화 류씨(文化柳氏, 1553~1598) 사이에서 첫째 아들로 태어났다. 계모는 송응일(宋應一)의 딸 진천 송씨(鎭川宋氏, 1579~1665)이다. 1612년 사마시에 합격하고, 1623년 인조반정 후 유일(遺逸)로 천거되어 형조 좌랑·목천 현감을 지냈다. 1626년 정시 문과에 장원급제한 뒤, 정언·교리를 지냈으며, 1627년 정묘호란 때 세자 시강원 사서(司書)로 소현세자의 분조를 수행하였다. 그 뒤 이조 정랑을 지냈고, 1636년 6월 사간원 사간에 제수되자 좌의정 홍서봉(洪瑞鳳)을 탄핵하다 체직되어 그해 12월 병자호란이 일어났을 때 인조(仁祖)를 남한산성으로 호종하지 못했지만, 척화를 주장하여 일본에 청병(請兵)하여 청군을 격퇴하자고 했으나 받아들여지지 않았다. 1643년 통신사 부사로 일본에 다녀온 뒤 형조 참의·전주 부윤을 지냈다. 이어서 이조 참의가 되고 대제학·형조 판서·예조 판서·이조 판서를 지냈으며, 1650년 청나라 사문사(査問 使)가 와서 척화신(斥和臣)이라 하여 의주의 백마산성에 안치되었으나 이듬해에 풀려났다. 1655년 기로소(耆老所)에 들어갔다.

미간행《용주유고》는 1703년 용주(龍洲)의 손자 조구원(趙九畹, 1656~?)이 간행한 목판본 문집 이름과 동일하다고 하여《용주일기(龍 洲日記)》로 불리기도 한다. 이 문헌은 각산(覺山) 조영원(趙永元, 1892~ 1974) 소장본과 심재(心齋) 조국원(趙國元, 1905~1988) 소장본이 있는 데, 각산 소장본이 선본(先本)이라 한다. 겉표지의 표제 우측에 작은 글씨로 '丁卯日記', '乙亥南征日記', '丙丁日記', '庚寅日記', '辛卯 日記' 등 각 일기의 제목이 종서(縱書)로 적혀 있다. 이 가운데 이 책에서는 호란 일기와 관련 있는 〈정묘일기〉와 〈병정일기〉를 취택한 것이다. 그리하여 역주서의 표제를 '용주 조경 호란일기'라 하였다.

소장자 조영원은 1910년 일제에 의하여 국권이 강탈당하자, 당시 서간도(西間島)에 망명 중인 이동녕(李東寧)·이시영(李始寧) 등과 연 락을 취하며 국내에서 활동하다가 1920년 8월 중국 상해로 망명하여 상해 임시정부(上海臨時政府) 의정원 의원 등을 지냈고, 1921년 의열 단(義烈團)에 가입하여 중앙 집행위원을 역임하였다. 1926년 촉성회 대표로 만주에 파견되어 김좌진(金佐鎭)이 이끌던 신민부(新民府)의 군사위원의 활약하면서 신창학교를 창설하여 인재 양성에 힘썼으며, 1932년 이청천(李靑天)이 조직한 한국 독립군 총사령부(韓國獨立軍總司令部)의 참모로 독립군을 양성하는 등 활약하다가 1933년 9월 봉천(奉天) 일본 영사관 경찰에 의해 체포되어 신의주 형무소에서 3개월간 옥고를 치르고 석방되었다. 1968년 독립유공자 대통령 표창을 받았고, 1982년 '독립지사 각산 조영원 선생 공적비'가 세워지기도 하였다. 그러나 미간행본《용주유고》는 누가 필사한 것인지, 원본이 어떠한 것인지 현재로서 확인할 수 있는 자료는 없다고 한다.

누군가가 일으킨 명분 없는 전쟁으로 인하여 수많은 사람의 희생이 뒤따랐을 역사는 결국 뒤안길로 사라지겠지만, 그래도 우리는 그 속에서 미처 보지 못했던 것은 없었는지 자문해 보는 것이야말로 우리네 선조들의 기록물을 대하는 자세가 되어야 하지 않을까 한다.

한결같이 하는 말이지만 나름대로 최선을 다하고자 했다. 그러함에도 불구하고 여전히 부족할 터이니 대방가의 질정을 청한다. 끝으로 편집을 맡아 수고해 주신 보고사 가족들의 노고와 따뜻한 마음에 심심한 고마움을 표한다.

2023년 5월 빛고을 용봉골에서
무등산을 바라보며 신해진

차례

머리말 / 3
일러두기 / 12

정묘일기 丁卯日記

알림 : 일기가 없는 날짜에 *표를 붙임.

1627(천계 정묘년)

1월 16일	… 15	1월 29일	… 55
1월 17일	… 16	2월 1일	… 58
1월 18일	… 19	2월 2일	… 61
1월 19일*	… 22	2월 3일	… 64
1월 20일	… 22	2월 4일	… 70
1월 21일	… 25	2월 5일	… 71
1월 22일	… 26	2월 6일	… 72
1월 23일	… 27	2월 7일	… 73
1월 24일	… 27	2월 8일	… 76
1월 25일	… 35	2월 9일	… 77
1월 26일	… 41	2월 10일	… 78
1월 27일	… 47	2월 11일	… 81
1월 28일	… 52	2월 12일	… 83

2월 13일	··· 85		3월 1일*	··· 106
2월 14일	··· 87		3월 2일*	··· 106
2월 15일	··· 90		3월 3일*	··· 106
2월 16일	··· 93		3월 4일*	··· 106
2월 17일	··· 97		3월 5일*	··· 106
2월 18일	··· 98		3월 6일*	··· 106
2월 19일	··· 100		3월 7일*	··· 106
2월 20일	··· 101		3월 8일*	··· 106
2월 21일	··· 102		3월 9일*	··· 106
2월 22일	··· 102		3월 10일*	··· 106
2월 23일	··· 103		3월 11일*	··· 106
2월 24일	··· 104		3월 12일*	··· 106
2월 25일	··· 105		3월 13일*	··· 106
2월 26일	··· 105		3월 14일*	··· 106
2월 27일*	··· 106		3월 15일*	··· 106
2월 28일*	··· 106		3월 16일*	··· 106
2월 29일*	··· 106		3월 17일	··· 107
2월 30일*	··· 106			

병정일기丙丁日記

1636(황명 숭정 병자년)

6월	··· 111		12월 13일	··· 114

12월 14일 ··· 114

12월 15일 ··· 117

12월 16일 ··· 119

12월 17일 ··· 121

12월 18일 ··· 123

12월 19일 ··· 127

12월 20일 ··· 130

12월 21일 ··· 133

12월 22일 ··· 133

12월 23일 ··· 134

12월 24일 ··· 135

12월 25일 ··· 135

12월 26일 ··· 138

12월 27일 ··· 139

12월 28일 ··· 140

12월 29일 ··· 142

12월 30일 ··· 143

1637(정축년)

1월 1일 ··· 146

1월 2일 ··· 147

1월 3일 ··· 147

1월 4일 ··· 148

1월 5일 ··· 149

1월 6일 ··· 151

1월 7일 ··· 152

1월 8일 ··· 157

1월 9일 ··· 157

1월 10일 ··· 158

1월 11일 ··· 158

1월 12일 ··· 159

1월 13일 ··· 164

1월 14일 ··· 164

1월 15일 ··· 165

1월 16일 ··· 166

1월 17일 ··· 166

1월 18일 ··· 167

1월 19일 ··· 167

1월 20일 ··· 168

1월 21일 ··· 168

1월 22일 ··· 169

1월 23일 ··· 169

1월 24일 ··· 170

1월 25일 ··· 171

1월 26일 ··· 171

1월 28일	… 175	2월 7일	… 181
1월 29일	… 175	2월 8일	… 181
1월 30일	… 175	2월 9일	… 181
2월 1일	… 176	2월 10일	… 182
2월 2일	… 177	2월 11일	… 183
2월 3일	… 177	2월 12일	… 183
2월 4일	… 178	2월 13일	… 183
2월 5일	… 179	2월 14일	… 184
2월 6일	… 179	2월 15일	… 184

찾아보기 / 185
용주 조경 참고 논문 / 195
용사유고 영인자료 / 276

일러두기

이 책은 다음과 같은 요령으로 엮었다.

01. 번역은 직역을 원칙으로 하되, 가급적 원전의 뜻을 해치지 않는 범위 내에서 호흡을 간결하게 하고, 더러는 의역을 통해 자연스럽게 풀고자 했다. 다음의 자료가 참고되었다.
    • 『용주일기』, 권오영 역, 용주연구회, 2014.
02. 원문은 저본을 충실히 옮기는 것을 위주로 하였으나, 활자로 옮길 수 없는 古體字는 今體字로 바꾸었다.
03. 원문표기는 띄어쓰기를 하고 句讀를 달되, 그 구두에는 쉼표(,), 마침표 (.), 느낌표(!), 의문표(?), 홑따옴표(' '), 겹따옴표(" "), 가운데점(·) 등을 사용했다.
04. 주석은 원문에 번호를 붙이고 하단에 각주함을 원칙으로 했다. 독자들이 사전을 찾지 않고도 읽을 수 있도록 비교적 상세한 註를 달았다.
05. 주석 작업을 하면서 많은 문헌과 자료들을 참고하였으나 지면관계상 일일이 밝히지 않음을 양해바라며, 관계된 기관과 여러분께 진심으로 감사드린다.
06. 이 책에 사용한 주요 부호는 다음과 같다.
    (　　) : 同音同義 한자를 표기함.
    [　　] : 異音同義, 出典, 교정 등을 표기함.
    "　　" : 직접적인 대화를 나타냄.
    '　　' : 간단한 인용이나 재인용, 또는 강조나 간접화법을 나타냄.
    〈　　〉 : 편명, 작품명, 누락 부분의 보충 등을 나타냄.
    「　　」 : 시, 제문, 서간, 관문, 논문명 등을 나타냄.
    《　　》 : 문집, 작품집 등을 나타냄.
    『　　』 : 단행본, 논문집 등을 나타냄.
07. 이 책과 관련된 안내 사항은 다음과 같다.
    • 이 책의 원전 이미지는 한국학중앙연구원 권오영 교수와 안동대학교 한문학과 안병걸 명예교수의 후의에 힘입어 첨부될 수 있었음을 밝히며, 고마운 마음을 전한다.
    • 이 책의 원전 이미지는 한양조씨 문중 조정인 선생의 주선으로 각산(覺山) 조영원 (趙永元, 1892~1974) 소장본을 접할 수 있었음을 밝히며, 아울러 고마운 마음을 전한다. 현재는 조영원의 손자 조인행(趙寅行, 1938년생) 씨가 소장하고 있다.

정묘일기

丁卯日記

번역과 원문

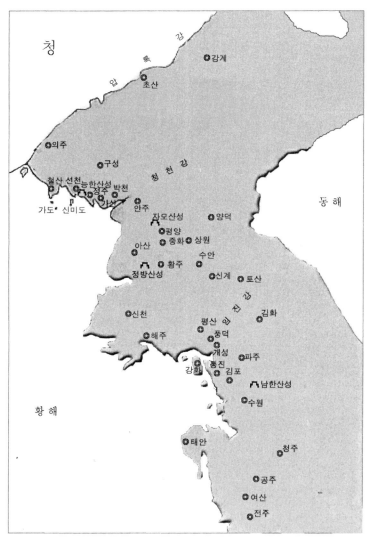

청

압 록 강

강계

초산

의주

구성

청 천 강

철산 선천 능한산성 박천
정주
가도 신미도 선산
안주
자모산성
양덕
평양
아산 중화 상원
수안
정방산성 황주
신계 토산

동 해

신천
평산 김화
해주 풍덕
개성 파주
강화 통진 김포
남한산성
수원

황 해

태안
청주

공주
여산
전주

호란 당시의 참고 지명

1627
천계 정묘년

1월 16일.

　나는 병으로 인하여 정고(呈告: 사직 청원)를 3번이나 하고서야 간관 (諫官)의 직임에서 교체되어 문을 닫아걸고 집에 들어앉아 있었다. 홀연히 들리기를, 뜰 가운데 노복들이 모두 분주히 하늘을 가리키며 내는 괴이한 소리였다. 곧바로 방문을 열고 밖으로 나와 눈을 치뜨고 서 하늘을 보니, 햇무리가 서로 엇갈린데다 흰 무지개가 가운데를 관통하였는지라 놀랍고 괴이해 마지않았다.

　마침내 《한사(漢史: 漢書)》〈천문지(天文志)〉를 죽 훑어보며 예전 일들을 살펴보니, 하늘에 떠 있는 해가 이지러지면 임금은 몸을 단속 하고 일을 바로잡아야 한다는 말을 보고서 대궐에 호소하려고 생각했 으나 그만두었다.

　이보다 앞서 병인년(1626)에 의주(義州)에서 하루는 휘몰아치는 바 람이 갑자기 일어나자, 통군정(統軍亭) 가에 있던 100년이나 된 고목 이 꺾여 조각조각 나서 날아올랐고, 바닷물 또한 넘쳐서 평탄한 육지 30리가 잠긴데다 가산(嘉山)과의 사이도 그러하였으니, 화란(禍亂)이 일어난 것은 그 조짐이야말로 여기에서 비롯되었던 것인가?

天啓 丁卯 正月日

十六日。

儂以病呈告[1]者三, 得遞諫职, 閉戶而坐。忽聞庭中, 奴僕有盡
奔走, 指天怪訝之聲。卽推戶而出, 戴目而觀日, 有暈珥[2]相叉,
白虹交貫乎中, 驚怪不已。遂閱《漢史》〈天文志〉, 考諸前事, 見
懸象[3]忿, 則人君勅身正事之語, 意欲叫閽而止。盖先是在丙寅,
義州[4]一日, 震風[5]忽起, 統軍亭[6]上, 百歲古木摧折, 作片片而飛,
海且溢沈平陸三十里, 嘉山[7]間亦然, 禍亂之作, 其兆於是耶?

1월 17일。

조정의 인사에서 세 후보자 중 첫째로 천거되어 사서(司書)에 제수

1　呈告(정고): 벼슬아치가 임금에게 사직 또는 휴가를 청하는 일.
2　暈珥(훈이): 귀고리처럼 생긴 햇무리.
3　懸象(현상): 하늘에 있는 해, 달, 별 따위의 여러 물상.
4　義州(의주): 평안북도 북서부에 있는 고을. 동쪽으로는 삭주군·구성군, 남쪽으로
　　는 용천군·철산군·선천군, 북서쪽으로는 압록강을 사이에 두고 중국(만주 지방)
　　과 접한다.
5　震風(진풍): 몹시 세고 빠르게 부는 바람.
6　統軍亭(통군정): 평안북도 의주군 의주읍에 있는 조선시대의 누정. 義州 邑城에
　　서 제일 높은 압록강 기슭 三角山 봉우리에 자리잡고 있는데, 서북방위의 거점이
　　었던 의주 읍성의 북쪽 將臺로서 군사 지휘처로 쓰였다.
7　嘉山(가산): 평안북도 박천군에 있는 고을.

되었다.

이날 평안감사 윤훤(尹暄)이 치계(馳啓: 임금에게 급히 서면으로 상주함)하기를, "13일 노적(奴賊)이 의주성을 포위하였습니다."라고 하였다. 주상은 비변사의 당상관 및 대신들과 양사(兩司: 사헌부와 사간원) 장관을 불러들여 만나보고서 연평부원군 이귀(李貴)가 말한 대로 피난하여 강도(江都: 강화도)에 들어가는 계책을 즉시 결정하였고, 칠도(七道)에서 징병하여 체찰사 장만(張晩)·찬획사 김기종(金起宗) 등에게 도감포수(都監砲手: 훈련도감 소속 포수) 수백 명과 분사복(分司僕: 德應房) 소속 말 30필을 거느려 서쪽으로 내려가도록 하였다. 장만은 일기(馹騎: 역마)가 부족하다고 핑계대면서 지체하며 떠나지 않다가 명을 받은 지 7일 만에야 비로소 송도(松都: 개성)에 이르렀다.

十七日。

朝政[8], 以首望[9]拜司書[10]。是日, 平安監司尹暄[11], 馳啓: "十三

---

8 朝政(조정): 조정의 인사. 政事는 벼슬아치의 임명과 해임에 관한 일이다.

9 首望(수망): 벼슬아치를 임명하기 위하여 이조 및 병조에서 추천하던 세 사람의 후보자 중 첫 번째 후보자.

10 司書(사서): 조선시대에 왕세자의 교육을 담당하던 세자시강원의 정6품 관직.

11 尹暄(윤훤, 1573~1627): 본관은 海平, 자는 次野, 호는 白沙. 아버지는 영의정 尹斗壽이다. 형인 영의정 尹昉을 비롯한 네 형제가 모두 높은 관직에 진출하였다. 成渾의 문인이다. 1625년 평안도관찰사로 부임한 뒤 1627년 정묘호란이 일어나자 副體察使를 겸직하여 적과 싸웠다. 그러나 安州를 빼앗긴 뒤 평양에서 싸우고자 하였지만 병력과 장비의 부족으로 從事官 洪命耉의 건의를 받아들여 다시 成川으로 후퇴하였다. 이로 인하여 황해병사 丁好恕도 싸우지 않고 황주를 포기하는 등, 전세를 불리하게 하였다는 죄로 체포되어 의금부에 투옥되었다. 형 윤방

日奴賊，圍義州城."云．上引見備局堂上¹²及大臣·兩司長官，以
延平府院李貴¹³言，卽定避入江都之計，徵兵七道，遣體察使張
晩¹⁴·贊畫使金起宗¹⁵等，領都監砲手¹⁶數百·分司僕¹⁷馬三十匹，

을 비롯하여 조카 尹新之의 아내이며 仁祖의 고모인 貞惠翁主가 구명운동을
벌였으나 강화도에서 효수되었다.

12 備局堂上(비국당상): 조선시대 備邊司의 통정대부 이상의 당상관을 이르는 말.

13 李貴(이귀, 1557~1633): 본관은 延安, 자는 玉汝, 호는 默齋. 광해군의 폭정을
    개탄하여, 1623년 金瑬·申景禛·崔鳴吉·金自點 및 두 아들 李時白·李時昉 등
    과 함께 광해군을 폐하고 선조의 손자 綾陽君(仁祖)을 추대하여 扈衛大將·이조
    참판 겸 義禁府同知事·左贊成이 되었고, 靖社功臣 1등으로 延平府院君에 봉해
    져 功西의 영수가 되었다. 1626년 병조판서·이조판서를 지내고, 같은 해 金長生
    과 仁獻王后의 喪을 2년으로 주장하다가 대간의 탄핵을 받아 사직했다. 이듬해
    정묘호란 때 왕을 강화도에 호종하고 崔鳴吉과 和議를 주장하다가 대간의 탄핵을
    받았다.

14 張晩(장만, 1566~1629): 본관은 仁同, 자는 好古, 호는 洛西. 1623년 인조반정
    으로 도원수에 임명되어 원수부를 평양에 두고 후금의 침입에 대비하였다. 1624
    년 李适의 반란을 진압하여, 振武功臣 1등에 책록되고 輔國崇祿大夫에 올라
    玉城府院君에 봉해졌다. 이어 우찬성에 임명되고 팔도도체찰사로 개성유수를
    겸했으며, 그 뒤 병을 구실로 풍덕 別墅로 내려갔으나 왕의 峻責을 받고 다시
    조정에 들어와 병조판서로 도체찰사를 겸하였다. 그러나 1627년 정묘호란에 후
    금군을 막지 못한 죄로 관작을 삭탈당하고 부여에 유배되었으나 앞서 세운 공으
    로 용서받고 복관되었다.

15 金起宗(김기종, 1585~1635): 본관은 江陵, 자는 仲胤, 호는 聽荷. 1624년 李适
    의 난 때 도원수 張晩의 종사관으로 공을 세워 振武功臣 2등에 책록되고 瀛海君
    에 봉해졌다.

16 都監砲手(도감포수): 1594년에 설치되어 군사훈련을 맡아보던 훈련도감에 소속
    된 포수.

17 分司僕(분사복): 조선조 때 司僕寺의 分司. 궁내의 乘輿와 말안장 따위를 맡아보
    던 곳으로 德應房이라고도 한다. 덕응방의 관장 아래 평상시에는 20필, 바쁠
    경우에는 30필을 교대로 타도록 하였다.

西下。晚託以駉騎不足, 逗遛不發, 受命七日, 始至松都。

1월 18일。맑음。

공경하게 인사드리고 노친(老親: 조경의 계모)과 기약 없이 헤어졌다. 이날 아침에 노친은 어린 동생들 및 가솔들을 데리고 피난하여 포천(抱川)으로 갔다.

나는 사은숙배(謝恩肅拜)한 다음 그대로 시강원(侍講院: 세자시강원)에 들어가 숙직하니, 전쟁이 발발한 경보(警報)가 연달아 와서 위급함을 알렸다. 오후가 되자 의주성(義州城)이 함락되었다는 보고가 왔는데, 부윤(府尹) 이완(李莞)은 몸소 육박전을 벌이면서 적 수십여 명을 죽이고 나서 죽었고 판관(判官) 최몽량(崔夢亮) 또한 의주성 서문에서 죽임을 당했다고 하였다. 이완은 곧 고(故) 통제사 이순신(李舜臣)의 조카로 자못 날래고 용맹한데다 책략도 있었으니, 나라가 의지하여 서쪽 지방 관문의 방어를 맡겼으나 갑작스럽게 하루아침에 성이 함락되고 전사했다는 소식이 이르렀다. 이 소식으로 도성이 매우 동요하였으나 조정에서는 방어할 계책을 세우지 못하였다.

오후에 능한산성(凌漢山城)에서 패전했다는 소식이 또 이르렀다.

十八日。晴。

肅謝, 與老親[18]決別。是朝, 老親率稚弟及家屬, 避往抱川[19]。

---

18 老親(노친): 조경의 친부 趙翼男은 1564년에 출생하여 1613년 죽었고, 친모는

儂肅謝²⁰後, 仍入直講院²¹, 羽書²²連續告急. 午後, 報義州城陷,
府尹李莞²³, 身自搏戰, 殺賊數十餘而死, 判官崔夢亮²⁴, 亦遇害
於城西門云. 盖莞卽故統制李舜臣²⁵之姪子, 頗有精悍膽略, 國

柳愷의 딸 文化柳氏로 1553년에 출생하여 1598년에 죽은 바, 계모 宋應一의
딸 鎭川宋氏를 가리킴. 진천송씨는 1579년에 출생하여 1665년 죽었기 때문이다.

19 抱川(포천): 경기도 북동부에 있는 고을. 동쪽은 강원도 화천군·경기도 가평군,
서쪽은 연천군·동두천시·양주시, 남쪽은 의정부시·남양주시, 북쪽은 강원도 철
원군과 접한다.

20 肅謝(숙사): 謝恩肅拜. 예전에 임금의 은혜에 감사하며 공손하고 경건하게 절을
올리던 일. 벼슬에 임명된 자가 처음 出仕할 적에 먼저 궁중에 참배하는 것을
肅拜라 하고 또 謝恩이라고도 하는데, 이것을 합쳐 숙사라 한다.

21 講院(강원): 侍講院. 조선시대 왕세자의 교육을 담당한 관청인 世子侍講院이다.
태조 초기 世子官屬을 개칭한 이름이다.

22 羽書(우서): 매우 급히 군사를 징집하려 할 때 전하는 격문. 옛날 중국에서 매우
급한 일이 있을 때에 날아 가듯이 빨리 가라는 뜻으로 닭깃을 꽂아 보내던 일에서
유래한다.

23 李莞(이완, 1579~1627): 본관은 德水, 자는 悅甫. 1592년 임진왜란 때 숙부
李舜臣 휘하에 종군하였고, 1598년 露梁 해전에서 이순신이 전사한 사실을 알리
지 않고 督戰하여 전쟁을 승리로 이끌었다. 1599년 무과에 급제. 인조 초에 水使
가 되어 利川에서 李适의 난을 평정한 공으로 嘉善大夫에 올랐다. 義州府尹
때 명나라 毛文龍과 사이가 좋지 못하였다. 1627년이 정묘호란이 일어나 적이
의주를 포위하였을 때 적과 싸우다가 중과부적으로 패하자 병기고에 불을 지르고
종제 李藎과 함께 焚死하였다.

24 崔夢亮(최몽량, 1579~1627): 본관은 慶州, 자는 啓明. 1612년 진사시에 합격하였
고, 1617년에 알성문과에 급제하였으며, 1625년에는 의주판관이 되었다. 1627년
정묘호란을 당하여 鍾峴에서 督戰하였는데, 적군을 선도하는 姜弘立을 발견하고
나라를 배반하고 적군을 돕는다고 꾸짖다가 포로가 되었다. 이 때 끝내 굴복하지
않고 죽었다.

25 李舜臣(이순신, 1545~1598): 본관은 德水, 자는 汝諧. 1576년 식년무과에 급제
했다. 1589년 柳成龍의 천거로 高沙里僉使로 승진되었고, 절충장군으로 滿浦僉

家倚以爲西門鎖鑰²⁶, 猝然一朝, 城陷身死, 報至。都下大震, 朝
廷不得爲守禦之策矣。午後, 凌漢山城²⁷, 敗報又至。

使 등을 거쳐 1591년 전라좌도 水軍節度使가 되어 여수로 부임했다. 이순신은
왜침을 예상하고 미리부터 군비 확충에 힘썼다. 특히, 전라좌수영 본영 선소로
추정되는 곳에서 거북선을 건조하여 여수 종포에서 點考와 포사격 시험까지 마치
고 돌산과 沼浦 사이 수중에 鐵鎖를 설치하는 등 전쟁을 대비하고 있었다. 임진왜
란이 일어나자 가장 먼저 전라좌수영 본영 및 관하 5관(순천·낙안·보성·광양·
흥양) 5포(방답·사도·여도·본포·녹도)의 수령 장졸 및 전선을 여수 전라좌수영
에 집결시켜 전라좌수영 함대를 편성하였다. 이 대선단을 이끌고 玉浦에서 적선
30여 척을 격파하고 이어 泗川에서 적선 13척을 분쇄한 것을 비롯하여 唐浦에서
20척, 唐項浦에서 100여 척을 각각 격파했다. 7월 閑山島에서 적선 70척을 무찔
러 閑山島大捷이라는 큰 무공을 세웠고, 9월 적군의 근거지 부산에 쳐들어가
100여 척을 부수었다. 이 공으로 이순신은 정헌대부에 올랐다. 1593년 다시 부산
과 熊川의 일본 수군을 소탕하고 한산도로 진을 옮겨 本營으로 삼고 남해안 일대
의 해상권을 장악, 최초로 삼도수군통제사가 되었다. 1596년 원균 일파의 상소로
인하여 서울로 압송되어 圖圈의 생활을 하던 중, 우의정 鄭琢의 도움을 받아
목숨을 건진 뒤 도원수 權慄의 막하로 들어가 백의종군하였다. 1597년 정유재란
때 원균이 참패하자 다시 삼도수군통제사에 임명되었다. 12척의 함선과 빈약한
병력을 거느리고 鳴梁에서 133척의 적군과 대결, 31척을 부수어서 명량대첩을
이끌었다. 1598년 명나라 陳璘 제독을 설득하여 함께 여수 묘도와 남해 露梁
앞바다에서 순천 왜교성으로부터 후퇴하던 적선 500여척을 기습하여 싸우다 적탄
에 맞아 전사했다.

26 鎖鑰(쇄약): 중요한 곳을 지키는 것.
27 凌漢山城(능한산성): 평안북도 곽산군 곽산읍 凌漢山에 있는 산성. 삼국시대
   고구려의 문신 徐熙의 지휘하에 축조된 성이다. 이 성은 전략적으로 보아 우리나
   라 서북방 제1선의 중심지라 할 수 있는 의주 興化鎭에서 제2선인 안주에 이르는
   중간지점에 위치해 있다.

1월 19일。

내용 없음

十九日。

1월 20일。 맑음。

보덕(輔德) 윤지경(尹知敬)이 상소하여 청하기를, "신(臣)에게 정예
병 500명을 주시면 임진(臨津)에서 차단하겠습니다."라고 하며 또
알현하여 그 계책을 아뢰고자 청하니, 주상이 답하기를, "상소를 살
펴보고 잘 알았노라. 그대의 충성스럽고 용맹스러운 뜻이 지극히
가상하도다."라고 하였다. 마침내 만나볼 수 있게 불러들이도록 명하
자, 비국 대신(備局大臣)들이 이에 아뢰기를, "임진을 지키는 것은
오늘날 제일의 방책입니다. 지금 윤지경이 상소하였다는 말을 듣고
신(臣)들이 그를 맞아들여 서로 만나 보니, 임기응변을 생각하는 것이
확고하고 충성과 지모를 떨침에 사람들을 분발하도록 하였습니다.
대개 시종신(侍從臣)을 어사(御史)로 내려보내어서 군사를 감독하고
거느려 격려토록 하면, 여러 장수와 수령들이 명령을 따르지 않는
자가 없을 것입니다. 청컨대 윤지경에게 검독어사(檢督御史)라는 칭
호를 내려 속히 보내는 것이 어떠하겠습니까?"라고 하니, 윤허(允許)
한다고 전교하였다.

윤지경이 일개 서생(書生)으로서 의기가 북받쳐 슬퍼하며 자신의
몸을 돌아보지 않고 나라의 위급함을 따라 계책한 바가 족히 무엇이

고 할 수 있었으나, 출발하기에 앞서 아뢰었던 포수와 화약 등의
일이 모두 당사자(當事者: 권세자)에 의해 저지되어 끝내 무산되고
말았으니, 그 일을 아는 자는 분개하였다.

이날 나는 백후(伯厚: 金堉)와 함께 듣건대 호패청(號牌廳)이 도성
의 안팎에서 작성한 문서를 실어 강도(江都: 강화도)에 들여보내도록
하자 길에서 보는 사람들이 분개하고 통탄하지 않는 자가 없었다고
하였는데, 마침내 두 사람이 연명으로 글을 올려 호패를 혁파하여서
민심을 수습하고 앞길에 나아가서 군사들의 사기를 진작하도록 청하
니, 비변사(備邊司)에 계하(啓下: 결재하고 내려보냄)하였다.

二十日。晴。

輔德尹知敬[28], 上疏請: "假臣精兵五百, 遮截臨津." 且請對[29]陳
其計策, 答曰: "省疏具悉。極嘉爾忠勇之志." 遂命召見, 備局大
臣, 仍啓曰: "臨津把守, 爲今日第一策。今聞尹知敬上疏, 臣等邀
與相見, 商確機宜[30], 忠謀奮發, 令人動聳。大槪侍從之臣[31], 以御

---

28 尹知敬(윤지경, 1584~1634): 본관은 坡平, 자는 幼一, 호는 滄洲. 1623년 겸보덕으
    로 궐내에 입직하던 중 인조반정이 일어나 반정군에게 체포되어 처형될 뻔했으나
    李貴의 만류로 화를 면하고, 반정에 호응해 전한이 되었다. 이어 부응교·응교·
    집의·사간·사인을 역임하고 1627년 보덕으로 있을 때 정묘호란이 일어났다. 이때
    대부분의 조신들이 인조의 피란을 주장했으나 그는 500명의 군졸만 있으면 임진강
    을 막을 수 있다는 기개를 보여 檢督御史로 임진강에 파견되어 적을 막으려고
    전비를 갖추는 도중 강화가 성립되어 적이 물러갔다. 그 뒤 인조는 교서를 내려
    그의 활약을 칭찬했고 그 공으로 동부승지가 되었다.
29 請對(청대): 나라에 일이 있을 때 신하가 임금에게 時政에 대한 의견을 건의하고
    의논하기 위해 알현하기를 청하는 것.

史下去, 董率飭旅, 則諸將守令, 莫不用命。請尹知敬, 檢督御史
稱號, 速爲發送, 如何?" 傳曰允。知敬以一書生, 慷慨忘身, 循國
家之急, 其所規畫, 足以有爲, 而臨發所陳炮手火藥等事, 皆爲當
事者沮格, 終不免解散, 其事識者嘅焉。是日, 儂與伯厚[32] 聞號牌
廳[33], 載中外成冊, 輸入江都, 道路見者, 莫不憤惋, 遂連名上章,
請罷號牌, 以收人心, 進駐前路, 以振士氣, 啓下[34]備邊司。

---

30 機宜(기의): 임기응변. 현재의 정세를 객관적으로 파악한 뒤에 취하기에 바람직하
    다고 여겨 강구해 낸 대책.
31 侍從之臣(시종지신): 조선시대에 국왕을 가까이에서 모시며 국사를 처리하던
    신하의 총칭. 弘文館의 부제학·校理·부교리·修撰·부수찬, 司憲府·司諫院의
    臺諫, 藝文館의 檢閱, 承政院의 注書 등을 통틀어 시종신이라 하였다.
32 伯厚(백후): 金堉(1580~1658)의 字. 본관은 淸風, 호는 潛谷·晦靜堂. 1605년
    사마시에 합격하였다. 1623년 인조반정 이후에 의금부도사에 임명되었으며,
    1624년 2월 음성현감이 되었고 증광 문과에 급제하여 10월 정언에 임명되었다.
    1633년 9월 안변도호부사로 나가 청나라의 침입에 대비하는 중요한 직임을 맡기
    도 하였다. 여러 관직을 거친 뒤 1649년 우의정이 되어 대동법의 확장 시행에
    적극적이었으며 1651년 영의정이 되어서도 더 힘을 기울여 충청도에 시행하는데
    성공하기도 하였다.
33 號牌廳(호패청): 호패법에 관한 일을 맡아보는 관청. 호패법이란 대신과 백관으
    로부터 아래로는 서민과 공사천에 이르기까지 모두 각각 호패를 차게 하는 것이
    다. 그 호패에 성명, 나이, 거주지, 賦役名號를 쓰고 호패를 분실한 자는 贖錢을
    받은 후에 다시 내어 주고, 호패가 없는 자는 極罪로 다스렸으며 사사로이 위조한
    자는 참수형에 처하였으니, 이는 대개 국민이 도망하여 나라의 부역을 면할 수
    없게 하기 위한 것이다.
34 啓下(계하): 임금에게 올려진 啓聞에 대한 임금의 답이나 의견으로 내려진 것.
    임금은 계문을 보고 啓字印을 찍어 親覽과 決裁를 마친 것으로 표시하였다.

1월 21일。

자전(慈殿: 宣祖의 繼妃 仁穆大妃 金氏)이 강도(江都)를 향해 떠나자 중전(中殿: 仁祖의 비 仁烈王后 韓氏)·동전(東殿: 동궁 昭顯世子)이 수행하고 대신(大臣)으로 우상(右相) 오윤겸(吳允謙)이 뒤따르며 모셨는데, 야주현(夜晝峴: 야주고개) 길에 이르렀을 때 중관(中官: 내시)이 궐내로부터 명을 받들어 와서 중전과 동전이 돌아오도록 하였으니, 대신들이 분조(分朝: 세자가 거느리는 임시 조정)를 청하였기 때문이었다.

오후에 중전은 도로 길을 떠나 강도로 향하였다.

二十一日。

慈殿^{35}發向江都, 中殿^{36}·東殿^{37}隨行, 陪從大臣右相吳允謙^{38},

---

35 慈殿(자전): 宣祖의 繼妃 仁穆大妃(1584~1632)를 가리킴. 본관은 延安, 延興府院君 金悌男의 딸이다. 1602년 15세에 선조의 계비가 되고 1603년에 貞明公主를, 1606년에 永昌大君을 낳았다. 1613년 癸丑獄事로 영창대군이 유배되어 죽었고 본인은 폐위되어 西宮에 유폐되었다. 인조반정으로 복권되었다.

36 中殿(중전): 仁祖의 妃 仁烈王后 韓氏(1594~1635)를 가리킴. 본관은 淸州, 영돈녕부사 韓浚謙의 딸이다.

37 東殿(동전): 仁祖와 인열왕후 한씨 사이의 장남 昭顯世子(1612~1645)를 가리킴. 1610년 綾陽君(인조)과 결혼하여 淸城縣夫人으로 봉하여지고, 1623년 인조반정으로 왕비가 되었다. 슬하에 昭顯世子·鳳林大君·麟坪大君·龍城大君 4형제를 두었다.

38 吳允謙(오윤겸, 1559~1636): 본관은 海州, 자는 汝益, 호는 楸灘·土塘. 인조반정이 일어나자 대사헌에 임명되고, 이어 이조·형조·예조의 판서를 두루 역임하였다. 1624년 李适의 난이 일어나자 왕을 공주까지 호종하였다. 이어 예조판서·지중추부사를 거쳐 1626년 우의정에 올랐다. 1627년 정묘호란이 발생하자 왕명을 받고 慈殿과 중전을 모시고 먼저 강화도로 피난했으며, 환도 뒤 좌의정을 거쳐 1628년 70세로 영의정에 이르렀다.

至夜晝街³⁹, 中官⁴⁰自內將命, 命中殿·東殿還, 以大臣請分朝⁴¹也。午後, 中殿還發行, 向江都。

1월 22일。

전교하기를, "세자가 남쪽 지방으로 내려가서 모든 일을 형편에 맞게 처리하되, 수령의 자리가 비었을 경우에는 그곳에 합당한 사람을 골라 제수함으로써 격려하여 고무하는 바탕으로 삼고, 사태가 다급한 뒤에는 감사(監司)·병사(兵使)와 큰 고을의 수령까지 또한 제수하더라도 이조(吏曹)와 병조(兵曹)의 관원 중에 수행한 자가 제배(除拜: 절차를 갖추어 관직에 임명함)하는 일을 주관하며 그 주관한 일의 기록은 설서(說書)가 하도록 하라。"하였다.

○ 설서 오달승(吳達升)이 어명을 받들어 양전(兩殿)에게 문안하려고 부평(富平)에까지 이르렀다가 돌아와 아뢰었다.

二十二日。

傳曰: "世子下歸南方, 凡事便宜行之, 守令有闕, 擇其處可合人除授, 以爲聳動之地, 事急之後, 監兵使·大邑守令, 亦爲除授, 以吏兵曹官從行者, 主除拜⁴²事, 記事則說書⁴³爲之。"○說書吳達

---

39 夜晝街(야주가): 야주고갯길. 서울특별시 종로구 당주동의 일부이다.
40 中官(중관): 조선시대 內侍府의 관원을 두루 이르는 말.
41 分朝(분조): 위급한 때를 당하여 조정이 피란할 때, 임금과 세자가 따로 피란하여 세자가 거느리는 조정.

升[44], 承令問安于兩殿, 富平[45]而還報。

1월 23일。

안주(安州)에서 패했다는 소식이 이르렀다.

二十三日。

安州[46]敗報至。

1월 24일(임진)。

왕세자의 분조(分朝)가 남하하였는데, 전주(全州)를 머물 장소로 삼았다.

○ 왕세자를 모시고 따르는 관원으로는 영부사(領府事) 이원익(李元翼), 좌의정 신흠(申欽), 분병조 참판(分兵曹參判) 이명준(李命俊),

---

42 除拜(제배): 吏曹나 兵曹에서 예비 관리의 명단에 三望을 갖춰 임금에게 올려 결재를 받아 관직을 임명하는 것.

43 說書(설서): 世子侍講院에 소속된 정7품 관직. 翰林과 淸選이라 할 정도로 입사 자들의 선망의 대상이 되는 관직이었다. 시강원에서 大事를 기록하는 역할을 주로 담당하였다.

44 吳達升(오달승, 1591~1638): 본관은 海州, 자는 士玄. 1624년 증광시 문과에 급제하였다. 동부승지를 역임하였다.

45 富平(부평): 인천광역시 북동부에 있는 고을.

46 安州(안주): 평안남도 북서쪽 끝에 있었던 고을.

이조참의 이성구(李聖求), 찬획사(贊畫使) 이식(李植), 필선(弼善) 이경헌(李景憲), 겸문학(兼文學) 정홍명(鄭弘溟), 문학(文學) 김육(金堉), 겸사서(兼司書) 윤지(尹墀), 설서(設書) 오달승, 병조좌랑 김설(金卨), 익찬(翊贊) 이돈오(李惇五)·김적(金迪), 위솔(衛率) 신익량(申翊亮), 부솔(副率) 한익명(韓翼明), 동양위(東陽尉) 신익성(申翊聖), 지사(知事) 심열(沈悅)이었고, 체부(體府)의 종사관(從事官)으로는 헌납(獻納) 김세렴(金世濂), 군기시정(軍器寺正) 최유해(崔有海), 예조좌랑 목성선(睦性善), 상의원 직장(尙衣院直長) 김도(金濤), 사복시 주부(司僕寺主簿) 이시우(李時雨)이었고, 무관으로는 호위대장(扈衛大將) 유비(柳斐), 중군(中軍) 이영달(李英達)이었다.

○ 나는 처음에 왕세자를 모시고 따르는 반열에 낙점되지 않았으나, 이날 아침 본원(本院: 세자시강원)이 체찰사(體察使: 이원익)의 뜻을 주상에게 아뢰고 청하여 윤허를 받았다.

동전(東殿: 세자)의 행차가 떠나기에 앞서, 주상이 흥정전(興政殿)에 나아와 먼저 영부사와 대신을 불러들여 만나고, 파하여 나온 다음에 또 동양위(東陽尉: 신익성) 이하 시종신(侍從臣)들을 불러들여 만나고는 하교하기를, "세자가 어리니 경(卿)들은 모름지기 각자의 마음대로 하지 말고 온 힘을 다하여 돌보아 인도하도록 하라." 하였다. 여러 신하들이 모두 감격하여 눈물을 흘리고 절하였는데, 분병조참판(分兵曹參判) 이명준이 나아가 말하기를, "전하께서 평소에 양성한 장수들로 이서(李曙)와 신경진(申景禛)만 한 자가 없으나 노적(奴賊)들이 승승장구 쳐들어오는 이러한 때를 당하여 그들을 쓰지 않고 어느 때에 쓰려고 기다리십니까? 윤지경은 백면서생(白面書生)이면서도 오히려 상소하여 임진(臨津)에서 차단하겠다고 청하였는데, 이 서는 무장(武將)이면서도 도리어 물러나 남한산성을 지키면서 자기의 온전함을 도모하는 계책으로 삼으니 어찌 원통하지 않겠습니까? 신(臣)의 직분상 마땅히 말할 바가 아니오나, 오늘 멀리 떠남에 품은 생각을 다 말씀드리지 않을 수 없습니다."라고 하니, 주상이 답하기를, "조정에서 스스로 처치할 것이니, 분조(分朝)하는 자들은 스스로 분조의 일만 하면 되느니라." 하였다. 동양위, 이성구, 김세렴 등 모두 진언(進言)이 있었으나 기록할 만한 것은 없었다.

마침내 인사하고 나와 궐문 앞에 앉아 있으니, 안에서 어명으로 납약(臘藥)을 사람들에게 1봉지씩 하사하였다. 세자를 호위하여 모시고 흥화문(興化門: 경희궁의 문)을 나서서 한강(漢江)에 이르자, 날은 이미 저녁이었다. 세자가 배에 오르니, 배 위에는 장막(帳幕)이 설치되어 있지 않고 다만 띠를 엮은 자리가 깔려 있었다. 강바람이 매우 세차게 부는데다 풍경마저 처량하니, 시종신(侍從臣) 모두가 세자의 옥후(玉候)에 손상을 끼칠까 걱정하였고 이명(李溟)은 위를 향하여 정성을 쓰지 못함을 한스러워하였다.【협주: 이때 이명은 경기 감사였다.】초경(初更: 저녁 8시 전후)에 과천현(果川縣)에 이르렀다.

二十四日(壬辰)。

王世子分朝南下, 以全州爲駐駕之所。○陪從官領府事李元翼[47],

---

47 李元翼(이원익, 1547~1634): 본관은 全州, 자는 公勵, 호는 梧里. 1623년 반정

左議政申欽⁴⁸, 分兵曹參判李命俊⁴⁹, 吏曹參議李聖求⁵⁰, 贊畫使李
植⁵¹, 弼善李景憲⁵², 兼文學鄭弘溟⁵³, 文學金坮, 兼司書尹墀⁵⁴, 說

으로 인조가 즉위하자 제일 먼저 영의정으로 부름을 받았다. 광해군을 죽여야
한다는 여론이 높아지자, 인조에게 자신이 광해군 밑에서 영의정을 지냈으니
광해군을 죽여야 한다면 자신도 떠나야 한다는 말로 설복해 광해군의 목숨을
구하기도 하였다. 1624년 李适의 난 때에는 80세에 가까운 노구로 공주까지 왕을
호종하였다. 1627년 정묘호란 때에는 도체찰사로 세자를 호위해 전주로 갔다가
강화도로 와서 왕을 호위했으며, 서울로 환도하자 훈련도감제조에 임명되었다.
그러나 고령으로 체력이 약해져 사직을 청하고 낙향하였다.

48 申欽(신흠, 1566~1628): 본관은 平山, 자는 敬叔, 호는 玄軒·象村·玄翁·放翁.
1623년 3월 인조의 즉위와 함께 이조판서 겸 예문관·홍문관의 대제학에 중용되었
다. 같은 해 7월에 우의정에 발탁되었으며, 1627년 정묘호란이 일어나자 좌의정으
로서 세자를 수행하고 전주에 피난했으며, 같은 해 9월 영의정에 올랐다가 죽었다.

49 李命俊(이명준, 1572~1630): 본관은 全義, 자는 昌期, 호는 潛窩·進思齋. 아버
지는 병마절도사 李濟臣이다. 1623년 인조반정으로 장령에 복직되어 영남암행어
사·충청도관찰사·호조참판 등을 역임하였다. 1627년 정묘호란 때 세자를 모시고
전주로 피난하였으며, 그 뒤 형조참판·강릉부사 등을 역임하고, 1630년 時弊를
논하는 소를 올려 대사간이 되었다가 병조참판을 거쳐 병으로 사직하였다.

50 李聖求(이성구, 1584~1644): 본관은 全州, 자는 子異, 호는 分沙·東沙. 조선조
태종과 효빈김씨 사이에서 난 慶寧君의 후손으로, 이조판서 李睟光의 아들이다.
1623년 인조반정 후 서인정권이 들어서자 관직에 복귀하여 사간·대사간·전라도
관찰사 등을 역임했다. 1627년 정묘호란 때 이조참의로 세자의 전주 피난길에
호종했다. 병자호란 때에 왕을 호종하였고, 왕세자가 볼모로 瀋陽에 갈 때 수행하
였다. 다시 사은사로 청나라에 들어가 명나라를 공격할 군사를 보내라는 청국의
강력한 요청을, 결코 들어 줄 수없는 외교적 난제라는 조선의 입장을 분명하게
밝히고 귀국했다. 1641년 영의정에 오른 11월, 청나라의 명령적 요청으로 전 의주
부윤 黃一皓를 처형 하는 등 안타까운 사건을 숱하게 치러야 했다.

51 李植(이식, 1584~1647): 본관은 德水, 자는 汝固, 호는 澤堂. 1623년 인조반정
이 일어난 뒤 교분이 두터운 친구들이 집권하게 되자 요직에 발탁되어 이조좌랑에
등용되고, 1625년에 예조참의·동부승지·우참찬 등을 역임하였으며, 1632년까
지 대사간을 3차례 역임하였다. 私親追崇이 예가 아님을 논하다가 인조의 노여움

을 사서 杆城縣監으로 좌천되었다. 1633년에 부제학을 거쳐 1638년 대제학과 예조참판·이조참판을 역임하였다. 1642년 金尙憲과 함께 斥和를 주장한다 하여 瀋陽으로 잡혀갔다가 돌아올 때 다시 의주에서 잡혀 갇혔으나 탈출하여 돌아왔다. 1643년 대사헌과 형조·이조·예조의 판서 등을 역임하였다.

52 李景憲(이경헌, 1585~1651): 본관은 德水, 자는 汝思, 호는 芝田. 1623년 인조반정 후 臺閣에 들어가 장령·지평 등을 역임하였다. 이어 예조·형조의 정랑, 전적· 직강·사예원 첨정·사복시첨정·장악원정·필선·시강 등을 지냈다. 1627년 정묘 호란 때는 세자를 호종했으며, 그 뒤 병조참의·승정원동부승지를 지냈다.

53 鄭弘溟(정홍명, 1582~1650): 본관은 延日, 자는 子容, 호는 畸庵·三癡. 아버 지는 우의정 鄭澈이며, 어머니는 文化柳氏로 柳强項의 딸이다. 정철의 4남이 자 막내아들이다. 宋翼弼·金長生의 문인이다. 1616년 문과에 급제, 승문원에 보임되었으나 반대당들의 질시로 고향으로 돌아가 독서와 후진 양성에 힘썼다. 1623년 예문관검열을 거쳐, 홍문관의 정자·수찬이 되었다. 이때 李适의 난이 일어나자, 임금을 모시고 공주까지 몽진 갔다 돌아와 사간원의 정언·헌납과 교 리, 이조정랑을 거쳐 의정부의 사인으로 휴가를 받아 湖堂에 머물면서 독서로 소일하였다. 1627년에 사헌부집의·병조참지·부제학·대사성을 역임하고, 자청 해서 김제군수로 나가 선정을 베풀었다. 仁烈王后 상을 마친 뒤 예조참의·대사 간에 임명되었으나 모두 사양하고 고향으로 돌아갔다. 1636년 병자호란이 일어 나자 召募使로 활약하였다. 적이 물러간 뒤 고향으로 돌아가 벼슬을 사양하다가 다시 함양군수를 지내고, 1646년 대제학이 되었으나 곧 병이 들어 귀향하였다. 1649년 인조가 죽자 억지로 불려 나왔다가 돌아갈 때 다시 대사헌·대제학에 임 명되었으나 모두 나가지 않았다.

54 尹墀(윤지, 1600~1644): 본관은 海平, 자는 君玉, 호는 河濱翁. 영의정 尹昉의 손자로, 海崇尉 尹新之의 아들이며, 어머니는 선조의 딸 貞惠翁主이다. 1623년 인조반정 이후 사헌부·사간원·홍문관 삼사의 요직을 역임하였다. 1636년 병자호 란이 일어나자 성균관으로 달려가 생원들과 힘을 합하여 東廡·西廡에 모신 선현 의 위패를 산에 묻고, 다시 五聖·十哲의 위패를 남한산성으로 모셔 분향행례를 계속하였다. 뒤에 예조참판을 거쳐 전라도관찰사가 되었다. 그러나 1638년 할아 버지 윤방이 병자호란 때 강화도로 모시고 간 社位 40여주 가운데 왕후의 신위 하나를 분실한 책임이 논죄되고 그 죄목으로 할아버지가 황해도 연안으로 귀양 가게 되어 속죄의 뜻으로 관찰사의 사직을 주청하였으나 받아들여지지 않고 도리

書吳達升, 兵曹佐郎金卨⁵⁵, 翊贊李惇五⁵⁶·金迪, 衛率申翊亮⁵⁷, 副
率韓翼明⁵⁸, 東陽尉申翊聖⁵⁹, 知事沈悅⁶⁰, 體府從事獻納金世濂⁶¹,

어 경기감사로 자리를 옮기게 되었다.

55 金卨(김설, 1595~1668): 본관은 尙州, 자는 舜甫, 호는 靜軒. 부인은 이조판서
李貴의 딸이다. 1623년에 정시문과에 급제하였다. 이듬해 예문관 검열 待教를
거쳐 1625년 지평, 1627년 수찬이 되었다. 같은 해 반정공신인 金瑬와 이귀의
대립이 격화되었을 때, 仁川 儒生 金垍이 김류 부자의 횡포를 비난하는 상소를
올리자, 이귀의 사위로서 그 배후인물로 지목되어 함경도 穩城으로 유배당했다.
1629년 海南으로 옮겼다가 이듬해 풀려났다.

56 李惇五(이돈오, 1585~1637): 본관은 延安, 자는 子典, 호는 一竹. 義行으로
사림들 사이에 이름이 알려져 1608년 繕工監役에 임명되었으나 나아가지 않았
다. 그 후 제릉과 선원전의 참봉, 사섬시 봉사, 세자익위사 侍直 등을 지냈다.
1617년 大北의 주도로 仁穆大妃에 대한 廢妃論이 높아지자 벼슬에서 물러났다.
1625년에 복직되어 세자익위사와 종친부 등의 여러 관직을 거쳐 종부시 주부에
이르렀고 외직은 가평군수를 지냈다. 1636년에 관직에서 사퇴하여 병자호란이
일어났을 때는 현직에 있지 않았는데도 紫燕島로 피하라는 김포수령의 권유를
뿌리치고 종묘의 신주가 모셔진 강화도로 들어갔다. 그곳에서 훈련도감 낭청에
임명되어 군기를 관리하였는데, 적이 들어오자 저항하다 1637년 1월 26일에 전사
하였다. 처 김씨는 그 전날 적병이 가까워지자 떨어져 있는 남편이 순절할 것을
믿고 자결하였으며, 동생 李惇敍도 적에게 잡혔다가 자결하였다.

57 申翊亮(신익량, 1590~1650): 본관은 平山, 자는 君輔, 호는 象峯. 숙부가 申欽
이다. 1634년 증광문과에 급제하였다. 1637년 특명으로 경상감사가 되었으나
崔鳴吉의 옹호에도 불구하고 여론 때문에 교체되었다. 1638년 청주목사, 1639년
부터 동부승지·우부승지·밀양부사를 거쳐, 1640년 승지에 이르렀으나 1644년
명나라가 망한 뒤 벼슬을 버리고 숨어 지냈다.

58 韓翼明(한익명, 1596~1651): 본관은 淸州, 자는 商卿. 1624년 생원시에 합격하
였고, 洗馬郡守를 지냈다.

59 申翊聖(신익성, 1588~1644): 본관은 平山, 자는 君奭, 호는 樂全堂·東淮居士.
영의정 申欽의 아들이고, 斥和五臣의 한 사람이다. 12세에 선조의 딸 貞淑翁主와
결혼하여 東陽尉에 봉해졌다. 광해군 때는 廢母論에 반대하여 벼슬이 박탈되었

軍器正崔有海[62], 禮曹佐郎睦性善[63], 尙衣直長金濤[64], 司僕主簿李

다. 1623년 인조반정 후 재등용 되고, 李适의 난 때는 3宮을 호위했고, 1627년
정묘호란에는 세자를 호위, 전주로 피란, 1636년 병자호란 때 왕을 호종하고
남한산성에 있으면서 끝까지 척화를 주장하여, 瀋陽으로 붙잡혀 갔다가 뒤에
풀려났다.

60 沈悅(심열, 1569~1646): 본관은 靑松, 자는 學而, 호는 南坡. 부사 沈忠謙의
    아들이다. 1593년 별시문과에 급제하여, 예문관 검열에 기용되었다. 뒤에 성균관
    전적 등 삼사의 요직을 역임하고 경기도·황해도·경상도·함경도의 관찰사를 지
    냈다. 1623년 호조판서로 승진하였으며, 1638년 鹽鐵使가 되어 중국 瀋陽에
    가서 물물교환을 하였고, 그 뒤 강화유수·판중추부사·우상·영상 등을 역임하였
    다. 그는 관직에 있으면서 度支에 대한 뛰어난 경륜으로 왕의 총애를 받았다.

61 金世濂(김세렴, 1593~1646): 본관은 善山, 자는 道源, 호는 東溟. 1616년 문과에
    급제하여 湖堂에 들어갔으며, 수찬과 지제교를 거쳐 정언이 되었다. 1617년 폐모
    를 주장하는 자를 탄핵하여 곽산에 유배되었다가 강릉에 이배되었으며, 1623년
    인조반정으로 풀려 나와 사가독서를 하였다. 1636년 통신부사로 일본에 갔다가
    이듬해에 돌아와 사간을 거쳐 황해도관찰사에 올랐다. 1638년 동부승지·병조참
    지를 거쳐 병조참의·이조참의가 되었다가 안변부사·함경도관찰사 등을 지냈다.
    1645년 평안도관찰사를 지내고 대사헌 겸 홍문관제학을 거쳐 호조판서에 올랐다.

62 崔有海(최유해, 1588~1641): 본관은 海州, 자는 大容, 호는 默守堂. 1623년
    인조반정으로 재등용되어 이듬해 安邊府使로 나가 咸鏡道管餉使를 겸임하였다.
    이때 철산군 白梁面 椵島에 주둔 중인 명나라 毛文龍의 군대에게 군량을 공급했
    다. 그 후 軍簿寺正·楊州牧使를 지낸 뒤 1629년 副修撰이 되었으며, 이어 定州
    와 吉州의 목사를 역임, 同副承旨에 이르렀다.

63 睦性善(목성선, 1597~1647): 본관은 泗川, 자는 性之, 호는 甁山. 1624년 幼學
    으로 증광문과에 급제, 1625년 檢閱이 되어 광해군 때 仁穆大妃의 폐모론 문제로
    竄逐되어 있던 仁城君 李珙이 죄가 없다는 소를 올려 물의를 일으키기도 하였다.
    더구나 1628년 柳孝立이 大北의 잔당을 규합하고 인성군을 왕으로 추대한 모반사
    건이 일어나는 바람에 그의 입지는 더욱 좁아지게 되었다. 그 뒤 奉敎·正言을
    지냈으나 앞의 상소문제로 兩司의 탄핵을 계속 받아 체직되었다. 1629년에 예조
    정랑이 되었으나 대간들의 계속된 탄핵으로 중앙에서 밀려나 竹山縣監으로 나아
    갔다.

時雨, 武官扈衛大將柳斐, 中軍李英達[65]。○儂, 始也不得落點於
陪從之列, 是日朝, 本院以體察使意, 啓請蒙允。東殿擧動臨發,
上御興政殿[66], 先引見領府事・大臣, 罷出後又引見東陽以下諸從
臣, 下敎曰: "世子幼沖, 卿等須勿各自爲心, 盡力補導。"諸臣皆感
涕而拜, 分兵曹參判李命俊, 進曰: "殿下平日, 所養之將, 宜莫如
李曙[67]・申景禛[68], 而當此奴賊長驅之時, 不用此輩而欲待何時? 尹

---

64 金濤(김도, 1580~1646): 본관은 尙州, 자는 巨源, 호는 恭默堂. 1627년 정묘호
    란으로 소현세자가 分朝하여 전주로 남하하게 되었는데, 이때 소현세자를 가르치
    는 世子翊衛司가 되었다. 이후 그 공적을 인정받아 사헌부 감찰에 제수되었고,
    義興縣監에 임명되었다. 그러나 의흥 현감에 부임한 직후 사직하고 상주로 돌아
    와 이후 학문 연구에 몰두하였으며 평생 관직에 나아가지 않았다.

65 李英達(이영달, 1579~1655): 본관은 全州, 자는 春卿. 1608년 무과에 급제하였다.

66 興政殿(흥정전): 興政堂. 왕이 신하를 만나 정치를 이야기하고 경서를 강독하는
    便殿으로 사용되던 곳.

67 李曙(이서, 1580~1637): 본관은 全州, 자는 寅叔, 호는 月峰. 제주 목사 李慶祿
    의 아들이다. 1627년 정묘호란 때 인조가 江都로 피난가면서 남한을 지키도록
    하였다. 적이 물러가니 형조판서 겸 오위도총관 겸 훈련도감・원유사・사복시・
    군기시의 提調가 되었다. 병자호란 때 남한산성에서 力戰하다가 진중에서 병사하
    니 왕이 통곡하고 비단을 주어 장례케 하였다.

68 申景禛(신경진, 1575~1643): 본관은 平山, 자는 君受. 아버지는 都巡邊使 申砬
    이다. 1624년 李适의 난 때는 훈련대장으로 御駕를 호위하였다. 정묘호란 때
    강화도로 왕을 扈從하여 이듬해 府院君에 봉해졌다. 병자호란이 일어나자 수하
    의 군사를 인솔하여 적의 선봉부대를 차단, 왕이 남한산성으로 피난할 여유를
    주었으며, 청나라와의 화의 성립 후 다시 병조판서에 임명되었다. 1637년 좌의정
    최명길의 추천으로 우의정이 되어 훈련도감제조를 겸했는데, 이때 난 후의 민심수
    습책을 논하고 수령의 임명에 신중을 기할 것을 개진하였다. 이듬해 謝恩使로
    청나라에 파견되었다. 돌아와 좌의정으로 승진하자 영의정 최명길과 의논하여
    승려 獨步를 은밀히 명나라에 파견, 청나라에 항복하게 된 그간의 사정을 변명하

知敬以白面書生, 猶能上疏, 請把截[69]臨津, 李曙以武將, 反退守南漢, 以爲自全之計, 可不痛哉? 臣戩, 非所宜言, 而今日遠離, 不得不盡所懷." 答曰: "朝廷自有處置, 爲分朝者, 自爲分朝之事, 可矣." 東陽尉·李聖求·金世濂等, 皆有進言, 而無足記者. 遂辭出, 坐闕門前, 自內命賜臘藥人一封. 陪衛出興化門[70], 到漢江, 日已夕矣. 世子乘舟, 舟上不設帳幕, 只藉以編茅. 江風甚急, 景色凄冷, 從臣咸以玉候致傷爲憂, 而恨李溟[71]之向上不用誠也.【時李溟爲京圻監司】初更, 到果川縣.

1월 25일。맑았으나 세찬 바람 붊。

영지(令旨: 세자의 명령서)가 내려와 문학(文學) 김육(金堉)을 보내어

도록 하였다. 1641년 다시 사은사로 청나라에 들어가 구금되어 있던 金尙憲 등을 옹호하였다. 1642년 청나라의 요구로 최명길이 파직되자 그 뒤를 이어 영의정에 올랐다. 그러다가 병으로 사퇴한 후 이듬해 재차 영의정에 임명되었으나 열흘도 못 되어 죽었다.

69 把截(파절): 지세가 험하여 적을 방어하는 데 편리한 要害處를 파수하며 경비함.
70 興化門(흥화문): 서울특별시 종로구에 있는 조선조 광해군이 건립한 경희궁의 문.
71 李溟(이명, 1570~1648): 본관은 全州, 자는 子淵, 호는 龜村. 1591년 진사가 되고, 1606년 증광문과에 급제하여 설서·정언·지제교를 지냈다. 광해군 초에 평안도어사·이조정랑 등을 지내면서 李爾瞻 등의 정책에 반대하여 사임하고, 1613년 응교로 있으면서 永昌大君에게 죄주는 것의 부당함을 주장하다가 파직되었다. 1623년 인조반정 후 전라도관찰사에 특진되었으며, 이듬해 李适의 난 때에 인조의 공주 몽진을 도왔다. 1627년 정묘호란 때에는 경기도관찰사를 지냈고, 그 뒤 평안도관찰사로 나가 국경방비를 강화하였다.

체찰사의 숙소에 문후(問候)하도록 하였다.

○ 체부(體府)에서 주달(奏達: 세자에게 아룀)하기를, "의주 판관 최몽량(崔夢亮)이 나라를 위해 죽었는데, 지금 듣건대 그의 처자들이 이 고을에 있다고 합니다. 청컨대 특별히 궁관(宮官)을 보내어 소문하고 부의(賻儀)로 포목 10필을 지급하는 것이 어떠하겠습니까?"라고 하니, 답하기를, "주달한 대로 하라." 하였다. 겸사서(兼司書) 윤지(尹墀)가 명을 받들어 조문하고 부의하였다.

아침에 나는 하령(下令: 세자의 명령)을 받들어 대전(大殿: 임금)에 문안하고자 겨우 쇄마(刷馬) 2필을 얻었으나 노둔(駑鈍)하여 탈 수가 없었는데, 서리(書吏) 김후남(金後男)이 동작진(銅雀津)까지 따라왔으나 다만 배 1척이 있을 뿐이고 배 저을 노가 없었다. 강변에 배 젓는 사공이 드문 것은 모두 숨어서 나오지 않은 것이니, 국가의 호령이 이미 행해지지 않았던 것이다.

강 언덕에서 갈팡질팡한 지 오래되었을 때, 이광익(李光翼)이란 자가 강촌에 아직 있다는 말을 듣고 직접 찾아가 만나보고서 그에게 배를 익숙히 다루는 노비를 구하고 노 등을 갖추고서야 강을 건넜다. 이때 모진 바람이 부는 데다 물결마저 출렁거리자 행인들이 다투어 건너려고 하였는데, 배 또한 물이 새어서 거의 건너지 못할 뻔하였다.

경성(京城)에 이르러 왕세자의 문안인사를 아뢰니, 답하기를, "알았다. 내가 처음 세자와 한 달에 2번씩 문안하기로 약속했는데, 지금 어찌하여 겨우 과천(果川)에 도착하고서도 급히 사자(使者)를 보내온단 말인가? 이때는 역로(驛路)에 폐를 끼쳐서는 아니 되니, 이후로는 문안하지 말라는 뜻을 그대가 돌아가서 세자에게 알리도록 하라."
하였다. 나는 드디어 사례하고 물러나왔는데, 승지로 김상(金尙)·
오숙(吳翿)이 그 자리에 있었다.

대청(臺廳: 궁궐에 설치한 사헌부와 사간원의 회의실)에 들어가 사헌부
와 사간원의 제공(諸公)을 만나본 뒤 악수하고 헤어지려는 즈음 정이
(挺而: 李命雄)가 마침 와서 서로 만났는데, 그의 모친이 병환이 매우
위중하여 형편상 다음날 어가(御駕)가 대궐 밖으로 나갈 때 호종하지
못할 것 같아서 그로 인해 수심에 잠겨 먹지도 못한다고 하였다.

나는 길을 떠나 옛집을 들러 말을 쉬게 하고 종자(從者)에게 밥을
먹인 다음, 다시 한강도(漢江渡)에 이르러 봉래(蓬萊: 東萊의 오기) 정
재상(鄭宰相: 鄭昌衍)의 부자와 함께 배를 타고 건넜다. 날이 저물어서
야 과천현에 들어갔는데, 현감 오달천(吳達天)이 있었다. 마침내 말
을 바꿀 수가 있어서 삼현(三峴)의 옛날 장원(莊園)에 들어가 머물렀
는데, 신준(申儁) 등 여러 사람이 찾아와서 만났다. 밤이 칠흑 같아
길을 떠날 수가 없었으나 앉아 쉰 지 겨우 일경(一更: 2시간 정도)쯤
지나 곧장 말에 올라 종자들에게 횃불을 들게 하여 밤길을 떠났다.

이른 아침이 되어 수원부(水原府)에 도착하였는데, 학가(鶴駕: 세자
의 수레)가 아직 이르지 않았다. 주상의 하교(下敎)를 위로 보고하였다.

○ 경성에 들어갔을 때 1월 22일자로 작성된 평안감사 윤훤(尹暄)
의 장계를 본 것에 의하면, "적의 선봉이 숙천(肅川)에 이르렀을 뿐인
데도 평양의 인민들이 술렁이고 두려워 하여 곡성(哭聲)이 성에 가득
하니, 제각기 성을 뛰어넘어 나가 일시에 무너져 흩어져서 형세상

어떻게 할 수가 없습니다. 신(臣)이 홀로 군관(軍官) 수백여 명과 함께 텅 빈 성에 앉아서 적을 막아낼 계책이 없어 부득이 중화(中和)로 물러나 주둔하면서 상원(祥原) 등지로 가 의병을 불러 모으고자 하였지만, 그 일대의 파발(擺撥)이 이미 끊어져 모든 기별을 전달할 길이 없으니 동쪽을 바라보며 통곡할 뿐입니다."라고 하였다. 대간(臺諫)들이 윤훤을 군율로 처벌하기를 논하였고, 주상이 윤훤을 잡아다가 국문하고 김기종으로 그를 대신하도록 명하였다.

二十五日。晴大風。

下令, 遣文學金埼, 問候于體相下處。○體府達曰[72]: "義州判官崔夢亮, 死於國事, 今聞其妻子在本縣地。請別遣宮官致吊, 賻給以布十匹, 何如?" 答曰: "依達." 兼司書尹墀 承令吊賻。朝, 儂承下令, 問安于大殿, 僅得刷馬二匹, 駑鈍不堪騎, 書吏金後男, 從到銅雀津, 只有一舟而無櫂楫。江邊鮮操舟者, 皆匿不出, 國家號令, 已不得行矣。彷徨江岸者良久, 聞李光翼者尙在江村, 親往見之, 乞其奴習舟者, 具楫乃渡。時惡風飜浪, 行者競渡, 舟且液漏, 幾不能渡。抵京, 奏王世子問安, 答曰: "知道。予始與世子, 約以一月二度問安, 而今何纔到果川, 乃馳使來? 此時不可貽弊驛路, 此後勿爲問安之意, 爾其歸報世子." 儂遂辭退, 承旨則金尙[73]·吳翻[74]在坐。入臺廳, 見府院諸公, 握手而別, 挺而[75]

---

72 達曰(달왈): 세자에게 아뢸 때 쓰는 표현. 임금에게 아뢸 때는 啓曰이라 한다.

73 金尙(김상, 1586~1656): 본관은 尙州, 자는 友古, 호는 仕隱. 1610년 별시 문과

適來相見, 道其慈親病患極重, 勢不能及於明日動駕⁷⁶時扈從, 仍
於邑⁷⁷不食。儂行過舊居 歇馬飯從者, 還到漢江渡⁷⁸, 與蓬萊鄭
相父子⁷⁹, 同舟而濟。日暮, 入果縣, 縣監吳達天⁸⁰在焉。遂得遞

에 급제하였다. 文翰官을 거쳐, 1623년 正言으로서 강화도에 안치된 廢世子의
탈출사건에 대한 관대한 처리를 건의하다가 은계찰방으로 좌천되었다. 곧 장령으
로 기용되어 병조참지를 거쳐 1625년 강원도관찰사로 나갔다. 1626년 동부승지·
우승지·6좌승지 등의 승지직을 번갈아 역임하다가 잠시 1643년 충청감사가 되기
도 하였으나 곧 승지직에 복귀하여 25년간 승지에 머물렀다.

74 吳翿(오숙, 1592~1634): 본관은 海州, 자는 肅羽, 호는 天坡. 1610년 진사시에
합격하고 1612년 증광 문과에 급제하였다. 1619년 병조좌랑이 되어 강홍립이
후금군에 항복한 사실을 알리는 赴京陳奏使의 서장관으로 다녀왔다. 1623년 인
조반정 때 광해군의 처남인 柳希奮 문하라 하여 지탄을 받았으나, 심기원의 주선
으로 正言이 되었다. 1626년 청주목사가 되었고, 1627년 동부승지로서 정묘호란
을 당해 왕을 강화도로 호종했으며, 이후 좌승지 겸 승문원부제조를 역임한 다음
1633년 황해도관찰사가 되었다.

75 挺而(정이): 李命雄(1590~1642)의 字. 본관은 全州, 호는 松沙. 아버지는 完興
君 李幼澄, 어머니는 예문관검열 趙擴의 딸이다. 4세에 아버지를 여의고 어머니
의 훈도를 받았다. 1626년 蔭補로 벼슬길에 나가 東宮洗馬가 되고, 侍直으로
옮겼다. 이 해 9월 정시 문과에 급제하고, 정언을 거쳐 고성현령으로 나갔다가
수찬·지제교·經筵檢討官 등을 역임하였다. 1631년에는 평안도순찰사로 나갔
다. 1636년 지평으로 對淸强硬策을 진언하고, 그 해 겨울에 호란이 일어나자
사간으로 남한산성에 扈從하였다.

76 動駕(동가): 어가가 대궐 밖으로 나감.

77 於邑(어읍): 원망과 수심에 잠김.

78 漢江渡(한강도): 도성 동남쪽 10리 목면산 바깥쪽에 있었던 나루터. 沙平渡 또는
沙里津이라고도 불렀다.

79 鄭相父子(정상부자): 鄭昌衍(1552~1636)과 鄭廣成(1576~1654)을 가리킴. 정
창연의 본관은 東萊, 자는 景眞, 호는 水竹이다. 아버지는 鄭惟吉이다. 1579년
식년문과에 급제하여 讀書堂에 들어갔고, 이조좌랑을 거쳐 동부승지 등의 관직을
두루 역임하였다. 1614년 우의정이 되고 이어 좌의정이 되어 耆社에 들고 几杖을

馬, 投三峴⁸¹舊庄, 申儁諸人來見。夜黑不可行, 坐僅一更, 卽上
馬, 使從者持炬, 夜行。平朝, 到水原府, 鶴駕未及羣矣。上報上
教。○入京時, 見二十二日成貼, 平安監司尹暄狀啓, "賊鋒已到
肅川⁸², 而平壤人民洶懼, 哭聲滿城, 各自墜城而下, 一時潰散,
勢不可。臣獨與軍官數百餘人, 坐於空城, 守禦無計, 不得已退
屯於中和⁸³ 欲往祥原⁸⁴等地, 呼召義旅, 而一路擺撥已斷, 凡奇無
路傳達, 東望痛哭而已。"云。臺諫論暄依律, 而上命拿鞫, 以金起
宗代之。

받았다. 한편, 정광성의 본관은 동래, 자는 壽伯, 호는 濟谷이다. 아버지는 정창연이
다. 1601년 사마시에 합격하여 진사가 되고, 1603년 식년문과에 급제, 검열·대교
등을 거쳐, 1605년 이후 正字·修撰·校理·持平 등 초년에 주로 삼사의 顯職을
역임하였다. 그후로도 형조참의·우승지·남양부사·경기도관찰사 등을 지낸 다음,
병자호란 후 벼슬에 뜻을 버리고 향리에 물러나 있었다. 1649년 효종이 즉위하자
형조판서에 올랐다.

80 吳達天(오달천, 1598~1648): 본관은 海州. 할아버지는 吳希文, 아버지는 吳允
謙이다. 1624년 李适의 난이 일어나자 임금을 공주까지 호종하여 그 공로로 世子
翊衛司衛率이 되었고, 과천현령, 형조좌랑, 은진현감, 김포현령 등을 역임하였
다. 1636년 부친상을 당하여 삼년상을 마치고 고양군수에 임명되었으나 부임하지
않았고, 가을에 함흥판관에 임명되었으며, 1647년 沔川郡守로 있을 때는 부정을
저질러 사헌부로부터 파직시키라는 탄핵을 받기도 하였다.

81 三峴(삼현): 경기도 광주에 있는 고개. 3개이 고개의 이루어진 데서 유래하며,
세오개 또는 새오개라고도 한다.

82 肅川(숙천): 평안남도 서부에 있는 고을. 동쪽은 평성시·안주시·순천시, 서쪽은
서해, 남쪽은 평원군, 북쪽은 문덕군과 접한다.

83 中和(중화): 평안남도 남부에 있는 고을.

84 祥原(상원): 평양직할시 남동부에 있는 고을. 동쪽은 연산군, 서쪽은 중화군,
남쪽은 연탄군·황주군, 북쪽으로 강동군과 접한다.

1월 26일。

이날 대가(大駕)가 강도(江都: 강화도)로 출발하였다.

○ 익위(翊衛) 정호학(鄭好學), 부솔(副率) 윤주은(尹舟殷), 시직(侍直) 이행진(李行進)·이상질(李尙質), 세마(洗馬) 김수종(金守宗)이 여기에 와서 모였는데, 비록 낙점 받은 인원수에는 들지 못했으나 스스로 양식을 마련하여 세자를 모시고 뒤따랐다.

영지(令旨: 세자의 명령서)가 내려와 체부(體府)에 있는 군사에게 쓸 포목 150필을 내어서 호위군에게 나누어 주도록 하였고, 진상 받은 생선 등도 또한 이와 같이 하였다. 본부(本府: 수원부)의 죄수 20여 명을 풀어주었다.

이때 나는 눈병이 매우 심했는데, 마침 류대명(柳大鳴)을 수원부의 성문 안에서 만나 의원을 청하니, 류대명이 말하기를, "마땅히 공주(公州)에서 편안히 머무르게 되면 그때 침을 놓아 주겠습니다."라고 하였다.

아침밥을 먹은 뒤에 동전(東殿: 세자)의 행차가 수원부를 떠나니, 수원부의 백성들 수십, 수백 명이 길가에서 호소하여 호패책(號牌冊)을 불사르도록 청하였다. 행차가 독성(禿城) 아래에 이르자, 생원(生員) 류문서(柳文瑞)·심평(沈枰)·기만헌(奇晚獻), 유학(幼學) 신해(申瀣) 등 200여 명이 길가에 엎드려 상소하여 이르기를, "바라옵건대 저하(邸下: 왕세자 존칭)는 이곳에 행차를 머물고서 대조(大朝: 임금)에게 청하여 이서(李曙)와 최명길(崔鳴吉)의 머리를 속히 베고 성 위에 효시해 백성들의 마음을 위로하도록 하소서."라고 하니, 답하기를,

"너희들이 의병을 소집하여 죽음으로써 지켜 낼 계책을 세우고자 하니, 나라를 위하는 정성은 내가 매우 가상히 여긴다. 그러나 상소 속에 아뢴 바는 내 스스로 결단할 수가 없으니 응당 대신들과 의논하고 대조에 아뢰겠다." 하였다.

이날 저녁이 되어서야 진위(振威)에 이르렀는데, 현령 유시증(兪是曾)이 자못 부지런하고 성실하게 주선하였다.

○ 영부사(領府事: 이원익) 이하를 인견(引見)하는데 강원(講院: 세자시강원) 또한 모두 입시(入侍)하니, 세자가 영부사를 위로하며 타이르기를, "나라가 불행하게도 이렇게 파천(播遷)하는 일이 있어서 원로(元老)가 병든 몸으로 먼 길을 떠나오게 되었거늘, 근자에 기력이 어떠한지 모르겠소이다."라고 하였다. 영부사가 대답하기를, "소신(小臣)이 평소에 수저를 전혀 들지 않아 기력이 매우 쇠약하였으나, 파천 길에 오르고부터 미음일망정 자못 먹었더니 기력이 빠르게 소생하였습니다. 그러나 말을 타기에는 아직 불편하여 풀로 두자(兜子: 가마 일종)를 만들어 타고서 사람을 시켜 메게 하여 가니, 가교(駕轎: 말이 끄는 가마)와 다를 바가 없었지만 미안함을 금할 수 없었습니다. 또 생각건대 저하(邸下)께서는 춘추가 장성하지 않아 말타기를 평소에 익히지 않았을 터인데도 날마다 타고 달리니 과로하여 옥체(玉體)를 상하지 않겠습니까? 청컨대 내일부터 인교(人轎)를 부리소서."라고 하니, 대답하기를, "인부(人夫)를 징발하는 폐단이 있을 뿐만 아니라, 대전(大殿: 임금)이 도성을 떠남에 또한 말을 타고서 산을 넘고 물을 건너실 터인데, 나만 홀로 어찌 인교에 편안히 앉아 가겠소?"라

고 하였다.

○ 세자가 말하기를, "흉악한 오랑캐의 선봉이 점차 가까이 다가옴에 대가(大駕)가 강도(江都: 강화도)에 들어간 뒤로 믿는 것은 주사(舟師: 수군)뿐이니, 양남(兩南: 영남·호남)의 수군을 의당 다시 징발하도록 재촉하여 강도에 모이게 하라." 하니, 영부사(領府事: 이원익)가 대답하기를, "당초에 이미 분부하셨는바, 지금 그 내리신 명대로 다시 독려하겠습니다."라고 하였다.

○ 세자가 말하기를, "적이 만약 승승장구하면 남쪽 지방으로 내려간 뒤에는 어느 지역에 머물러야 하는 것이오?"라고 하자, 영부사가 대답하기를, "적의 정세를 예측할 수 없으나 형세로 말하면 남쪽까지 내려와 노략할 리가 없을 듯하나, 우리가 막아내고 지키는데 믿을 만한 곳이 없다면 적이 남쪽 땅을 더럽히지 않으리라고 어찌 보장하겠습니까? 지금 의당 전주(全州)로 내려가 머물되, 만약 사태가 급박하면 곧장 통영(統營)으로 향할 것입니다. 통영은 누선(樓船)과 기계(器械)가 완비되어 있고, 이수일(李守一)이 자못 사졸의 마음을 얻어 충분히 의지하고 믿을 만합니다. 바닷길 또한 강도(江都)에 도달할 수 있습니다. 서산(瑞山)과 태안(泰安)이 좁고 외진 곳임에 비하면 유리함이 몇 배가 될 뿐만이 아닙니다."라고 하였다.

二十六日。

是日, 大駕幸江都。○翊衛鄭好學[85]·副率尹舟殷[86]·侍直李行

---

85 鄭好學(정호학, 1560~1642): 본관은 海州, 자는 敏而, 호는 蓬軒. 1591년 里選

進[87]·李尙質[88]·洗馬金守宗[89], 來會于此, 雖不在落點之數, 而自儓
粮陪從也。下令出體府軍資木百五十匹, 分賜扈衛軍, 進上魚膳
等物, 亦如之。放本府罪囚二十餘人。時儂眼病甚重, 適逢柳大
鳴[90]于府門內, 請醫, 大鳴言: "當於公州[91], 安頓處乃鍼."云。朝飯
後, 東殿動駕, 發水原府, 府內人民數十百名, 呼訴於路左, 請焚號

에 의하여 顯陵 참봉이 되고 靖陵에 제수되었다가 慶基殿으로 옮겼다. 1609년에
다시 厚陵 참봉이 되었다가 군자감 부봉사 상서원 부직장으로 옮겼다가 通禮院
引議로 승진되고 사복시 주주로 옮겼다. 1617년 용안현감으로 나갔다가 대흥현으
로 바뀌었는데 광해군 때에 물러났다가 인조반정 뒤에 바로 연기현에 제수되었다.
1625년 세자책봉에 따라 翊衛司司禦가 되었다가 이듬해 翊衛로 승진하고 1627년
에 정선군수가 되었는데 1629년에 遞歸되었다.

86 尹舟殷(윤주은, 1583~?): 본관은 坡平, 자는 濟內, 호는 虛舟子. 1615년 식년시
에 급제하였다. 翊贊을 지냈다.

87 李行進(이행진, 1597~1665): 본관은 全義, 자는 士謙, 호는 止菴. 1624년 생원
시에 합격한 뒤 洗馬에 보직되었다. 1635년 증광문과에 급제하였고, 1646년 중시
문과에 다시 뽑혀 군자감정에 올랐다. 여러 관직을 거치고, 1650년 文臣庭試에
급제, 대사간에 올랐다가 1654년 한성부우윤에 제수되었다.

88 李尙質(이상질, 1597~1635): 본관은 全州, 자는 子文, 호는 家州. 1623년 인조
반정 이후 비로소 성균관에 입학하였고, 1626년에 翊衛司洗馬가 되었다. 1629년
전시문과에 장원급제하여 예조좌랑이 되었고, 이듬해 정언·병조좌랑을 거쳐 玉
堂에 들어가 副修撰兼知製敎를 역임하였다. 1632년 홍문관부교리, 이듬해에
헌납·성균관직강을 역임하였다.

89 金守宗(김수종, 1588~1643): 본관은 江陵, 자는 季胤. 1615년 식년시에 급제하
였고, 1631년 金山군수를 지냈다.

90 柳大鳴(류대명, 생몰년 미상): 광해군 때 鍼醫. 庶孼이다. 금천현감을 지냈다.

91 公州(공주): 충청남도 동부 중앙에 있는 고을. 동쪽은 세종특별자치시·대전광역
시, 서쪽은 예산군·청양군, 남쪽은 계룡시·논산시·부여군, 북쪽은 아산시·천안
시와 접한다.

牌冊。至禿城[92]下，　生員柳文瑞[93]·沈枰[94]·奇晚獻[95]·幼學申瀣等
二百餘人，伏於道左，上疏言："願邸下駐駕于此，請命大朝[96]，速斬
李曙·崔鳴吉[97]之頭，梟示城上，以慰民心。"答曰："爾等招集義旅，
欲爲死守之計，爲國之誠，余甚嘉焉。疏中所陳，余不能自斷，當與
大臣議啓。"是夕，到振威[98]，縣令兪是曾[99]，頗以勤幹見能。○領府
事以下引見，講院亦皆入侍，世子慰諭領府曰："國家不幸，有此播
越，使元老扶病遠行，未知日間氣力如何？"領府對曰："小臣平居，

---

92 禿城(독성)：경기도 오산시 지곶동의 禿山에 있었던 산성. 남쪽에서 경성으로
    들어오는 진입로로서 군사적 요충이었으며, 임진왜란 당시 전라도관찰사 권율이
    주둔하면서 일본군을 물리친 곳으로 유명하다.
93 柳文瑞(류문서, 1568~?)：본관은 文化, 자는 應明. 1606년 증광시에 급제하였다.
94 沈枰(심평, 1579~?)：본관은 靑松, 자는 平叔. 1612년 식년식에 급제하였다.
95 奇晚獻(기만헌, 1593~1651)：본관은 幸州, 자는 時可, 호는 栢峰. 1628년 별시
    문과에 급제하였다. 1637년 정언·지평이 되었고, 1646년 昭顯世子嬪 강씨의
    처형문제로 인조와 사림의 견해가 대립되었을 때 직책을 회피하려다 파직되었다.
96 大朝(대조)：왕세자가 섭정하고 있을 때의 임금을 일컫는 말. 또는 행재소를 지칭
    하기도 한다.
97 崔鳴吉(최명길, 1586~1647)：본관은 全州, 자는 子謙, 호는 遲川. 李恒福과
    申欽에게 배웠다. 1623년 인조반정에 참여하여 靖社功臣 1등으로 完城君에 봉
    해졌다. 1627년 정묘호란 때 왕을 호종하여 江華로 가서 講和할 것을 주장하였
    다. 병자호란 때 이조판서로서 강화를 주관하였는데, 난중의 일처리로 인조의
    깊은 신임을 받아 병자호란 이후에 영의정까지 오르는 등 대명, 대청 외교를
    맡고 개혁을 추진하면서 국정을 주도했다. 명과의 비공식적 외교관계가 발각되
    어 1643년 청나라에 끌려가 수감되기도 했다.
98 振威(진위)：경기도 평택군 진위면에 있던 지명.
99 兪是曾(유시증, 1582~1637)：본관은 杞溪, 자는 克省. 1606년 식년시에 급제하
    였다. 진위 현령, 종친부 典籤을 지냈다.

專廢匙箸, 氣甚委蘭, 自登道, 頗進粥飮, 氣仍蘇快。然不便跨馬,
以草作塊子, 貯身而用人昪行, 無異駕轎[100], 不勝未安。且念邸下,
春秋未壯, 跨馬素所未閑, 而連日馳驅, 得無勞傷玉體乎? 請自明
日, 御人轎。"答曰:"不唯調發 人夫有弊, 大殿去邠[101], 亦且乘馬跋
涉[102] 而余獨何安於人轎乎?"○世子曰:"兇鋒漸迫, 大駕入江都之
後, 所恃者舟師, 兩南舟師, 宜更催發, 以會江都。"領府對曰:"當初
已爲分付, 今依下令, 更督。"○世子曰:"賊若長驅, 則南下之後,
當駐何地?"領府對曰:"賊情叵測, 以勢言之, 則似無南搶之理, 而
我無守禦可恃之處, 安保其賊之不汚南土乎? 今當下駐全州, 若事
急, 則直向統營[103]。統營, 樓船器械完備, 李守一[104]頗得士卒心,

---

100 駕轎(가교): 가마의 일종. 말이 끌도록 되어 있다.
101 去邠(거빈): 임금이 전란을 피해 도성을 버리고 다른 곳으로 옮겨 가는 것. 원래
　　邠은 중국 周나라의 도성이었는데, 太王이 오랑캐의 침입을 받자 이를 피하기
　　위해 岐山 밑으로 옮겨간 고사에서 유래하였다.
102 跋涉(발섭): 산을 넘고 물을 건너서 길을 감.
103 統營(통영): 統制營. 경상남도 남해안 중앙부에 있는 군영 이름. 1593년 閑山島
　　에 처음 만들어졌으며, 1895년 폐지되었다.
104 李守一(이수일, 1554~1632): 본관은 慶州, 자는 季純, 호는 隱庵. 우의정 李浣의
　　아버지이다. 1583년 무과에 급제, 훈련원의 벼슬을 거쳐 1586년 小農堡權管이
　　되었다가 남병사 申硈의 막하로 들어갔다. 1590년 선전관이 되고, 다음해 장기현감으
　　로 발탁되었다. 1592년 임진왜란이 일어나자 의병을 일으켜 분전했으나 예천·용궁
　　에서 패전하였다. 다음해 밀양부사로 승진, 이어 경상좌도수군절도사에 발탁되고
　　왜적을 격퇴하였다. 정유재란이 일어나자 지역의 중요성을 감안한 도체찰사 李元
　　翼의 요청으로 성주목사가 되었고, 1599년 북도방어사가 되었다가 곧 북도병마절
　　도사로 자리를 옮겼다. 1606년 길주목사로 방어사를 겸하고, 다음해 수원부사에
　　이어 다시 북도병마절도사가 되었다. 1624년 李适이 반란을 일으키자 평안도병마

亦足倚仗。海路亦可達于江都矣。比諸瑞泰¹⁰⁵之齷齪偏區，則不啻倍矣。"

1월 27일。맑음。

현령(縣令) 유시증(兪是曾)을 불러서 만나 세자가 말하기를, "듣건대 다른 군현(郡縣)들이 모두 미처 당도하기 전에 쇠잔하고 피폐한 작은 현(縣)이 홀로 대접함이 이러하니 내가 매우 가상히 여기노라." 하면서, 또 명을 내려 이 고을의 구금된 죄수들을 너그럽게 처결해 풀어주라고 하였다.

○ 선전관(宣傳官) 김극신(金克信: 金克新의 오기)이 강도(江都)에 문안하는 일로 휘지(徽旨: 세자의 명령)를 받들어 떠나갔다.

○ 묘시(卯時: 아침 6시 전후)에 세자의 행차가 떠나 소사교(素沙橋)에 이르러 변두리의 역원(驛院)에서 점심을 먹었다. 충청 감사 권반(權昐), 청주 목사 심기성(沈器成) 등이 군사 2천여 명을 거느리고 경계에서 맞이하였다.

○ 해운판관(海運判官) 홍헌(洪憲)이 찾아와서 알현하자, 그를 불러들여 만나 세자가 말하기를, "나라의 운수가 불행해 노적의 세력이

절도사로 부원수를 겸해 길마재[鞍峴]에서 반란군을 무찔러 鷄林府院君에 봉해졌다. 1628년 형조판서가 되었다.
105 瑞泰(서태): 瑞山과 泰安을 합쳐 일컫는 말.

걷잡을 수 없이 날뛰어 대가(大駕)가 도성을 떠나서 궁벽한 강도(江都)에 피란해 있으니 식량의 수송이 끊이지 않아야 하는데 오직 바닷길에 의한 수송만을 기대할 뿐이다."라고 하니, 홍헌이 대답하기를, "지난번에 유지(諭旨: 임금이 신하에게 내리는 글)를 받들었는데 지금 또 명을 내리니, 신(臣)이 감히 성심을 다하지 않겠습니까? 아산(牙山)에 비축해 둔 전세미(田稅米)가 다만 500석이 있을 뿐이니 응당 별도로 쌀 1천 석을 거두어 합쳐서 우선 실어 나르겠으며, 그 나머지 또한 마땅히 독촉해 받아들여 운반하겠습니다."라고 하였다. 세자가 모름지기 다음달 보름 전까지 운송하라는 뜻으로 거듭 유시(諭示)하였다.

○ 이날 저녁이 되어서야 직산(稷山)에 이르자, 영지(令旨: 세자의 명령)를 내려 좌상(左相: 신흠) 이하 및 본도(本道: 충청도) 감사를 불러 들여 만났는데, 세자가 말하기를, "듣건대 심기성(沈器成)이 군사 2천 명을 거느려 호위(扈衛)하기 위해 왔다고 하니, 이 군사들을 한강(漢江)으로 보내어 총융사(摠戎使) 이서(李曙)와 함께 힘을 합쳐서 적을 차단하도록 하려는 것이 어떠하겠소?"라고 하니, 좌상이 대답하기를, "호위 또한 막중하니 이 군사들 외에 호위할 수 있는 다른 군사들이 또 있는 경우라면 괜찮을 것입니다." 하고, 권반(權盼)이 앞으로 나아와 말하기를, "변란이 일어났다는 것을 들은 초기에 병사(兵使) 류림(柳琳)이 즉시 정군(正軍: 정규군) 7천 명을 징발하여 이미 도성으로 갔습니다. 이 군사들은 겨우 속오군(束伍軍)을 모아 오직 호위만 하려고 왔습니다."라고 하였다. 세자가 또 명을 내려 겸사서(兼司書)

윤지(尹墀)에게 이 일을 도체찰사(都體察使)와 의논하도록 하였다.

세자가 말하기를, "본도(本道: 충청도) 주사(舟師: 수군)가 이미 강도(江都)에 들어갔소?"라고 하니, 권반이 말하기를, "어제 수사(水使)의 보고를 보니 19일에 유지(諭旨: 임금의 명령서)를 공경히 받들어 22일에 배를 출발시켰다고 했습니다."라고 하였다. 세자가 말하기를, "군사와 금군(禁軍) 가운데 자원(自願)한 1인으로 하여금 먼저 도성으로 가도록 하여서 적의 선봉이 지금 어디까지 바싹 다가왔는지 탐문하도록 하고, 임진(臨津)과 한강(漢江)에서 적을 방어하는 병마(兵馬)가 얼마나 되는지 일일이 알아서 오도록 하라." 하니, 좌상이 말하기를, "내리신 명령이 지당합니다."라고 하였다.

○ 행사직(行司直) 신설(申渫)이 노복 장정(奴僕壯丁) 30여 명을 거느리고 와서 길가에서 알현하였다.

二十七日。晴。

縣令兪是曾引見, 世子曰: "聞他郡縣, 皆未及到, 以殘弊小縣, 獨支供[106]乃爾, 余用嘉焉." 又下令疏放本縣被囚罪人。○宣傳官金克信[107], 以江都問安事, 奉徽旨[108]出去。○卯時動駕, 到素沙橋[109], 邊院中火。忠淸監司權盼[110], 淸州牧使沈器成[111]等, 領兵

二千餘人, 迎于境上. ○海運判官洪憲[112], 來謁引見, 世子曰: "國
運不幸, 奴賊猖獗, 大駕播越, 僻處江都, 轉漕[113]不絶, 惟海運是
望." 憲對曰: "頃承諭旨, 今又下令, 臣敢不盡心? 牙山[114]所儲田
稅米, 只有五百石, 當合別收米一千石, 姑先載運, 其餘亦當催捧
以運." 世子更諭, 以須及來月望前運送之意. ○是夕, 到稷山[115],

---

109 素沙橋(소사교): 경기도 평택시 소사동 원소사 마을 앞에 흐르는 소사천에 놓인
    나무다리. 이 다리를 지나 소사뜰을 넘으면 충청도의 道界인 직산 땅이었다.

110 權盼(권반, 1564~1631): 본관은 安東, 자는 仲明, 호는 閉戶. 1594년 군자감
    참봉이 되었고, 이어서 交河縣監을 지냈다. 이듬해에 별시문과에 급제하여 예조
    의 낭관을 거치고 성절사 서장관으로 충원되어 북경에 다녀왔다. 1604년 안주목
    사로 부임하였으며, 1607년 지평으로 소환되어 필선을 겸임하였다가 응교로 전직
    되었다. 1613년 경상도관찰사가 되었고, 그 뒤 巡檢使로서 해변방어에 힘썼으며,
    나주목사·강화부사, 함경도·경기도·충청도의 관찰사를 역임하였다. 1626년 충
    청도 관찰사가 되어 이원익이 경기도에 시행한 大同宣惠의 정책을 본받아 한
    道의 田稅와 부역을 공평히 하려 하였으나 성사시키지는 못하였다. 그러나 김육
    이 이를 참고하여 대동법을 실시하였다고 한다.

111 沈器成(심기성, ?~1644): 본관은 靑松, 1623년 인조반정에 참여하여 담양부사,
    청주목사, 파주목사 등 여러 벼슬을 거쳤으나, 1644년 큰형인 좌의정 沈器遠
    등의 역모사건과 관련하여 심문을 받던 중 옥사하였다.

112 洪憲(홍헌, 1585~1672): 본관은 南陽, 자는 正伯, 호는 沙村·默好·銀溪. 할
    아버지는 洪曇, 아버지는 洪宗祿이다. 蔭補로 洗馬가 되고, 1616년 謁聖文科
    에 급제, 승문원권지가 되었다. 1618년 주서, 이듬해 봉교를 지내고 1623년 正
    言·좌승지·우승지 등 여러 관직을 거쳐, 해운판관을 지냈으며, 1637년 승지가
    된 이래 1647년까지 좌승지·우승지 등 인조의 侍臣으로 재직하였다.

113 轉漕(전조): 식량을 운반할 때, 육로를 통해 수레로 운반하는 것을 轉이라 하고,
    水路를 이용하여 배로 운반하는 것을 漕라 함.

114 牙山(아산): 충청남도 북부에 있는 고을.

115 稷山(직산): 충청남도 천안시 서북구에 있는 고을.

下令左相以下及本道監司引見, 世子曰: "聞沈器成, 軍二千名,
以扈衛來到云, 此軍欲送于漢江, 與摠戎李曙, 同力把截, 何如?"
左相對曰: "扈衛亦重, 此兵之外, 更有他兵之可以扈衛者, 則可
矣." 權昐進曰: "聞變之初, 兵使柳琳[116], 卽發正軍[117]七千名, 已
赴京都。此軍則僅收合束伍, 唯爲扈衛而來." 世子又下令, 使兼
司書尹墀, 議此事于都體察. 世子曰: "本道舟師, 已入江都耶?"
昐曰: "昨見水使之報, 十九日祗承諭旨, 二十二日發船云." 世子
曰: "軍兵禁軍中, 自募一人, 使之前往京都, 探問賊鋒, 今逼何
地, 臨津·漢江, 把守將帥, 兵馬幾何, 一一聞知而來." 左相曰:
"下令至當." ○行司直申渫[118], 率奴丁三十餘名, 來謁于道左。

---

116 柳琳(류림, 1581~1643): 본관은 晉州, 자는 汝溫. 1636년 병자호란 때에 평안도
　　병마절도사로서 성을 굳게 수비하고 남하하는 청군을 추격, 김화에서 크게 무찌르
　　는 공을 세웠다. 화의가 성립된 뒤 다시 평안도 병마절도사로 부임하여, 청나라의
　　요청으로 淸將 馬夫達과 함께 가도를 공격하여 명나라 군대를 대파하였다. 그
　　공으로 청나라의 심양에 초청되었으나, 이에 응하지 않아 죄를 받아 白馬城에
　　안치되었다. 1638년 풀려나와, 1639년 삼도 수군통제사가 되었다. 1641년 청나라
　　가 명나라를 칠 때, 그들의 요청에 따라 군대를 이끌고 출전하였으나 병을 핑계로
　　전투를 부장에 일임하였다. 이때 총포를 공포로 쏘게 한 것이 탄로가 나 부장들은
　　주살되었으나, 그는 병으로 인하여 책임을 면하였다.
117 正軍(정군): 조선시대 실제로 징병되어 군복무를 하는 정규의 군병.
118 申渫(신설, 1560~1631): 본관은 高靈, 초명은 申湧, 자는 季脩, 호는 霞隱. 영의
　　정 申叔舟의 현손이다. 1591년 식년 문과에 급제하였다. 홍문관검열이 되고,
　　이듬해 임진왜란이 일어나자 의병장이 되어 활약하였다. 1596년 著作·修撰을
　　거쳐 승지 대사간 등을 역임하고 뒤에 황해도관찰사에 이르렀다.

1월 28일。 맑음。

묘시(卯時: 아침 6시 전후)에 세자가 밖으로 동청(東廳)에 나와 부로
(父老: 연로한 남자)와 군민(軍民)을 불러 모아 놓고 의병을 일으켜 적을
토벌하여 마음의 흔들림 없이 경작하며 자리잡아 흩어지지 말라는
뜻을 널리 알리니, 부로 등이 모두 감격하여 절하고 사례하였다.

○ 각 고을의 수령들을 불러들여 만나 보았는데, 태안 군수(泰安郡
守) 목서흠(睦敍欽), 온양 군수(溫陽郡守) 박선(朴選), 직산 현감(稷山縣
監) 조창원(趙昌遠), 청안 현감(淸安縣監) 민계(閔枅), 평산 현감(平山縣
監) 황환(黃渙), 목천 현감(木川縣監) 류시영(柳時英: 柳時定의 초명),
청주 목사(淸州牧使) 심기성(沈器成)이었고, 신설(申渫) 또한 참여하
였다. 수령 등이 각각 자기 고을의 고치기 어려운 폐단을 아뢰었으나
간혹 마땅히 할 말이 아닌 것도 있었다. 세자가 말하기를, "아침에
보니 반찬 가운데 쇠고기를 장만했던데, 봄농사를 지어야 할 이때
날마다 소를 잡아 올리면 장차 어떻게 농사를 지으려고 하는가? 이후
부터는 일체 쓰지 말라." 하였다.

○ 겸문학(兼文學) 정홍명(鄭弘溟)이 진천 현감(鎭川縣監) 홍무적(洪
茂績)을 강개하고 충의심이 있어서 소모장(召募將)으로 삼을 만하다
고 천거하였다.

진시(辰時: 아침 8시 전후)에 세차의 행차가 출발하여 천안(天安)에
이르러 점심을 먹었다. 나는 이곳에서 이광춘(李光春)을 만나 오래
못 만난 회포를 푼 다음, 이광춘이 그의 노모가 병으로 자리에 누워
있어서 호종할 수가 없다고 말하였다. 이에, 나는 향병(鄕兵)을 불러

모아 관군을 도우라고 권유하자, 이광춘은 알았다고 하고는 가버렸다.

○ 미시(未時: 오후 2시 전후)에 세자의 행차가 출발하여 전의현(全義縣)에 들어갔다.

○ 송달보(宋達甫: 宋孝祚)가 보은 현감(報恩縣監)으로서 숙소에 찾아와 만났는데 대추를 주었다.

二十八日。晴。

卯時世子, 出御東廳, 召集父老軍民, 而宣諭以倡起義旅而討賊, 按堵耕作而勿散之意, 父老等皆感拜而謝。○引見各邑守令泰安郡守睦敍欽[119]·溫陽郡守朴選·稷山縣監趙昌遠[120]·淸安縣監閔枡[121]·平山縣監黃渙·木川縣監柳時英[122]·淸州牧使沈器成,

---

119 睦敍欽(목서흠, 1572~1652): 본관은 泗川, 자는 舜卿, 호는 梅溪. 1597년 음보로 濟用監參奉에 임명되었으나 사퇴하고, 1603년 다시 內侍敎官을 거쳐, 1606년 楊口縣監에 재직하였다. 1610년 알성 문과에 급제하고, 1618년 병조정랑 및 여러 청요직을 거쳐, 咸鏡道宣諭御史·廣州牧使 등을 역임하였다. 1625년 지제교에 이어 좌승지가 되고, 1627년 정묘호란 때 인조를 남한산성에 호종하였으며, 양양부사·개성부유수·參贊官, 좌·우승지, 예조참판을 거쳤다.

120 趙昌遠(조창원, 1583~1646): 본관은 楊州, 자는 大亨, 호는 悟隱. 딸은 인조의 계비인 莊烈王后이다. 1623년 인조반정 이후 형조 좌랑에 제수되면서 관직에 복직하였고, 1631년 직산 현감에 부임하였다. 이후 軍資監正, 여산 군수 등을 역임하였으며, 1638년 인천 도호부사로 부임하였다. 그러나 재임 당시 딸이 인조의 계비로 간택되면서 國舅가 되어, 같은 해 돈령도정으로 옮겨갔다.

121 閔枡(민계, 1579~1641): 본관은 驪興, 자는 子平. 閔汝任의 장남이다. 1612년 진사에 합격하고 1636년 社稷署令이 되었다.

122 柳時英(류시영, 1596~1658): 柳時定의 초명. 본관은 晉州, 자는 安世·秀夫. 1612년 진사시에 합격하였으나, 아버지가 외조부인 崔沂의 사건에 관련되어 옥사하였다. 이때 그도 연좌되어 춘천에 유배되었다. 1623년 인조반정으로 의금부도

申渫亦與焉。守令等, 各陳其縣弊瘼[123], 而或有非其所宜言者。
世子曰: "朝見饌品中, 用牛肉, 此春耕之日, 逐日推牛, 則將何以
農作? 今後一切勿用." ○兼文學鄭弘溟, 薦鎭川縣監洪茂績[124], 忠
義慷慨, 可以爲召募將。辰時動駕, 到天安晝點。儂遇李光春[125]
于此地, 敍闊外, 光春言其老母病在床席, 不得扈從。儂勸以號
召鄉兵, 以助官軍, 光春唯唯而去。○未時動駕, 入全義縣[126]。○
宋達甫[127]以報恩縣監, 來見于宿舍, 贈以大召。

사가 되고 제용감직장을 거쳐 목사에 이르렀다.

123 弊瘼(폐막): 민간이나 官司의 고치기 어려운 병폐 및 폐단.

124 洪茂績(홍무적, 1577~1656): 본관은 南陽. 자는 勉叔, 호는 白石. 1610년 사마
　시에 합격해 생원이 되었다. 1615년 폐모론에 반대하던 이원익이 유배되자, 鄭
　澤雷·金孝誠 등과 서로 잇따라 소를 올려 이원익의 충절을 밝히고 폐모론자를
　목벨 것을 주장하다 자신도 거제도로 유배되었다. 1623년 인조반정으로 석방,
　창녕현감에 기용되고 이듬해 진천현감이 되었다. 1632년 지평·수찬을 거쳐 김
　제군수가 되었으며, 이어 공주목사를 역임하였다. 1639년 장령으로 병자호란에
　대한 복수와 수치의 설욕 및 강화도의 수축을 상소하였다. 1643년 대사헌이 되
　어서는 좌의정 沈器遠의 거리낌없는 탐욕과 방종, 그리고 교만함을 들어 탄핵하
　였다. 1644년 판결사가 되고 謝恩副使로 청나라에 다녀와 행호군·대사헌을 역
　임하였다.

125 李光春(이광춘, 1578~?): 본관은 牛峯, 자는 晦元. 1609년 증광시에 급제하였다.

126 全義縣(전의현): 충청남도 연기군 전의면 일대의 이름.

127 達甫(달보): 宋孝祚(1571~?)의 字. 본관은 恩津. 장인은 黃暹이다. 1603년 식년
　시에 급제하였다. 王子師傅를 지냈다.

1월 29일。 맑음。

묘시(卯時: 아침 6시 전후)에 세자의 행차가 출발하여 광정(廣亭)에 이르러 점심을 먹었다. 호소사(號召使) 김장생(金長生)이 장계로 주달(奏達)하였다.

오시(午時: 낮 12시 전후)가 되어 세자의 행차가 출발하여 금강(錦江)에 이르니, 금구 현령(金溝縣令) 이각(李恪)이 자원(自願)한 군사 1,000명과 속오군(束伍軍) 200명을 거느리고 부안 현감(扶安縣監) 한흥일(韓興一)이 자원병 500명을 거느려 모래밭에 진을 치고서 세자를 맞이하자, 세자가 행차를 멈추게 하고 찬획사(贊畫使) 이식(李植)으로 하여금 두 고을의 장수와 군사들에게 유지(諭旨: 임금의 뜻)를 널리 알리도록 명하였다.

신시(申時: 오후 4시 전후)에 공산(公山: 공주)으로 들어갔는데, 순찰사 심기원(沈器遠)이 알현하니 세자가 명을 내려 불러들이도록 하여 면대하였다. 나는 눈병이 심하여 입시(入侍)할 수가 없었지만, 듣건대 심기원이 적을 막아낼 3가지 계책을 올렸으니, 하나는 차령(車嶺)에 병사를 숨기고서 금강(錦江)에 진(陣)을 설치하는 것이고, 다른 하나는 죽령(竹嶺)·조령(鳥嶺)·청풍령(淸風嶺)을 지켜서 적들이 영남으로 들어올 수 없게 하는 것이며, 또 다른 하나는 서산(瑞山)·태안(泰安) 사이에 군사를 주둔시켜 적이 내포(內浦)로 들어오지 못하도록 하는 것이라는데, 그의 말이 참으로 달고 아름답게 들리나 옛사람들이 소매를 떨치고 일어난 의리와는 다르다.

○ 아침에 오랑캐 차사(差使)가 풍덕(豐德)에 머물고 있었는데, 강

숙(姜璹) 등으로 하여금 진해루(鎭海樓)까지 나아가 맞이하도록 하였고, 신경진(申景禛)에게 연정(燕亭: 燕尾亭)에서 기다리도록 하였다.

二十九日。晴。

卯時動駕, 到廣亭[128]畫點。號召使金長生[129], 狀達。至午時, 動駕到錦江[130], 金溝縣令李恪[131], 領自募軍一千名·束伍軍二百名,

---

128 廣亭(광정): 충청남도 공주시 정안면에 있는 마을.

129 金長生(김장생, 1548~1631): 본관은 光山, 자는 希元, 호는 沙溪. 아버지는 대사헌 金繼輝이며, 아들은 金集이다. 宋翼弼과 李珥의 문하에 들어갔다. 1578년에 學行으로 천거되어 昌陵參奉이 되고, 1581년 宗系辨誣의 일로 아버지를 따라 명나라에 다녀왔다. 임진왜란 때 호조정랑이 된 뒤, 명나라 군사의 군량조달에 공이 커 宗親府典簿로 승진하고, 1597년 봄에 호남지방에서 군량을 모으라는 명을 받고 이를 행함으로써 군자감첨정이 되었다가 곧 안성군수가 되었다. 그 뒤에 익산 군수 및 회양과 철원 부사를 역임하였다. 1613년 계축옥사 때 동생이 그에 관련됨으로써 연좌되었으나 무혐의로 풀려나자 관직을 버리고 연산에 은둔하였다. 그 뒤 인조반정이 일어나자 75세의 나이에 장령으로 조정에 나아갔고, 1624년 李适의 난으로 왕이 공주로 파천해오자 어가를 맞이하였다. 난이 평정된 뒤 왕을 따라 서울로 와서 元子 輔導의 임무를 다시 맡고 상의원정으로 사업을 겸하고, 집의 직을 거친 뒤 낙향하려고 사직하면서 중요한 政事 13가지를 논하는 소를 올렸다. 그러나 좌의정 尹昉, 이조판서 李廷龜 등의 발의로 공조참의가 제수되어 원자의 강학을 겸하는 한편 왕의 시강과 경연에 초치되기도 하였다. 정묘호란 때 兩湖號召使로서 의병을 모아 공주로 온 세자를 호위하고, 곧 화의가 이루어지자 모은 군사를 해산하고 강화도의 行宮으로 가서 왕을 배알하고, 그해 다시 형조참판이 되었다. 그러나 한 달 만에 다시 사직하여 용양위부호군으로 낙향한 뒤 1630년에 가의대부로 올랐으나 조정에 나아가지 않고 줄곧 향리에 머물면서 학문과 교육에 전념하였다.

130 錦江(금강): 전라북도 장수군 장수읍에서 발원하여 충청남북도를 거쳐 강경에서부터 충청남도·전라북도의 도계를 이루면서 군산만으로 흘러드는 강.

131 李恪(이각, 1553~?): 본관은 咸平, 자는 子敬. 아버지는 李夢吉이다. 1585년 식년시에 급제하였고, 벼슬은 正郎에 이르렀다. 1623년 금구현령으로 부임하여

扶安縣監韓興一[132], 領自募兵五百名, 結陣于沙中, 迎謁世子, 駐駕, 命贊畫使李植, 宣諭二邑將士。申時, 入公山[133], 巡察使沈器遠[134]謁見, 下令引對。儂以眼病甚, 不得入侍, 聞器遠上遏賊三策, 其一藏兵車嶺[135]而設陣錦江, 其一把守竹嶺[136]·鳥嶺[137]·淸風[138]嶺, 使賊不得入嶺南, 其一屯兵瑞泰之間, 使賊不得入內

4년 동안 재임한 바 있으며, 1627년 제주 판관을 지냈다.

132 韓興一(한흥일, 1587~1651): 본관은 淸州, 자는 振甫, 호는 柳市. 아버지는 韓百謙이다. 1624년 정시문과에 급제하여 예문관검열이 되고, 1628년에 수찬을 거쳐 1630년 총융사의 종사관이 되었다. 1633년 이조좌랑, 이듬해에 전라도 양전사가 되었다. 1636년 병자호란이 일어나자 신주와 빈궁들을 강화도로 호위하였고, 좌부승지·전주부윤을 역임하였다. 1637년 鳳林大君(뒤의 효종)이 청나라에 볼모로 잡혀갈 때 배종하였으며, 귀국 후에는 우승지를 거쳐, 1643년 강원도 관찰사로 나갔다. 그 후 이조참판, 대사간, 공조·예조·병조 판서를 거쳐 우의정에 올랐다.

133 公山(공산): 충청남도 공주시 산성동에 있는 산.

134 沈器遠(심기원, 1578~1644): 본관은 靑松, 자는 遂之. 1624년 李适의 난이 일어나자 漢南都元帥가 되어 난을 막았다. 1627년 정묘호란 때는 경기·충청·전라·경상도의 都檢察使가 되어 종사관 李尙岌·羅萬甲 등과 함께 세자를 모시고 피란하였다. 1628년 강화부유수를 거쳐, 1634년 공조판서에 승진되었다. 1636년 병자호란이 일어나자 留都大將으로 서울의 방어책임을 맡았고, 1642년 우의정을 거쳐 좌의정에 승진되었다. 1644년 좌의정으로 남한산성 守禦使를 겸임하게 되자 심복의 장사들을 扈衛隊에 두고 前知事 李一元, 廣州府尹 權瀗 등과 모의하여 懷恩君 德仁을 추대하려는 반란을 꾀하다 탄로되어 죽임을 당하였다.

135 車嶺(차령): 충청남도 천안시 동남구 광덕면과 충청남도 공주시 정안면의 경계에 있는 고개.

136 竹嶺(죽령): 경상북도 영주시 풍기읍과 충청북도 단양군 대강면 사이에 있는 고개.

137 鳥嶺(조령): 경상북도 문경시 문경읍과 충청북도 괴산군 연풍면 사이에 있는 고개.

138 淸風(청풍): 충청북도 제천시 청풍면 일대의 이름. 삼면이 첩첩산으로 둘러싸이고 바깥으로 통하는 유일한 통로인 북쪽은 강물이 막고 있다.

浦139, 聽其言, 誠甘且美, 而其與古人投袂之義, 異矣。○朝, 差胡
留豐德140, 令姜璹141等, 邀到鎭海樓142, 使申景禛燕亭143待之。

2월 1일(무술)。눈보라가 세차게 일어남。

명을 내려 말하기를, "눈보라가 이와 같이 몰아치니, 호위 군사들
이 필시 대부분 몸은 얼어 붙고 옷은 축축하게 젖었을 것이니 철수하
도록 하라."하였다.

○ 중사(中使: 내시)를 보내어 강도(江都: 강화도)에 문안하게 하였
다. 전라 병사(全羅兵使) 신경인(申景禋)이 군사를 거느리고 경성(京
城)으로 올라가는데, 명을 내려 신경인을 불러들이도록 하고서 세자
가 군사 수를 물으니, 신경인이 대답하기를, "친병(親兵: 휘하 군사)
700명과 선발한 군사 3,000명에 장관(將官: 지휘관)의 창두(倉頭: 하

---

139 內浦(내포): 충청남도 예산 가야산 주변에 있는 10고을을 일컬음. 홍주, 결성,
　　해미, 서산, 태안, 덕산, 예산, 신창, 면천, 당진 같은 마을이다. 큰 바다가 내포를
　　만나면 뭍으로 파고들어 '육지 속 바다'가 된다 하여 '內浦'라고 하였다 한다.
140 豐德(풍덕): 경기도 개풍군 남부에 있는 고을.
141 姜璹(강숙, 생몰년 미상): 姜弘立의 서자.
142 鎭海樓(진해루): 갑곶진변의 성문. 고려가 몽골의 침입으로 개경에서 강화도로
　　수도를 옮겼을 때 몽골군이 바다를 건너 공격하지 못하도록 강화도 동쪽 해안을
　　따라 쌓은 성이 강화외성인데, 진해루는 갑곶나루를 통해 강화도와 내륙을 잇는
　　주된 관문이었다.
143 燕亭(연정): 燕尾亭. 인천광역시 강화군 강화읍 월곳리에 있는 정자. 고려시대
　　팔작지붕 형태의 누정이다.

인)까지 아우르면 4,000여 명은 밑돌지 않을 것이고, 후방에서 운송
군사 2,000명이 또한 뒤따라 올라오고 있습니다."라고 하자, 세자가
또 이식(李植)·윤지(尹墀)로 하여금 신경인의 군사들에게 유지(諭旨:
임금의 뜻)를 널리 알리도록 명하였다.

○ 심열(沈悅)을 군향색 당상(軍餉色堂上: 군량 담당 당상관)으로 삼
고, 임천 군수(林川郡守) 이민구(李敏求)를 창의사(倡義使)로 삼았는
데, 이식(李植)의 청을 따른 것이다.

○ 무군사 당상(撫軍司堂上: 군량 조달 및 모병과 군사 훈련을 한 왕세자
의 행영)의 삼망(三望: 추천된 3명의 후보자)은 심열(沈悅)·이명준(李命
俊)·이성구(李聖求)이었고, 가망(加望: 추가 후보자)은 이식이었다.

○ 호소사(號召使) 김장생(金長生)과 부사(副使) 송흥주(宋興周)가
여산(礪山)으로부터 찾아와 알현하자, 세자가 명을 내려 불러들여
만났는데, 송흥주가 있는 말을 다해 의견을 올렸으니, "적상산성(積
裳山城: 赤裳山城의 오기)의 뛰어난 지세가 학가(鶴駕: 세자의 수레)가
머무를 만합니다."라고 하였다.

○ 영지(令旨)를 내려 본부(本府: 공주부)에서 미리 술과 음식을 준비
하였다가 내일 경포수(京砲手)를 먹이도록 하였다.

○ 본원(本院: 세자시강원)에서 주달(奏達)하여 여러 벼슬아치들에
게 일을 분담할 수 있도록 청하였다.

二月初一日(戊戌)。風雪大作。

下令曰: "風雪如此, 扈衛軍士, 必多凍濕, 使之撤去。" ○遣中使
問安于江都。全羅兵使申景禋[144], 領兵上京, 下令引見景禋, 世子

問其軍數, 景禋對曰: "親兵七百·抄發之軍三千, 幷將官倉頭[145], 則不下四千餘人, 後運軍二千名, 亦追後上來矣." 世子又命李植· 尹墀 宣諭景禋軍。○以沈悅爲軍餉色[146]堂上, 林川郡守李敏求[147] 爲倡義使, 從李植之請也。○撫軍司[148]堂上三望, 沈悅·李命俊·

---

144 申景禋(신경인, 1590~1643): 본관은 平山, 자는 子精. 아버지는 都巡邊使 申砬이다. 영의정 申景禛과 호위대장 申景裕의 아우이다. 1615년 무과에 급제, 선전관을 제수받고 오위도총부도사를 역임하였으며, 1623년 반정 직후 喬桐縣監에 제수되었다가 곧 연안부사로 발탁되고, 미처 부임하기도 전에 경기수군절도사에 올랐다. 1627년 정묘호란이 발발하자 왕명을 받고 1만 여 명의 전라도 관군을 이끌고 구원차 북상하였다. 그러나 도중에 시일을 천연하여 결국 강화도의 행재소에 이르기 전에 화의가 성립되었고, 이에 문책당하여 파직되었다. 1635년 내직으로 들어와 포도대장이 되었고, 1636년 병자호란 때는 體府의 中軍으로 산성 방어에 많은 공을 세웠다.

145 倉頭(창두): 奴僕. 한나라 때 푸른색 천으로 머리를 싸맨 데서 나온 말이다.

146 軍餉色(군향색): 훈련도감에 딸린 한 부서. 군량에 관계되는 일을 맡아 보았다.

147 李敏求(이민구, 1589~1670): 본관은 全州, 자는 子時, 호는 東洲. 이조판서 李晬光의 아들이고, 영의정 李聖求의 아우이다. 1609년 사마시에 수석으로 합격해 진사가 되고, 1612년 증광 문과에 장원급제해 수찬으로 등용되었다. 이어서 예조·병조 좌랑을 거쳐 1622년 지평이 되고, 이듬해 宣慰使로 일본 사신을 접대하였다. 1624년 李适의 난이 일어나자 도원수 張晚의 종사관이 되어 난을 평정하는 데 공을 세웠다. 1626년 대사간이 되고, 이듬해 정묘호란이 일어나자 병조참의가 되어 세자를 모시고 남쪽으로 피난하였다. 그 해 승지가 되었다가 외직인 임천군수로 나갔다. 1636년 병자호란 때 화의를 주장하다가 尹集의 논박을 받고 중지하였으며, 檢察副使가 되어 嬪宮을 호위하고 강화도에 들어갔다가 화의 후에 돌아와 경기도 관찰사가 되었으나, 강화 함락의 책임으로 영변에 귀양을 가서 圍籬安置되어 끝내 풀리지 못하고 사망했다.

148 撫軍司(무군사): 1627년 정묘호란 때 전주에 설치한 왕세자의 행영. 1627년 1월 24일부터 3월 13일까지 운영되었는데, 군량과 의병을 모집했으며 무사를 선발하여 전장으로 올려 보냈다.

李聖求, 加望[149]李植。○號召使金長生·副使宋興周[150], 自礪山來
謁, 下令引見, 興周極言[151]: "積裳山城[152]形勝, 可以駐駕." ○下令
本府, 豫俻酒饌, 明日犒饋京砲手。○本院達, 請分房[153]。

2월 2일。맑음。

신시(申時: 오후 4시 전후)가 되어 세자가 밖으로 대청(大廳)에 나와
서 사민(士民)들을 앞으로 나오게 하여 유지(諭旨: 임금의 뜻)를 널리
알렸다. 문학(文學) 김육(金堉)이 선유문을 읽었는데, 글은 이식(李植)
이 지은 것이다.

○ 영지(令旨)를 내려 영부사(領府事: 이원익) 이하를 모두 불러 들여
만났으나, 나는 병으로 인해 입시(入侍)하지 못했다. 세자가 말하기
를, "남쪽으로 내려온 지 여러 날이 지났건만 강도(江都)의 소식을
전혀 듣지 못한데다 적의 선봉이 어디에 있는지도 알지 못하여 매우
답답하니, 이곳에서 모집한 사람으로 곧장 서로(西路: 관서지방)로
가서 적의 형세를 자세히 탐문함이 옳지 않겠소?"라고 하니, 영부사

---

149 加望(가망): 조선시대의 관리 임용에 추가후보를 선정한 일.
150 宋興周(송흥주, 1581~1652): 본관은 鎭川, 자는 用我. 친부 宋英震이 임진왜란
　　때 전쟁터에서 죽자, 숙부 宋英耉에게 의탁해 자랐다. 공주 목사를 지냈다.
151 極言(극언): 있는 말을 다하여 의견을 올림.
152 積裳山城(적상산성): 赤裳山城의 오기. 전라북도 무주군 적상면 북창리에 있는
　　고려 말 조선 초의 산성.
153 分房(분방): 여러 벼슬아치들에게 일을 나누어 맡김.

가 대답하기를, "지난번에 이미 모집한 세 사람 가운데 한 사람은 도성에 들어가 탐문하여 먼저 돌아오게 하였고, 나머지 두 사람은 직전에 서로(西路)로 보내어 적진(賊陣)이 떠나갈 날이 임박해서야 돌아오도록 하였습니다. 강도(江都)에 있던 궁관(宮官: 女官)이 바로 앞에 있어서 이미 말을 전하여 그로 하여금 들은 대로 즉시 주달(奏達) 하도록 하였습니다."라고 하였다. 세자가 말하기를, "정탐인을 모집해 보내더라도 반드시 어느 진(鎭)의 문보(文報: 보고 공문서)를 얻거나 어느 주(州)의 현판(懸板: 글씨 쓴 걸린 널빤지)을 취하여 돌아온 뒤라야 믿을 수 있을 것이오."라고 하자, 영부사가 말하기를, "신(臣)들도 또한 그렇게 하도록 가르쳐 보냈습니다." 하였다. 세자가 말하기를, "만약 전주(全州)로 가면 응당 오래 머물러야만 하고 옮기지 않아야 하는 것이오?"라고 하니, 영부사가 말하기를, "지금 저하(邸下)의 이 행차는 전적으로 나랏일을 감독하고 군사를 보살피려는 것인 만큼 어느 한 곳에 오래 머물러서는 안 되니, 적이 비록 퇴각하더라도 진실로 당연히 각 고을을 순시하고 위로하며 여러 일들을 처리해야 합니다." 하였다.

○ 이식(李植)이 익위사(翊衛司: 세자의 배위와 호종을 맡은 관청) 관원으로 낙점 받지 못한 자는 반열(班列)에 있을 수 없다며 그 잘못을 신하에게 돌리는 말을 하자, 세자가 말하기를, "(낙점받지 못한) 익위사의 관원이 비록 반열에 들었다 하더라도 무슨 폐를 끼칠 일이 있겠소?"라고 하였다.

○ 조보(朝報)를 보니, 이날 해시(亥時: 밤 10시 전후)에 호서(胡書:

오랑캐 서신) 2통이 강도(江都)에 이를 것이라 하였다.

初二日。晴。

申時世子, 出御大廳, 登進士民等宣諭。文學金堉, 讀宣諭文, 文李植所製。○下令, 領府事以下, 幷引見, 儂以病不入。世子曰: "南來累日, 絶不聞江都消息, 且不知賊鋒遠近, 殊甚鬱鬱, 其不可自此募人, 直從西路而詳探賊勢耶?"領府對曰: "頃已募得三人, 一人則使入京都, 探聞先還, 二人則使直前西路, 期迫賊陣乃還。江都有宮官[154]在前, 已通言, 使之隨所聞卽達矣。"世子曰: "募送偵探人, 必得某鎭文報[155], 或取某州懸板而返, 然後方可爲信。"領府曰: "臣等, 亦已敎送矣。"世子曰: "若往全州, 則當久留 不遷耶?"領府曰: "今此邸下之行, 專爲監撫[156] 不可久駐一處, 賊雖退去, 固當巡撫各邑, 區畫[157]諸事。"○李植, 以翊衛司[158]之員, 不受點者, 不得在於班行[159], 則歸咎於臣爲言, 世子曰: "翊衛之員, 雖入班行, 有何眙弊?"○見朝報, 是日亥時, 胡書二度至江都。

---

154 宮官(궁관): 조선시대 각종 별궁에서 일하던 內命婦의 정5품에서 종9품까지의 女官. 각각 맡겨진 직무에 따라 공적인 일부터 사사로운 시중까지 다양하게 왕 및 왕실을 보필하였다.

155 文報(문보): 보고 공문서.

156 監撫(감무): 나랏일을 감독하고 군사를 보살핌. 世子가 나라를 지키고 있을 때는 監國이라 하고 진중에 나가면 撫軍이라 한다.

157 區畫(구획): 사건에 대한 처리.

158 翊衛司(익위사): 조선시대 동궁의 시위를 맡아본 관청.

159 班行(반행): 품계나 서열에 의해 행렬을 지어 서는 것.

2월 3일。 맑았으나 세찬 바람 붊。

영지(令旨)를 내려 산성(山城: 적상산성)으로 가려는 행차를 멈추게 하고서 신시(申時: 오후 4시 전후)가 되자 세자가 밖으로 대문에 나와 이식(李植)·윤지(尹墀)로 하여금 양호(兩湖: 충청도와 전라도)의 군사를 위로하고 타이르며 있는 힘을 다해 금강(錦江)을 지키라는 뜻으로 격려하도록 하였다.

이때 공주(公州)·임천(林川)의 군사는 우상중(禹尙中)에게 속했고, 금구(金溝)·부안(扶安)의 군사는 이각(李恪)에게 속했다. 세자가 또 종사관 최유해(崔有海)로 하여금 군사에게 쓸 면포(綿布) 60필을 내어 양호의 군사에게 나누어 주도록 하였는데, 공주군 1천 330명, 승군 (僧軍) 1천 명, 임천군 100명, 금구군 800명, 부안군 364명이었다.

이날 저녁에 선전관 김극신(金克信: 金克新의 오기)이 강도(江都)에 서 돌아와 승정원(承政院)의 초기(草記: 국왕에게 올리는 上奏文) 2통을 올리자, 명을 내려 불러들이도록 하여 대면하였다. 김극신이 나아가 말하기를, "신(臣)이 정월 29일 통진(通津)에 이르니, 대가(大駕)가 그곳에 아직도 머물러 있었습니다. 신(臣)은 드디어 주상을 알현하고 물러나와 바로 강도에 도달하여 자전(慈殿: 인목대비)과 중전(中殿: 仁祖의 비 仁烈王后 韓氏)에게 문안인사를 드렸습니다. 양전(兩殿)이 전교(傳敎)하기를, '세자와 서로 떨어져 있었는데 비로서 편안히 지낸 다는 소식을 들으니 더없이 위로되고 기쁘다.'라고 하시며 신(臣)에 게 1자 정도의 비단자루 등을 하사도록 명하였습니다."라고 하였다.

○ 조보(朝報)를 보니 윤훤(尹暄)의 장계(狀啓)에 의하면, "김여수

(金汝水)가 정월 26일에 안주(安州)에서 살아 돌아와 말하기를, '적병은 1만여 명에 불과하였으나 한 사람마다 각기 전마(戰馬) 두세 필씩 가진 데다 모두 철갑(鐵甲)을 입어서 사람의 눈을 어지럽게 하였습니다. 성을 함락시킨 기계가 비록 운제(雲梯: 구름 사다리)라 할지라도 충충이 이어야만 성에 다다라서 겨우 성 위를 다닐 수 있었는데, 성을 지킨 군사들이 모두 민병(民兵)이었기 때문에 먼저 저절로 무너져 흩어졌습니다.' 하였고, '남이흥(南以興)과 김준(金俊: 金浚의 오기) 부자는 스스로 불 질러서 죽었고, 우후(虞候) 박명룡(朴命龍)은 박난영(朴蘭英)의 친족으로서 투항하려던 찰나에 난병(亂兵: 규율이 잡혀 있지 않은 군사)들에게 살해되었습니다.' 하였고, '성이 미처 함락되지 않았을 때인 20일 밤에 박난영·오신남(吳信男)이 성 아래에 와서 강화(講話)를 언급하자 김준(金俊: 金浚의 오기)이 의리를 들어 거절하였습니다.' 하였다."라고 쓰여 있었다. 이날 강도(江都)에 도착한 것이다.

○ 1월 27일 강홍립(姜弘立)이 오도 도원수(五道都元帥)라고 칭하며 글을 지어 평양(平壤) 백성들을 효유(曉諭)했다고 하였다.

○ 2월 2일 오후에 오랑캐의 차사(差使)가 연미정(燕尾亭)에 도착했는데, 신경진(申景禛)·장유(張維)가 접대했다고 하였다.

○ 노차(奴差: 오랑캐의 차사)가 강숙(姜璹: 강홍립의 서자)·박로(朴盧: 朴簹의 오기) 등과 함께 오랑캐의 진중(陣中)으로 갔다.

선전관(宣傳官: 김극신)이 와서 전하는 조보(朝報)에 의하면, 강홍립이 장만(張晩)에게 답한 글에 대략 이르기를, "군대가 이미 깊이 들어

와서 군사들의 마음이 몹시 예민하여 한갓 말로만 따지려고 해서는
아니 되니, 특별히 진실한 화친의 뜻을 논의하면서 예물 및 군인들에
게 상줄 만한 물자를 후하게 보내시오."라고 했다고 하나, 공갈임을
알 수 있다.

初三日。晴大風。

下令, 停山城擧動, 申時世子, 出御大門, 命李植·尹墀, 慰諭
兩湖軍, 勉以盡力把守錦江之意。時公州·林川[160]之軍, 屬於禹
尙中[161], 金溝[162]·扶安[163]之軍, 屬於李恪。世子, 又命從事官崔有
海, 出軍資綿布六十匹, 分賜兩軍, 公州軍一千三百三十名, 僧軍
一千名, 林川軍一百名, 金溝軍八百名, 扶安軍三百六十四名。
是夕, 宣傳官金克信, 回自江都, 上政院草記二度, 下令引對, 克
信 進曰: "臣正月二十九日, 至通津[164], 大駕尙留其縣。臣遂上謁

---

160 林川(임천): 충청남도 부여군 남부에 있는 고을.

161 禹尙中(우상중, 생몰년 미상): 본관은 丹陽. 1623년 인조반정 때 선전관으로
공을 세웠으며, 1624년 이괄의 난 때 인조를 호종하였다. 1627년 정묘호란 때에
부친의 상중이었으나, 관찰사의 요구에 의하여 守禦大將으로 雙樹山城을 방어하
였다. 1636년 병자호란 때에는 全州營將으로 근왕병을 인솔하여 廣州 쌍령에서
분전하였다. 1648년 洪淸兵使가 되었다.

162 金溝(금구): 전라북도 김제시 동부에 있는 고을.

163 扶安(부안): 전라북도 남서부에 있는 고을. 동진강 하구를 경계로 김제시와 인접
해 있다.

164 通津(통진): 경기도 김포군 월곶면 곤하리에 있는 옛 邑. 한강 입구를 지키는
제1의 要害處로 군사·정치의 요충으로 발달했으나, 1914년 김포군에 병합된 뒤
로는 그 중요성이 감소되었다.

退, 乃達于江都, 上問安于慈殿·中殿。二殿傳教曰:'與世子相
分, 始得聞安穩消息, 慰喜殊甚.'仍命賜臣囊子尺錦等物。"○見
朝報, 尹暄狀啓, "金汝水[165]於正月二十六日, 自安州[166]生還, 言:
'賊兵不過萬餘, 而一人各持戰馬二三匹, 皆着鐵甲, 眩亂人目。
陷城器械, 雖曰雲梯, 連層抵城, 僅得步上, 守城軍, 盡是民兵,
故先自潰散.'云, '南以興[167]·金俊[168]父子, 自焚死, 虞侯朴命

---

165 金汝水(김여수, 1600~1670): 본관은 金海, 자는 水哉. 전라남도 영암 출신이다.
   1624년 식년시 무과에 장원으로 급제하였으며, 1627년 오랑캐와 맞서 싸우다가
   부상을 당하였다. 1636년 병자호란이 일어나자 전라도 관찰사 李時昉의 휘하로
   들어가 싸웠으며, 이후 慶興副使를 거쳐 함경남도병마절도사에 발탁되었고,
   1647년 제주목사가 되었다.

166 安州(안주): 평안남도 북단에 있는 고을. 동쪽은 개천군·순천군, 남쪽은 평원군,
   북쪽은 평안북도 박천군·영변군에 접하고, 서쪽은 황해에 면하여 있다.

167 南以興(남이흥, 1576~1627): 본관은 宜寧, 자는 士豪, 호는 城隱. 1623년 인조
   반정 뒤 西道의 수령직을 자청해 구성부사가 되었다가, 시기하는 자의 무고로
   하옥되기 직전 도원수 張晚의 변호로 무사했으며, 도원수 휘하의 中軍이 되었다.
   1624년 李适이 난을 일으키자 장만의 지휘 아래 중군을 이끌고 많은 무공을 세웠
   다. 특히 이괄의 부하 柳舜懋·李愼·李胤緖를 회유해 많은 반군을 귀순하게 했
   다. 이어 평안도병마절도사로서 영변부사를 겸하던 중, 1627년 정월 정묘호란이
   일어나자 안주성에 나가 후금군을 막았다. 이때 후금의 주력 부대 3만여 명이
   의주를 돌파하고 凌漢山城을 함락한 뒤 안주성에 이르렀다. 이에 목사 金浚,
   虞候 朴命龍, 강계부사 李尙安 등을 독려해 용전했다. 그러나 무기가 떨어져
   성이 함락되자, 성에 불을 지르고 뛰어들어 죽었다.

168 金俊(김준): 金浚(1582~1627)의 오기. 본관은 彦陽, 자는 澄彦. 1605년 무과에
   급제, 部長을 거쳐 선전관이 되고, 이어 喬桐縣監을 지냈다. 1623년 인조반정으
   로 都總府都事가 되고, 經歷을 거쳐 죽산부사로 나갔다. 이듬해 이괄의 난 때에는
   後營將으로 임진강 상류에 있는 永平山城을 지켰으며, 난이 평정된 뒤에는 의주
   부윤·訓鍊院正·봉산군수 등을 역임하였다. 1625년 안주목사 겸 방어사가 되었

龍[169], 以蘭英[170]親族, 投降之除, 爲亂兵所殺.'云, '城未陷時, 二
十日夜, 朴蘭英·吳信男[171], 來到城下, 語及講和, 金俊以義絶
之.'云."是日, 到付江都。○正月二十七日, 姜弘立[172]稱五道都元

다. 1627년 정묘호란이 일어나 후금군에게 안주성이 함락되자 처자와 함께 분신
자결하였다.

169 朴命龍(박명룡, 1588~1627): 본관은 竹山, 자는 見叔. 1616년 무과에 급제하여
선전관에 제수된 이후 도총부도사·造山萬戶를 역임하였다. 所斤鎭水軍僉節制
使의 임무를 마치고 돌아오던 1624년 李适의 난을 만났다. 형 朴成龍과 함께
부원수 李守一을 도와 난을 평정하는 데 큰 공을 세웠다. 그 후 평안도병마우후로
임명하고, 평안도병마절도사 南以興의 휘하에 있게 하였다. 1627년 정묘호란이
일어나자 적과 싸우다가 죽었다.

170 蘭英(난영): 朴蘭英(1575~1636). 본관은 高靈, 자는 馨伯. 강홍립과 함께 후금
에 억류되어 있다가 1627년에 귀국했다. 그 후 여러 차례 瀋陽을 내왕하며 후금을
회유하는 데 힘썼고, 병자년 청나라가 조선을 치기 위해 기병한 12월 2일에 심양으
로 朴箐와 파견된 사자였으나 중도에서 馬夫大에게 붙들려 와 있다가, 이때 왕자
와 대신으로 가장시켜 보낸 능봉수와 심집을 진짜 왕자이며 대신이라고 속여
말한 것이 발각되어 죽음을 당했다.

171 吳信男(오신남, 1575~1632): 본관은 平海. 전라남도 강진 출신. 1594년 무과에
급제하여 宣沙浦水軍僉節制使, 都摠都事訓練院正을 역임했다. 1610년 安興梁
水軍僉節制使로 재임할 때, 慕蔚島 해상에서 왜선을 추격하여 전멸시키고 왜장
등 16명을 생포하여 조정으로부터 勳捕賞을 받았다. 1618년 도원수중군에 제수되
고, 다음해 2월에 명나라의 후금 정벌 전투에 姜弘立을 총사령관으로 편성한
조선군 원병으로 참여하였다. 1619년 3월 深河戰鬪에서, 광해군의 밀명에 따라
조선군이 어쩔 수 없이 출병하였음을 알리고 후금의 포로가 되었다. 1627년 정묘
호란 때 강홍립, 朴蘭英과 함께 입국하여 강화에서 화의를 주선하고, 1630년
추秋信使로서 瀋陽에 다녀왔다.

172 姜弘立(강홍립, 1560~1627): 본관은 晉州, 자는 君信, 호는 耐村. 참판 姜紳의
아들이다. 1618년 명나라가 後金을 토벌할 때, 명의 요청으로 조선에서 구원병을
보내게 되었다. 이에 조선은 강홍립을 五道都元帥로 삼아 13,000명의 군사를
거느리고 출정하도록 했다. 그러나 조선과 명나라 연합군이 富車에서 대패하자,

帥爲書, 曉諭于平壤人民等云。○二月初二日, 午後胡差, 到燕尾亭, 申景禛·張維[173], 接待云。○奴差, 偕姜瑄·朴盧[174]等, 往奴中。宣傳官來, 傳朝報, 弘立答張晚書, 大略言："兵旣深入, 軍情甚銳, 不可徒以口舌爭辨, 特講眞實好意, 厚遺禮物及賞軍之資." 云, 恐喝可見。

강홍립은 조선군의 출병이 부득이하게 이루어진 사실을 통고한 후 군사를 이끌고 후금에 항복하였다. 이는 현지에서의 형세를 보아 향배를 정하라는 광해군의 밀명에 따른 것이었다. 투항한 이듬해 후금에 억류된 조선 포로들은 석방되어 귀국하였으나, 강홍립은 부원수 金景瑞 등 10여 명과 함께 계속 억류되었다. 1627년 정묘호란 때 귀국, 江華에서의 和議를 주선한 후 국내에 머물게 되었으나, 逆臣으로 몰려 관직을 빼앗겼다가 죽은 후 복관되었다.

173 張維(장유, 1587~1638): 본관은 德水, 자는 持國, 호는 谿谷. 우의정 金尙容의 사위이며, 효종비 仁宣王后의 아버지이다. 金長生의 문인이다. 인조반정에 참여하여 2등공신에 녹훈되었고, 1624년 李适의 난 때 왕을 공주로 호종한 공으로 이듬해 新豊君에 책봉되어 이조참판·부제학·대사헌 등을 지냈다. 1627년 정묘호란이 일어나자 강화로 왕을 호종하였다. 1636년 병자호란 때는 공조판서로 남한산성에 임금을 호종하였고, 최명길과 함께 화의를 주도하였다. 성격이 곧아 인조반정에 참여하고서도 모시던 국왕을 쫓아낸 일을 부끄러워하였으며, 공신 金瑬의 전횡을 비판하고 소장 관인들을 보호하다 나주목사로 좌천되기도 하였다.

174 朴盧(박로): 朴籚(1584~1643)의 오기인 듯. 본관은 密陽, 자는 魯直, 호는 大瓠. 1609년 증광 문과에 급제하여, 예문관 검열에 보임되고, 홍문관의 부수찬·수찬과 병조의 좌랑·정랑으로 승진하고, 兩司의 사헌부 지평, 사간원 정언을 거쳐서, 성균관 사예 등을 역임하였다. 1618년 안동 부사가 되었으나 사임하였다. 1624년 李适의 난으로 왕이 공주로 피난할 때 벼슬이 없는 상태에서 호종했고, 장연 부사가 되었다. 1627년 정묘호란 때 왕이 강화도로 피란하자 巡檢使 從事官으로 대가를 호종했고, 金瑬의 신임을 얻어 掌樂院正이 되었다. 1630년 判決事가 되었다가 곧 파주목사가 되었고, 얼마 뒤 장단부사가 되었다. 1633년 回答使로 심양에 다녀와서 이조참판에 副摠管과 司譯院提調를 겸하였다. 1635년 秋信使로 심양에 다녀왔다.

2월 4일(신축). 맑음.

학가(鶴駕: 세자의 수레)로 공주(公州)를 출발해 가다가 30리쯤 이르렀을 때 학가를 멈추고 대열(隊列)이 쉬었는데, 이산(尼山)과의 경계였다. 공주 목사(公州牧使) 한여직(韓汝稷: 韓汝溭의 오기)이 하직(下直: 작별)을 아뢰는 숙배(肅拜)하러 갔는데, 불러들이도록 명하여 만나고서 세자가 말하기를, "본주(本州: 공주)에는 장강(長江)의 한계도 있고 또 산성(山城)도 있으니, 경(卿)은 모름지기 힘을 다하라." 하였다.

○ 영지(令旨)를 내려 전주 포수(全州炮手) 100명을 심기성(沈器成)의 군대에 주어서 함께 강도(江都: 강화도)로 달려가도록 하였고, 또 무군사(撫軍司: 군량 조달 및 모병과 군사 훈련을 한 왕세자의 행영)에 영을 내려 사람마다 면포(綿布) 1필씩 주도록 하였다.

初四日(辛丑)。晴。

動駕發公州, 行到三十許里, 住駕歇旅, 尼山[175]界也。公州牧使韓汝稷[176], 下直肅拜, 令引見, 世子曰: "本州有長江之限, 且有

175 尼山(이산): 충청남도 논산 지역의 옛 지명.
176 韓汝稷(한여직): 韓汝溭(1575~1638)의 오기. 본관은 淸州, 자는 仲安, 호는 十洲. 1605년 생원시에 합격하였고, 1610년 식년문과에 급제하였다. 이어 주서·記事官·사서·정언·지평 등을 거쳐 재령군수로 부임하였다. 1623년 인조반정 후 동부승지를 거쳐 우부승지에 임명되었으며, 이듬해 경기도 관찰사로 부임하여 李适의 난을 진압하는 데 공을 세웠다. 1627년 정묘호란 때는 공주목사를 지냈고, 1628년 예조참판으로 있을 때 柳孝立의 모반사건을 잘 다스렸다. 그해 登極使가 되어 명나라에 가서 황제의 칙서를 가지고 왔다. 다시 형조판서·우참찬 등을 지내고 1636년 병자호란 때는 왕을 호종하였다. 이후 대사헌을 거쳐 예조판서 등을 역임하였다.

山城, 卿須戮力。"○下令, 以全州炮手一百名, 付沈器成軍, 偕赴
江都, 且令撫軍司, 賜綿布人一匹。

2월 5일。

조보(朝報)를 보니, 관학 유생(館學儒生) 윤명은(尹鳴殷) 등이 상소
하여 호차(胡差: 오랑캐 差使) 및 강숙(姜璹: 강홍립의 서자) 등을 참수하
고 강화(講和)를 물리쳐 거절하기를 청하자, 답하기를, "이 상소문을
보니 충의(忠義)가 늠름하여 사람으로 하여금 부끄러워 얼굴을 붉히
게 하는구나. 다만 견제하는 방도가 예로부터 있었으니 우선 병사들
을 쉬도록 해도 안 될 것이 없다."라고 하였다.

○ 강인(姜絪)에게 정2품으로 품계를 임시로 올려 주고서 김시생
(金始生)을 종사관으로 삼아 오랑캐 진영에 보냈다고 한다.

初五日。

見朝報, 館學儒生尹鳴殷[177]等, 上疏請斬胡差及姜璹等, 斥絶
講和, 答曰: "觀此疏章, 忠義凜凜, 令人靦顔。但羈縻[178]之道, 自

---

177 尹鳴殷(윤명은, 1601~1646): 본관은 坡平, 자는 而遠, 호는 思亭. 1624년 사마
시에 합격하여 진사가 되고, 1628년 별시문과에 병과로 급제, 검열을 역임하고,
정언·지평·병조좌랑·교리가 되었다. 1636년 병자호란이 일어나자 남양에 나아
가 趙翼과 함께 의병을 모집하여 강화에 건너갔는데 강화가 함락되었다. 난이
끝난 뒤 서천군수·청주목사를 역임하고 집의·동부승지를 지냈으며, 1645년 전라
도 관찰사가 되었다가 사직하고 藍浦에 돌아와 어머니를 모시며 농사를 짓고
낚시질을 하며 지내다가 죽었다.

古有之, 姑許息兵, 未爲不可." ○以姜絪[179]正二品結織[180], 金始
生爲從事, 使奴中云。

2월 6일。

조보(朝報)를 보니, 호서(胡書: 오랑캐 문서)도 강도(江都)에 이르렀
고 강홍립(姜弘立)이 장만(張晚)에게 보낸 편지도 또한 이르렀다고
하였다.

○ 김기종(金起宗)의 장계(狀啓)에 의하면, "평양성(平壤城) 안에서
여염집들을 불태우고 사람을 죽인 자들이 모두 우리나라 사람들이었
지만, 사대부들은 이때 그 무리에 뛰어든 자가 없었습니다. 삼화
현령(三和縣令) 최응수(崔應守: 崔應水의 오기)와 강동 현감(江東縣監)
홍내범(洪乃範)은 모두 평양 사람으로서 나라의 두터운 은혜를 받아
나라를 위하는 충성이 반드시 다른 사람의 갑절은 될 것입니다. 어제
이미 이 사람들과 함께 상의하여 인심을 진정시킬 계책을 세웠습니
다."라고 하였다.

---

178 羈縻(기미): 굴레와 고삐라는 뜻으로, 속박하거나 견제함을 비유적으로 이르는 말.
179 姜絪(강인, 1555~1634): 본관은 晉州, 자는 仁卿, 호는 是庵. 王子師傅를 거쳐
    여러 고을의 수령을 지냈다. 1592년 임진왜란 때 왕을 호종한 공으로 1604년
    扈聖功臣 3등에 책록되고 晉昌君에 봉해졌다. 1627년 정묘호란 때는 回答使로
    서 적진을 왕래하며 협상하였고, 관직이 한성부우윤에 이르렀다.
180 結織(결함): 結銜의 오기. 임시로 품계를 올려 주던 일.

初六日。

見朝報, 胡書到江都, 弘立遺張晚書亦至。○金起宗狀啓, "平壤城中, 焚燒閭舍, 殺越人命者, 皆出於我國之人, 士夫則時無投入者。三和縣令崔應守[181]·江東縣監洪乃範[182], 俱以平壤人, 受國厚恩, 爲國之誠, 必倍於他人。昨日, 已與此人等, 相議爲鎭定人心之計."

2월 7일。

조보(朝報)를 보니, 비망기(備忘記)에 의하면, "전라 병사(全羅兵使) 신경인(申景禋)은 곤수(閫帥: 병마절도사)가 된 몸으로 밤낮을 가리지 않고 싸움터로 달려올 생각을 하지 않다가 이제야 비로소 천천히 올라왔으니 매우 놀랍다. 마땅히 군율로 논죄하여 다른 사람들을 경계시켜야 하니, 우선 체신(體臣)으로 하여금 군문(軍門)에 잡아다 그 무거운 죄를 따라 곤장을 치도록 하라." 하였다.

○ 사시(巳時: 오전 10시 전후)쯤 이곳에 도착한 김기종(金起宗: 평안

---

181 崔應守(최응수): 崔應水(생몰년 미상)의 오기. 본관은 慶州. 아버지는 崔漢亮이다. 1624년 이괄의 난 때 공을 세워 振武功臣이 되고, 1625년 삼화 현령이되었으며 1628년 潔城郡에 봉해졌으며, 1630년 선천부사, 이듬해 만포첨사에 이르렀다. 《仁祖實錄》 1627년 12월 7일 1번째 기사가 참고된다.

182 洪乃範(홍내범, 1564~?): 본관은 南陽, 자는 伯陳, 호는 東江. 1603년 식년시에 급제하였다.

감사)의 장계(狀啓)에 의하면, "삼현(三縣: 三水縣) 등지는 토적(土賊)이 몰래 나타나 도적질하자 수령이 섬 안으로 들어가 숨어서 아침저녁으로 보전하기 어려운 형편입니다. 증산현감(甑山縣監) 이광복(李匡復: 李復匡의 오기)의 전마(戰馬) 3필을 본현(本縣: 증산현)의 아전이 공공연히 탈취해 가서 채영(蔡英)의 진중(陣中)에 투탁(投託)해 들어갔습니다."라고 하였다.

○ 채영(蔡英)이 김경서(金景瑞)의 아들 김득진(金得振) 편지를 던지면서 옥관자(玉貫子: 옥으로 만든 망건의 관자)를 요구하며 나라를 향한 불손한 말을 많이 했는데, 김득진이 그 편지를 지니고 있다가 용강(龍岡) 수령에게 바쳤다고 하였다.

○ 이날 정사(政事: 인사 이동)에서 김준(金浚)에게 우찬성, 장돈(張暾)에게 영중추부사, 전상의(全尙毅)에게 병조판서, 송도남(宋圖南)에게 예조참판, 이상안(李尙安)에게 우찬성, 김양언(金良彦)에게 판중추부사를 증직(贈職)하였는데, 전장에서 죽은 사람들이다.

初七日。

見朝報, 備忘記, "全羅兵使申景禋, 身爲閫帥[183], 不思星夜赴亂, 今始緩緩上來, 極爲痛駭。所當論以軍律, 以警他人, 姑令體臣, 拿致軍門, 從重決杖。"○巳時到, 金起宗狀啓, "三縣[184]等地,

---

183 閫帥(곤수): 병마절도사와 수군절도사를 예스럽게 부르던 말. 조선시대에는 특히 함경·평안 양도의 병마절도사와 수군절도사를 이르는 말이었다.

184 三縣(삼현): 三水縣. 함경남도 북서단에 있는 고을. 동쪽은 갑산군·혜산군, 서쪽은 평안북도 후창군, 남쪽은 풍산군·장진군, 북쪽은 압록강을 사이에 두고 만주의

土賊竊發[185]，守令竄入島中，難保朝夕。甑山縣監李匡復[186]，戰馬三匹，本縣衙前，公然奪去，投入蔡英陣中。"云。○蔡英，抵金景瑞[187]子得振[188]書，求玉貫子[189]，向國家多發不遜語，得振持其書，納于龍岡守云。○是日政，金浚贈右贊成，張暾[190]贈領中樞府

장백현과 경계하고 있다.

185 竊發(절발): 강도나 절도의 사건이 생김.

186 李匡復(이광복): 李復匡(생몰년 미상)의 오기. 본관은 全州. 할아버지는 李陽元(1526~1592)이고, 아버지는 李犀慶(1559~?)이다. 《承政院日記》 1627년 6월 1일 기사가 참고된다.

187 金景瑞(김경서, 1564~1624): 본관은 金海, 초명은 金應瑞, 자는 聖甫. 監察을 거쳐 1592년 임진왜란이 일어나자 8월 助防將으로 평양 공략에 나서 여러 차례 공을 세워 평안도방어사에 승진되었다. 1593년 1월 명나라 李如松의 원군과 함께 평양성 탈환에 공을 세운 뒤, 전라도병마절도사가 되어 도원수 權慄의 지시로 남원 등지에서 날뛰는 토적을 소탕하였다. 경상우도병마절도사, 충청도병마절도사를 거쳐서 1604년 捕盜大將兼都正이 되었다. 1609년 정주목사를 지내고, 이어 滿浦鎭僉節制使와 北路防禦使를 역임하고, 1615년 길주목사, 1616년 함경북도 병마절도사, 2년 뒤에 평안도병마절도사가 되었다. 1618년 평안도 병마절도사로 있을 때 명나라가 建州衛의 後金을 치기 위해 원병을 요청하자, 부원수가 되어 원수 강홍립과 함께 구원병을 이끌고 출전했다. 그러나 富車에서 패전한 뒤 포로가 되었다가 몰래 敵情을 기록하여 조선에 보내려 했으나 강홍립의 고발에 의해 사형되었다.

188 得振(득진): 金得振(1584~1640). 본관은 金海, 자는 大鳴. 평안남도 龍岡 출신. 아버지는 평안병사 金京瑞이다. 1610년 식년 무과에 장원급제하여 벼슬에 나갔다. 1624년 李适의 난 때에 공을 세워 振武功臣에 책록되었으며, 1627년 정묘호란 때에는 조방장으로서 배를 만들어 水賊을 물리쳤다. 이어 용강부사를 역임하고, 자산군수로 재임하다가 죽었다.

189 玉貫子(옥관자): 조선시대 당상관 이상의 벼슬아치가 쓴 옥으로 만든 망건의 관자.

190 張暾(장돈, 1574~1627): 본관은 仁同. 1623년 인조반정 때 靖社功臣 2등에 책록됨으로써 관직에 나갔다. 개천군수를 역임하다가 1627년 정묘호란이 일어나자

事, 全尙毅[191]贈兵曹判書, 宋圖南[192]贈禮曹參判, 李尙安[193]贈右
贊成, 金良彦[194]贈判中樞府事, 戰亡人也。

2월 8일.

이날 강인(姜絪)이 용천(龍泉)을 향해 갔는데, 적이 평산(平山)의

자원하여 안주전투에 참여하였다. 마침내 성이 함락되기에 이르렀는데, 그는 끝
까지 성을 지키다가 전사하였다.

191 全尙毅(전상의, 1575~1627): 본관은 天安. 아버지는 全蓉이다. 1603년 무과에
급제한 뒤 여러 관직을 지냈고, 1627년 구성부사로서 좌영장을 겸하였다. 오랑캐가
침입하여 안주성을 포위하자 평안도병마절도사 南以興, 안주목사 金浚과 더불어
야인의 격퇴를 위하여 안주성의 百祥樓 밑에 군졸로 포진하였다가 전사하였다.

192 宋圖南(송도남, 1576~1627): 본관은 鎭川, 자는 萬里, 호는 西村. 1609년 생원
시에 합격, 활인서별제·의금부도사를 거쳐 1615년 식년 문과에 급제하여 승문원
에 근무하였다. 그 뒤 병조좌랑으로 거쳐서 1623년 인조반정 뒤에 강원도도사를
거쳐 의주판관에 임명되었다가 永柔縣)으로 부임하였다. 1627년 정묘호란이 일
어나 後金의 군대가 침입하자 안주에서 싸우다가 전사하였다.

193 李尙安(이상안, 1575~1627): 본관은 廣州, 자는 靜而. 1603년 식년무과에 급제
하여 이듬해 선전관으로 등용되고, 1611년 訓鍊院習讀官이 되었다. 1616년에
해주판관이 되었으나 병으로 사임하였다. 이듬해에 진도군수로 임명되었다가 부
임도 하기 전에 곡산군수로 移拜되었다. 1618년에 가산군수·昌州僉使를 거쳐
강계부사가 되었다. 1627년 정묘호란이 일어나자, 병마절도사 南以興의 別將이
되어 安州에서 적과 싸우다가 전사하였다.

194 金良彦(김양언, 1583~1627): 본관은 晉州, 자는 善益. 1624년 李适이 반란을
일으키자 도원수 張晚에게 자청하여 척후장이 되어, 鞍嶺戰鬪에서 전공을 세워
振武功臣 3등에 책록되고 軍器寺主簿와 태천현감에 제수되었으나, 모두 사양하
고 변방의 수비를 자원하였다. 1627년 정묘호란이 일어나자 병사 南以興의 휘하
에서 안주를 수비하다가 적병이 쳐들어오자, 이에 맞서 싸웠으나 끝내 구원병이
없자 중과부적으로 전사하였다.

경계까지 침입하였다.

初八日。

是日, 姜綑向龍泉[195], 賊入平山[196]境。

2월 9일。

이날 관인(官印)을 찍은 문서에 의하면, "정충신(鄭忠信)이 신경원(申景瑗)과 토산(兎山)에서 모이기로 약속하였는데, 신경원이 거느린 바가 겨우 1천 명이었는데도 서로 잇달아 도망쳐서 지금 남아 있는 자는 단지 800여 명입니다."라고 하였다.

初九日。

是日成帖[197], 鄭忠信[198]與申景瑗[199], 約會兎山[200], 景援所領, 僅

---

195 龍泉(용천): 황해도 서흥부의 남쪽 22리에 있는 지역.

196 平山(평산): 황해도 중동부에 있는 고을. 동쪽은 금천군·신계군, 서쪽은 벽성군·재령군, 남쪽은 연백군, 북쪽은 봉산군·서흥군과 접한다.

197 成帖(성첩): 공문서에 서명날인을 하는 일.

198 鄭忠信(정충신, 1576~1636): 본관은 河東, 자는 可行, 호는 晚雲. 1623년 안주목사로 방어사를 겸임하고, 다음해 李适의 난 때는 도원수 張晩의 휘하에서 前部大將이 되어 이괄의 군사를 황주와 서울 안산에서 무찔러 振武功臣 1등으로 錦南君에 봉해졌다. 1627년 정묘호란 때는 부원수를 지냈고, 1633년 조정에서 後金에 대한 세폐의 증가에 반대, 후금과의 단교를 위하여 사신을 보내게 되었는데 金時讓과 함께 이를 반대하여 당진에 유배되었다. 이후 다시 장연으로 이배되었다가 곧 풀려 나와 이듬해 포도대장·경상도병마절도사를 지냈다.

199 申景瑗(신경원, 1581~1641): 본관은 平山, 자는 叔獻. 1605년 무과에 급제하여 선전관에 등용되었다. 그 뒤 온성판관을 거쳐 부사로 승진하였다. 1624년 李适의

一千, 相繼而逃, 今見存者, 只八百餘名云。

2월 10일。

한밤중 경기 감사(京圻監司) 이명(李溟)이 본부(本府: 전주부)에 치보(馳報)한 것에 의하면, "6일 적이 서흥(瑞興)에 처음으로 나타나자, 체찰사 장만(張晚)이 동로(東路)로 퇴각하여 송경(松京: 개성)이 다 무너졌습니다."라고 하였다.

세자가 자신을 모시고 따르는 산관(散官: 관직이 없는 관원) 중에 일찍이 대간(臺諫)이나 시종(侍從)을 지낸 적이 있는 자로 류영순(柳永順: 柳永詢의 오기)·김존경(金存敬) 등 17인을 불러 만나보고 각각 소견을 개진하도록 하였는데, 류영순과 이언영(李彦英)이 아뢴 말이 가장 용맹하였다.

인견(引見)을 마치고 내보낸 뒤에 또 두 대신(大臣) 및 무군사(撫軍

난 때 薪橋에서 패전한 관군을 수습하여 鞍峴에서 반군을 대파함으로써 振武功臣 3등으로 녹훈되고, 平寧君에 봉해졌다. 1636년 병자호란 때 부원수로 맹산 鐵甕城을 지키고 있다가 적의 복병에게 생포되자 수십일 동안 단식으로 항거하였다. 이듬해 강화가 성립되자 패전의 죄로 멀리 귀양갔다. 1638년에 곧 석방되자, 몇몇 조신들이 석방시키지 말 것을 종용하였으나 왕의 비호로 무사하였다. 이듬해 총융사 겸 포도대장이 되었다.

200 兎山(토산): 황해도 금천 지역의 옛 지명. 조선시대에 이 지역은 임진강의 지류인 東大川 유역의 용암지대로 산지에 둘러싸여 있는 곳이었다. 1636년 병자호란 때 아군이 큰 피해를 겪은 지역이다. 당시 동쪽으로 石峴을 넘어 平山·신계, 서쪽으로는 삭녕과 연결되는 도로가 발달하였다.

司) 당상(堂上)들, 호위대장, 중군(中軍), 방백(方伯), 부윤(府尹)을 불러 보고서 분조를 옮기어 주둔할 곳을 논의하여 정하였으니, 영부사(領府事: 이원익)는 진주(晉州)를 신지(信地: 목적지)로 삼을 것을 청하고 좌상(左相: 신흠)도 그 의견을 따랐으며, 심열(沈悅)은 자못 나주(羅州)의 좋은 점을 말하고 이성구(李聖求)는 또 순천(順天)의 인심과 풍속이 좋은 점을 말하였지만, 마침내 대신의 의견을 따라서 진주를 귀착지로 삼았다.

이때 이명준(李命俊)만 홀로 여러 논의를 배격하고서 진군해 주둔하여 싸움터에 달려가야 한다고 말하였으나 망발이 지나친 곳이 많았으니, 분조(分朝)의 취지를 알지 못하는 듯하였다.

○ 초저녁에 선전관 안홍립(安弘立)이 강도(江都)에서 왔는데, 대개 이각(李恪) 등의 군사들을 재촉하여 강도(江都)로 달려가도록 하기 위해서라고 하였다.

○ 저보(邸報)에 의하면, "이날 삼사(三司)에서 강홍립(姜弘立)과 박난영(朴蘭英) 등을 참수하고 호차(胡差: 오랑캐 차사)를 친견(親見)하지 마소서."라고 하였다.

初十日。

夜, 京圻監司李溟, 馳報于本府, "初六日, 賊首瑞興[201], 體察張晚, 退走東路, 松京盡潰." 云。世子引見, 陪扈散官中, 曾經臺侍

---

201 瑞興(서흥): 황해도 중동부에 있는 고을. 동쪽은 수안군·신계군, 서쪽은 황주군·봉산군, 남쪽은 평산군, 북쪽은 평안남도 중화군과 접한다.

者, 柳永順[202]·金存敬[203]等十七人, 使各陳所見, 柳永順·李彦
英[204], 奏言最勇。罷出後, 又引見兩大臣及撫軍司諸堂上·扈衛
大將·中軍·方伯·府尹, 議定移駐之所, 領府事請晉州爲信地,
左相亦從其議, 沈悅頗說羅州之好, 李聖求又說順天人心·風俗
之好, 卒從大臣議, 以晉州爲歸。時李命俊, 獨排掣群議, 以進駐
赴亂爲言, 而多有妄發過當處, 似不識分朝本意。○初昏, 宣傳官
安弘立, 來自江都, 盖爲促李恪等兵, 赴江都云。○邸報[205], "是日

---

202 柳永順(류영순): 柳永詢(1552~1630)의 오기. 본관은 全州, 자는 詢之, 호는 拙
   庵·北川. 1573년 사마시에 합격하고, 1579년 식년문과에 급제하였다. 1587년
   동지사 서장관으로 명나라에 다녀와 사성·掌令·執義·동부승지·우승지를 역임하
   였다. 1595년에 황해도관찰사, 이듬해 병조참지로 기용되었다. 1598년 다시 황해
   도관찰사, 1601년 성주목사, 이듬해 좌승지를 역임하고, 1604년에는 定平府使가
   되어 학교를 세웠다. 1606년에 경상도관찰사, 이듬해 동지중추부사·한성부윤에
   이어서 호조참판을 역임하였다.《昭顯分朝日記》권2 1627년 2월 10일조가 참고
   된다.
203 金存敬(김존경, 1569~1631): 본관은 光山, 자는 守吾, 호는 竹溪. 1599년 문과에
   급제하여, 문한관을 거쳐 1606년 황해도 도사가 되었다. 1615년 삼척부사를 지내
   고, 1617년 聖節使로 명나라에 갔으며, 이후 강원 감사, 지중추부사, 경주 부윤
   을 역임하였다가 인조반정 이후 대북파의 몰락과 함께 관직에서 밀려났다.
204 李彦英(이언영, 1568~1639): 본관은 碧珍, 자는 君顯, 호는 浣亭. 1591년 생
   원이 되고, 1603년 식년문과에 장원을 하여 성균관전적이 되었다. 1613년 호
   조정랑·太僕寺僉正을 거쳐 다음해 사간원 정언으로 승진하였다. 이때 永昌大
   君의 억울한 죽음을 주장하는 鄭蘊을 변호하였다가 삼사의 탄핵으로 삭직되
   었다. 1623년 인조반정 후, 인조의 특별한 부름을 받아 성균관직강·司藝·內
   資寺正·사헌부장령이 되었다. 1625년 승정원 좌부승지가 되었으며, 그 뒤 밀
   양목사·청주목사·선산부사 등을 역임하였다.
205 邸報(저보): 조선시대 중앙에서 공표한 소식을 本郡에 보고하거나 통지하는 문서.

三司, 請斬弘立·蘭英等, 勿爲親見胡差."

2월 11일。

세자가 밖으로 부(府: 전주부)의 대문에 나와서 사민(士民)에게 유지(諭旨: 임금의 뜻)를 널리 알렸다.

○ 체부(體府)의 군관(軍官) 어기락(魚起樂: 魚起洛의 오기인 듯)이 봉산(鳳山)에 가서 정탐하고 돌아와 말하기를, "6일에 적의 군사가 검수참(劒水站)에 당도하였는데, 그 수가 1만여 명 됨직하였고 말을 모두 2필씩 갖고 있습니다. 진(陣)을 칠 때 3곳에 나누어 주둔하고는 선봉(先鋒) 200여 기(騎)가 먼저 용천(龍泉)으로 향했는데, 그들로 하여금 때때로 산에 올라가 몸을 숨기고 멀리서 보게 하였습니다." 하였으며, 또 말하기를, "장 원수(張元帥: 장만)는 장단(長湍)을 향해 달아났고 부원수 정충신(鄭忠信)은 단지 군관 및 수령 등을 거느리고 서흥(瑞興) 땅에 주둔해 있으며, 황해 감사 이필영(李必榮)은 평산 산성(平山山城)에 있다가 적군이 이미 가까이 왔다는 소식을 듣고 해주(海州)를 향해 달아났습니다."라고 하였다.

○ 무군사(撫軍司)에서 순천(順天)을 이주(移駐)할 곳으로 정하자고 다시 청하였는데, 이성구(李聖求)의 의견이다.

○ 류비(柳棐)를 삼남통어사(三南統禦使)로 삼아 전라 감사(全羅監司)의 아병(牙兵: 감영 소속 군사)을 거느리고 공산(公山: 공주)을 경계하여 지키게 하였으며, 원유남(元裕男)을 호위대장(扈衛大將)으로 삼았

으니 원유남은 부윤(府尹) 원두표(元斗杓)의 아버지이다.

○ 체부(體府)의 종사관 김세렴(金世濂)이 적손(嫡孫)으로서 조모(祖母)의 부음을 듣고 원주(原州)로 허겁지겁 달려가자, 병조 좌랑(兵曹佐郞) 김설(金卨)로 대신하게 하였다.

十一日。

世子出御府大門, 宣諭士民。○體府軍官魚起樂[206], 往鳳山[207] 偵探, 還言: "初六日, 賊兵到劍水站[208], 兵可萬餘, 馬皆有副。結陣之時, 分屯三處, 前鋒二百餘騎, 先向龍泉, 渠時上山, 隱身而望見."云, 且言: "張元帥, 走向長湍[209], 副元帥鄭忠信, 只率軍官及守令等, 屯瑞興地, 黃海監司李必榮, 在平山山城, 聞賊兵已近, 走向海州."云。○撫軍司, 更請以順天爲移駐之所, 聖求之議也。○以柳斐爲三南統禦使, 使率全羅監司牙兵[210], 把截公山, 以元裕男[211]爲扈衛大將, 裕男府尹元斗杓[212]之父也。○體府從事官

---

206 魚起樂(어기락): 魚起洛(생몰년 미상)의 오기인 듯. 본관은 咸從, 자는 子龍. 《承政院日記》 1631년 12월 9일자가 참고된다.

207 鳳山(봉산): 황해도의 중앙에서 약간 북부에 있는 고을. 동쪽은 서흥군, 남동쪽은 평산군, 남서쪽은 재령군, 북쪽은 황주군과 접하며, 북서쪽은 재령강을 건너 안악군과 마주한다.

208 劍水站(검수참): 황해도 봉산군에 있던 驛站. 황해도 鳳山과 瑞興 사이에 있었다.

209 長湍(장단): 경기도 서북부에 있는 고을. 동쪽은 연천군, 서쪽은 개풍군, 남쪽은 파주군, 북쪽은 황해도 금천군과 접한다.

210 牙兵(아병): 수어청이나 총융청·감사 소재한 감영에 소속된 군사.

211 元裕男(원유남, 1561~1631): 본관은 原州, 자는 寬夫. 1583년 무과에, 1586년 무과중시에 각각 급제하였다. 1592년 임진왜란이 일어나자 權慄) 휘하에서 공을

金世濂, 聞承重祖母喪[213], 奔往原州, 以兵曹佐郎金尙 代之。

2월 12일。이슬비。

세자가 강원(講院: 세자시강원)의 관원을 불러들여 만나 보고, 또 두 대신(大臣)을 만나 다시 분조가 이주할 장소에 대해 논의했는데, 영부사(領府事: 이원익)가 말하기를, "신(臣)이 처음 진주(晉州)를 신지(信地: 목적지)로 삼자고 청하자 많은 사람들이 배로 강도(江都)와 오가는데 순천(順天) 만한 곳이 없다고 하니, 이때 대의의 입장에서 신(臣)은 그 의견을 따르지 않을 수 없었습니다."라고 하였다. 내가 마침내 앞으로 나아가 말하기를, "신(臣) 등의 사적인 논의는 대신과 다릅니다."라고 하며 또한 백후(伯厚: 김육)를 증거로 삼았는데, 백후가 바로 순천이 진주만 못한 이유를 개진하였으나 좌상(左相:

세우고, 1596년 江原忠淸江路助防將을 지냈다. 이듬해 정유재란이 일어나자, 奮義復讐軍의 將領으로 활약하였다. 1605년 창성부사를 거쳐 지중추부사가 되었다. 1623년 인조반정에 가담하였으며, 1624년 李适의 난이 일어나자, 왕명을 받아 留都大將으로서 재상 尹昉과 더불어 서울을 지켰다.

212 元斗杓(원두표, 1593~1664): 본관은 原州, 자는 子建, 호는 灘叟·灘翁. 아버지는 元裕男이다. 1623년 인조반정에 가담하였고, 1624년 李适의 난을 평정하는 데 공을 세워 전주부윤이 되고, 나주목사를 거쳐 전라도관찰사 등을 지냈다. 1636년에 일어난 병자호란 당시, 어영부사로서 남한산성을 지켰다. 1642년 형조판서로 승진되었으며, 뒤이어 강화부유수·경상도관찰사를 역임하였다. 1651년 좌참찬·좌찬성, 1656년 우의정을 거쳐 1662년 좌의정에 올랐다.

213 承重祖母喪(승중조모상): 적손으로 할머니의 상을 당함.

신흠)이 자못 기뻐하지 않고 순천으로 가야 한다는 의견을 굳게 고집
하였던 것이다.[214]

○ 오후에 세자가 밖으로 대문에 나와 류비(柳斐)의 군대를 호궤
(犒饋: 음식을 베풀고 위로함)하였는데, 군사가 모두 995명으로 세자
가 친히 술잔을 들어 술을 권하고 유비 및 부장(副將) 송진선(宋震善)
에게 활과 화살을 하사하였으며, 종사관 고부천(高傅川) 및 군관(軍
官)·장관(將官) 등에게 납약(臘藥)이나 주포(紬布)를 차등 있게 하사
하였다.

○ 이날 진시(辰時: 오전 8시 전후)에 경기 감사(京圻監司: 이명)가
치보(馳報)하기를, "적병의 대진(大陣)이 서흥(瑞興)에 머물러 있고
유기(游騎: 기마 유격병) 30여 기가 이미 임진에 도착하였습니다."라고
하였다. 그래서 분조(分朝)가 옮겨 갈 곳으로 류비(柳斐)의 군을 보내
는 일에 대한 논의가 있었다.

○ 호소사(號召使) 김장생(金長生)이 청대(請對)하였는데, 나는 병

---

214 2월 11일 무군사에서 세자에게 '분조가 머물 곳을 어제 진주로 정했으나 다시
생각해보니 갑자기 진주와 같은 벽지로 들어가면 대조의 소식이 끊겨서 통하지
못할 수도 있고, 분조의 本意가 중요시 하는 바는 백성들의 여망을 매어두는
데 있으니, 멀리서 대조와 소식을 통할 수 있는 지역인 순천이 마땅하다.'라고
아뢰어, 세자가 순천으로 바꾸었다. 그런데 2월 12일 김육과 윤지가 '분조가 옮겨
갈 곳을 진주에서 순천으로 바구었는바, 순천은 질병이 돌고 있는 고을이고 왕년
에 해일 참변이 있었던 불길한 곳'이라며 다시 논의해야 한다고 건의하였다. 이때
이원익은 민심을 수습하는 것도 중요하지만 지존을 호위하는 일이 더 막중하다며,
서둘러 옮길 것을 주장하였다. 이러한 사정을 이해해야 원문의 내용을 이해할
수 있다.

으로 입시(入侍)할 수 없었다. 밤에 큰바람이 새벽까지 불었다.

十二日。小雨。

世子, 引見講院官, 又見兩大臣, 又議移駐之所, 領府事曰:"臣始以晉州請爲信地, 人多言舟通江都, 莫如順天, 此時大義所在, 臣不得不從其議。" 儂遂進言:"臣等私議, 與大臣異。" 且以伯厚爲證, 伯厚乃陳順不如晉之故, 左相色頗不悅, 而堅執順議。○午後, 世子出御大門, 犒柳斐軍, 軍凡九百九十五名, 世子親擧觴以侑之, 賜柳斐及副將宋震善[215]弓矢, 賜從事官高傅川[216]及軍官·將官等, 或臘藥或紬布有差。○是日辰時, 京圻監司馳報, "賊大陣留瑞興, 游騎三十餘, 已到臨津。"云。故有議移駐之所, 送柳斐軍之擧。○號召使金長生請對, 儂以病不能入。夜大風達曉。

2월 13일。비。

진시(辰時: 오전 8시 전후)에 총융사(摠戎使: 이서)가 장계(狀啓)로 주달(奏達)하기를, "적이 평산(平山)에 머물러 주둔하고 있는데, 강인(姜

---

215 宋震善(송진선, 1581~?): 본관은 礪山, 자는 仁伯. 아버지는 宋汝悰이다. 1602년 무과에 급제하였다. 삼수군수, 경흥부사를 지냈다.

216 高傅川(고부천, 1578~1636): 본관은 長興, 자는 君涉, 호는 月峯. 생부는 高處厚이고 양부는 高因厚이다. 1605년 진사가 되었고, 1615년 알성문과에 급제, 校書館正字·知製敎·사헌부장령 등 청환직을 역임하였다. 1624년 奏聞使의 서장관으로 북경에 다녀왔다. 1627년 정묘호란 때는 공주 등지로 피란가는 동궁을 扈駕하기도 하였다.

紲)이 적진 속으로 들어가 국서(國書)를 전하니 적 또한 호차(胡差: 오랑캐 차사)에게 화친하는 일을 맡겨 보내왔습니다."라고 하였다.

○ 이날 본원(本院: 세자시강원)에서 비로소 서연(書筵)할 것을 아뢰니, 답하기를, "주강(晝講)을 열도록 하자."라고 하였다.

○ 류비(柳斐)가 군들을 거느리고 공주(公州)로 향하였다. 이날 저녁에 찬획사(贊畫使) 이식(李植)이 공주에서 왔는데, 이식은 앞서 호서(湖西)의 인심을 안정시키는 일로 공주에 머물러 있었기 때문에 전주(全州)로 가는 학가(鶴駕)를 따라오지 못하다가 지금에야 비로소 온 것이다.

○ 저보(邸報)에 의하면, "합계(合啓)에서 최명길(崔鳴吉)이 도성을 버리고 화친을 주장한 죄를 논핵(論劾)했다."라고 하는데, 대개 최명길이 교활한 오랑캐는 바탕이 곧아 믿을 수 있고 항장(降將: 강홍립)은 충성스럽고 절개가 있어 가상하다고 한 까닭에 유배 보내기를 청한 것이다.

十三日。雨。

辰時, 摠戎使狀達: "賊留屯平山, 姜紲入賊中, 傳國書, 賊又胡差定和事." ○是日本院, 始稟書筵, 答曰: "晝講爲之." ○柳斐率兵, 向公州。是夕, 贊畫使李植, 自公州至, 植前以坐牢湖西心, 留公州, 不從駕來全, 今始至。○邸報, "合啓[217]論崔鳴吉去邪主

<hr>

217 合啓(합계): 사간원·사헌부·홍문관의 관원 중 둘 또는 셋이 연명으로 올리던 啓辭.

和之罪." 盖吉以狄虜爲質直可信, 降將爲忠節可尙云, 請竄。

2월 14일。흐림。

이식(李植)을 불러들여 마주하고서 세자가 이식에게 공주(公州)에 주둔하고 있는 군대의 상황 및 방어하는 일을 묻자, 이식이 그들을 믿어서는 한 되는 것을 자세히 개진한 뒤 강도(江都)에서 적을 막아내는 일을 극구 말하면서 또한 상소하여 그대로 병법(兵法)을 분석하고 계획하니, 참으로 모사자(謀士者)와 같은 그런 모습이 있었다. 세자가 또 묻기를, "전라도의 후군(後軍)이 강도(江都)로 간 자가 얼마나 되는 것이오?"라고 하자, 이식이 대답하기를, "2천 명을 뽑아서 올라갔습니다."라고 하였다. 나는 앞으로 나아가 금구(金溝)에서 모병(募兵)하는 폐단을 아뢰었다.

○ 선전관 김옥(金銎)이 강도(江都)에서 왔는데 체찰사 및 방백에게 내리는 유지(有旨: 왕명서)가 있었으니, 남아 있는 병사를 올려 보내라는 것이었다. 세자가 불러들여 만나보니, 김옥이 대답하기를, "적군들이 아직도 평산(平山)에 주둔해 있고 강홍립(姜弘立)·박난영(朴蘭英)·호장(胡將) 유해(劉海: 劉興祚) 등이 강도에 와서 화친(和親)을 논의하는데 주상이 강홍립을 불러들여 만났습니다."라고 하였다.

○ 체부(體府)에서 과거를 베풀어 삼남(三南)의 인심을 위로해야 한다는 장계(狀啓)로 주달(奏達)하자, 주달한 대로 하라고 허락하였다. 이날 비로소 서연(書筵)을 열었는데, 나는 백후(伯厚: 김육)와 함께

입시(入侍)하였다.

○ 이날 호차(胡差)를 전별(餞別)하는 연회가 끝난 뒤에 재신(宰臣)이 아뢰기를, "원창군(原昌君: 李玖)이 이홍망(李弘望)과 함께 와서 유해(劉海) 차사(差使)를 만나 다례(茶禮)를 행하고 마친 뒤, 신(臣)들이 잔치를 베풀어 접대하니 유해가 자못 즐겁고 흡족해 하였습니다. 술이 거나해졌을 때 신(臣)들이 약조(約條: 약속 조항)를 내어 보이니, 모두 꽁무니를 빼고 핑계하며 대답하다가 범경(犯境: 국경을 침범함)이란 두 글자를 가리켜 '타당하지 않다.'라고 말했습니다. 또 말하기를, '한성 형제(韓姓兄弟: 韓潤과 韓澤)는 이미 변발까지 한데다 그들이 돌아오기를 원하지 않으니 어찌하겠는가?'라고 대답하였으며, 또 말하기를, '금(金)나라 사람들은 쾌활함을 좋아하는 남자들이니, 왕제(王弟)가 금나라 왕제(王弟: 왕자의 오기인 듯)를 만날 때에 비록 물어보는 것이 있을지라도 부끄러워 주저주저하지 말라.' 하였습니다." 라고 하였다. 이때 유해(劉海)를 대인(大人)이라 칭하였다.

十四日。陰。

李植引對, 世子問植, 以公州留屯軍情及把守事, 植具陳其不可恃, 盛言江都守禦, 亦疏仍劈畫[218]兵法, 有若眞謀士者然。世子又問:"全羅道後軍, 赴江都者幾何?"植對曰:"抄得二千, 上去."儂進白金溝募兵之弊。○宣傳官金鎏[219], 來自江都, 有旨[220]

---

218 劈畫(벽획): 분석하여 계획함.
219 金鎏(김옥, 1596~1660): 본관은 禮安, 자는 士精, 호는 孤山. 영주 출신. 1625년

于體察及方伯, 使刮餘兵上送。世子引見, 謐對: "以賊兵尙屯平
山, 姜弘立·朴蘭英·胡將劉海²²¹等, 來到江都議和, 自上引見弘
立等."云。○體府, 以設科慰三南人心, 狀達, 蒙依達。是日, 始
開書筵, 儂與伯厚入侍。○是日, 餞胡差罷後, 宰臣啓曰: "原昌
君²²², 與李弘望²²³, 來見劉差, 行茶禮罷, 臣等設宴相接, 劉頗歡
洽。酒半, 臣出示約條, 對皆退託²²⁴, 指犯境字曰: '不妥.' 且言:

별시 문과에 급제하여 군수에 이르렀다.

220 有旨(유지): 승정원의 담당 승지를 통하여 전달되는 왕명서.

221 劉海(유해): 劉興祚의 본명. 遼東 사람. 일찍이 오랑캐 추장에게 투항하여 호
감을 얻고 권세를 부리다가 1628년에 이름을 興祚로 고친 뒤 그의 아우 劉興
基·劉興治·劉興良 등과 함께 毛文龍에게 투항하였다. 그 뒤 袁崇煥이 毛文
龍의 목을 베고 나서 유흥조 등을 거느리고 永平府로 나아갔는데, 원숭환이
1629년 12월 모반 혐의로 감옥에 가두어진 뒤 오랑캐에 의해 1630년 2월 薊州
와 영평부가 함락 당했을 때 전사하였다. 원숭환도 1630년 9월 崇禎帝에 의하
여 베임을 당하였다.

222 原昌君(원창군): 李玖(생몰년 미상)를 가리킴. 1627년 정묘호란 때 후금이 화의
조건으로 王子를 볼모로 요구하였는데, 原昌副令이었던 그가 왕자를 가장하여
原昌君이 되었다. 王弟의 신분으로 많은 토산물을 가지고 후금의 진영에 가서
화의를 청하고 후금의 철병을 요구하였다. 뒤에 李弘望을 부사로 동반하고 심양
에 들어가서 우호를 두텁게 하고 그들 장수 劉興祚, 龍骨大 등의 호위를 받으며
금나라 왕이 인조에게 보내는 예물을 가지고 귀국하였다.

223 李弘望(이홍망, 1572~1637): 본관은 龍仁, 자는 元老. 1601년 사마시에 합격하고,
1605년 증광문과에 급제하였다. 정언·지평·홍문관수찬 등을 거쳐 세자시강원의
문학·필선을 역임하였다. 그 뒤 함평현감도 지냈다. 1627년 정묘호란 때 왕을
강화로 扈從하였고, 후금과의 화약이 성립된 뒤 原昌君을 왕자로 가장하여 信使로
서 瀋陽에 보낼 때 부사로 따라갔다. 그때 후금 측에서 위협적인 태도를 취하였으나
조금도 굴하지 않고 의연한 태도로 임무를 완수하였을 뿐만 아니라, 인질로 잡혀갔
던 남녀 수백 명을 刷還하였다. 그 뒤 동래부사·부승지를 역임하였다.

'韓姓兄弟[225], 旣已剃頭, 渠不願來, 奈何?'云對, 且言: '金人以快
活爲好男子, 王弟見金王弟[226]時, 雖有所問, 勿爲羞澁.'云." 是
時, 以海稱大人。

2월 15일。 비。

세자가 시종신(侍從臣)과 수령(守令)을 거느리고 대청(大廳)에서 망
궐례(望闕禮)를 행하였다. 비 때문에 과거(科擧)를 18일로 물려서 행
하기로 하였다.

○ 겸사서(兼司書) 윤지(尹墀)가 문안하기 위하여 강도(江都)로 갔
다. 저녁에는 정탐을 나갔던 선전관 김우선(金友善)이 경성(京城)에서
돌아왔는데, 듣자니 유도대장(留都大將) 김상용(金尙容)이 9일에 적

---

224 退託(퇴탁): 공무니를 빼면서 핑계함.
225 韓姓兄弟(한성형제): 韓潤(1597~?)과 그의 사촌동생 韓澤을 가리킴. 한윤은 임
   진왜란 때 의병장 郭再祐·金德齡·鄭起龍 등과 함께 큰 공을 세운 韓明璉의
   아들이다. 1624년 아버지 한명련이 무고로 부득이 李适의 반란군에 가담하였다가
   살해되자 평안도 龜城으로 도피하였다. 관군이 추격하자 이듬해 사촌동생 韓澤과
   함께 국경을 넘어 後金의 建州로 들어갔다. 그곳에서 광해군 때 명나라의 요청으
   로 후금을 토벌하러 갔다가 작전상 후금에 투항한 姜弘立을 만나 그의 휘하로
   들어갔다. 1627년 정묘호란 때 阿敏이 이끄는 후금군의 길잡이가 되어 조선침략
   에 앞장섰다. 함께 들어온 강홍립의 주선으로 조선과 후금의 화의가 성립되었으나
   그는 계속 후금에 남아 조선이 약속을 어겼으므로 정벌해야 한다고 부추기는
   등 반역행위를 하였다.
226 王弟(왕제): 王子의 오기인 듯.

이 임진(臨津)에 이르렀다는 기별을 경솔히 믿고 갑작스레 도성 밖으로 나가 노량진(露梁津)을 건너자, 난민(亂民: 무리를 지어 국법을 어지럽히는 백성)들이 이때를 틈타 선혜청(宣惠廳) 및 호조(戶曹)·군기시(軍器寺)를 불태웠다고 하였다.

○ 이날 사시(巳時: 오전 10시 전후)에 원창군(原昌君) 이구(李玖)와 호행관(護行官) 이홍망(李弘望)이 임금에게 사은숙배하고 하직하였다.

○ 사헌부에서 장계로 달성위(達城尉) 서경주(徐景霌)가 가솔들을 강도(江都)에서 먼저 빠져나가 도피하도록 한 죄를 논핵(論劾)하였다. 이경직(李景稷)이 호차(胡差: 오랑캐 차사)를 연미정(燕尾亭)에서 연회를 차려 송별하면서 대인(大人)이라 칭하였다.

○ 평상 부사(平山府使) 엄황(嚴滉)이 치보(馳報)한 것에 의하면, "9일 새벽에 적이 천여 명의 군사를 동원해 양도(兩道)로 나누어 보내어 산속의 초목이 우거진 곳을 수색하고 부녀자들을 욕보이며 가축들을 약탈하니 못할 짓이 더할 나위가 없습니다."라고 하였다.

十五日。雨。

世子率從臣守令等， 行望闕于大廳。以雨， 退行科擧于十八日。○兼司書尹墀， 以問安往江都。昏偵探， 宣傳官金友善， 還自京城， 聞留都大將金尙容[227]， 於初九日， 浪信賊到臨津之奇， 遽出

227 金尙容(김상용, 1561~1637): 본관은 安東, 자는 景擇, 호는 仙源·楓溪·溪翁. 좌의정 金尙憲의 형이고, 좌의정 鄭惟吉의 외손이다. 인조반정 후 判敦寧府事에 기용되었고, 이어 병조·예조·이조의 판서를 역임했으며, 정묘호란 때는 留都大將으로서 서울을 지켰다. 1636년 병자호란 때 廟社主를 받들고 빈궁과 원손을

城渡露梁, 亂民乘時, 焚惠廳及戶曹·軍器寺云。○是日巳時, 原
昌君玖·護行官李弘望, 辭朝[228]。○府啓論, 達城尉徐景霈[229], 先
出家眷走避之罪。李景稷[230], 餞遣胡差於燕尾亭, 稱大人。○平
山府使嚴愰[231], 馳報, "初九日曉, 賊發千餘兵, 分行兩道, 搜㝵山

수행하여 강화도에 피난하였다가 성이 함락되자 성의 南門樓에 있던 화약에 불을
지르고 순절하였다.

228 辭朝(사조): 관직에게 새로 임명된 관원이 부임하기에 앞서 임금에게 사은숙배하
고 하직하는 일.

229 徐景霈(서경주, 1579~1643): 본관은 達城, 자는 子順, 호는 松岡. 아버지는
徐渻이다. 부인이 宣祖의 딸이다. 1592년 貞愼翁主와 혼약하였으나 임진왜란이
일어나 혼례를 올리지 못하고 선조를 호종하였다. 이듬해 환도한 뒤 혼례를 올려
達城尉에 봉해졌다. 정유재란 때는 선조의 총애를 받아 摠管兼尙方提調로서
항상 측근에서 시종하였다. 1624년 李适의 난이 일어나자 인조를 호종하였으며,
1627년 정묘호란이 일어나자 인조를 따라서 온 가족이 강화도로 피난을 갔지만
정신옹주가 피난생활을 힘들어한다는 이유로 서울로 돌아왔다. 사헌부에서 국가
와 존망을 함께 해야 할 近臣과 巨室의 행위가 아니라며 삭탈관직을 청하자 인조
가 그를 파직시켰다.

230 李景稷(이경직, 1577~1640): 본관은 全州, 자는 尙古, 호는 石門. 영의정을
지낸 李景奭의 형이다. 李恒福과 金長生에게 배웠다. 1622년에는 가도에 주둔한
명나라 장수 毛文龍을 상대하는 임무를 수행하였으며, 1627년 왕을 모시고 胡亂
을 피하여 강화에 들어가 후금의 사신을 접대하는 동시에 화의를 주장했으며,
1636년 병자호란 때에도 초기에 최명길을 따라 청나라 군의 부대로 찾아가 진격을
늦춤으로써 국왕을 피신시키는 등 주로 청나라 장수를 상대하는 일을 맡았다.
화의가 성립된 뒤 호조판서를 거쳐 도승지와 江華府留守를 지냈다.

231 嚴愰(엄황, 1580~1653): 본관은 寧越, 자는 明甫. 嚴仁達의 둘째아들이다. 1603
년 무과에 급제하였다. 이듬해 司僕寺主簿로 등용되고, 1606년 남해현령이 되었
다. 安東判官·함안군수·곤양군수 등을 거쳐 1618년 경상좌수사, 1624년 경상우
수사를 지냈다. 1625년 평산부사가 되었을 때 1627년 정묘호란이 일어나자 산성
을 떠나지 않고 끝까지 지켰다. 이후에도 여러 관직을 거쳐 1648년 내직인 동지중

藪, 汚辱婦女, 掠奪牛畜, 罔有紀極[232]."云。

2월 16일。 음산한 비。

주강(晝講: 낮에 여는 경연)에는 나도 문학(文學: 김육)과 함께 입시 (入侍)하였다. 식사를 마친 뒤에 호소사(號召使) 김장생(金長生)·부 사(副使) 송흥주(宋興周)·참모관(參謀官) 송국택(宋國澤)을 불러들여 만나 보았는데, 장차 여산(礪山)을 향해 가려 했기 때문이다. 또 감 사(監司) 민성징(閔聖徵: 閔聖徽)을 불러들여 만나 보았는데, 수령(守令)들을 뿔뿔이 보내어 자기의 임지로 돌아가서 농사를 장려하게 하도록 명하였다. 저녁에 또 15개 고을의 수령을 불러들여 만나보 았는데, 전주(全州)·나주(羅州)·함평(咸平)·태인(泰仁)·익산(益山)· 창평(昌平)·정읍(井邑)·무장(茂長)·고산(高山)·남평(南平)·광산(光山)·화순(和順)·순창(淳昌)·장성(長城)·임실(任實)로 거느리고 있는 친병(親兵)의 숫자를 묻고서 각기 자기의 고을에 돌아가 백성들이 농사를 짓도록 장려하게 하였던 것이다.

○ 어둑해지자 선전관 신성언(辛成彦)이 강도(江都)에서 왔는데, 아마도 대조(大朝: 행재소)에서 분조(分朝: 세자의 임시 조정)가 장차 영 남으로 향하려 한다는 소식을 듣고 두 재상(宰相)에게 유지(有旨: 왕명

추부사로 副摠管을 겸하였고, 1652년 영흥부사로 나갔다가 그곳에서 죽었다.
232 罔有紀極(망유기극): 기율이 어그러짐이 매우 심함.

서)를 내려 경솔히 거동하지 말고 우선 전주(全州)에 머물러 있으라고
하였다.

또한 듣자니 화친하는 일이 장차 이루어지려는 즈음, 적이 바라
는 예물이 면포(綿布: 무명) 4만 필, 명주 4천 필, 소 4천 마리, 호피
와 표피 200장이었고, 왕자 및 왕제(王弟)를 볼모로 삼겠다고 요구
하였다.

조정에서 이계선(李繼先)의 얼자(孽子: 서얼) 이보(李溥)를 왕제라
칭하여 곧바로 무과(武科)에 응시할 수 있는 자격을 주어서 품계를
뛰어넘어 가선대부(嘉善大夫) 가함(假銜: 임시 君號) 수성군(邃城君:
邃成君의 오기)을 제수하였는데, 막 출발하려 할 찰나에 또 교체하여
원창부령(原昌副令) 이구(李玖)를 왕제로 삼고서 이홍망(李弘望)을 호
행관(護行官)으로 삼아 당상관(堂上官)으로 승진시켜 보내려 하나 아
직 출발하지 않았다고 하였다.

예물(禮物)은 조정의 의논이 대부분 호차(胡差: 오랑캐 차사)를 힐난
하여서 수량을 줄였으니, 면포 1만 5천 필, 명주 150필, 호피 40장,
표피 40장, 대록피(大鹿皮: 큰 사슴 가죽) 40장, 왜도(倭刀) 8자루, 안구
마(鞍具馬) 1필, 저포(苧布: 모시) 250필이었다.

오랑캐의 서신에 대한 답서는 장유(張維)가 지어 올렸다고 하였다.

○ 이날 이진보(李眞寶)가 충주(忠州)에서 왔는데, 비로소 노친(老
親: 조경의 계모)과 가솔들이 가평(加平) 길을 거쳐 충주에 이미 도달했
다는 소식을 들었다.

권첩(權帖)을 명나라에 보내는 주문사(奏聞使)로 삼고, 정세구(鄭世

矩)를 서장관(書狀官)으로 삼았다.

○ 이날 유시(酉時: 오후 6시 전후)에 유해(劉海: 劉興祚)의 게첩(揭帖: 외교 공문서)이 강도(江都)로 들어왔다.

○ 김기종(金起宗: 평안 감사)의 장계(狀啓)에 의하면, "자산(慈山)의 진사(進士) 임표변(林豹變)이 앞장서서 의병을 일으켜 한 도(道)의 시초가 되었으니, 그 뜻이 가상합니다."라고 하였다.

十六日。陰雨。

晝講, 儂與文學入。食後, 引見號召使金長生·副使宋興周·參謀官宋國澤233, 以將向礪山去也。又引見監司閔聖徵234, 命散遣

---

233 宋國澤(송국택, 1597~1659): 본관은 恩津, 자는 澤之, 호는 四友堂. 1619년 사마시에 합격하여 생원이 되고, 1624년 식년문과에 급제하여 승문원부정자로 등용되었다. 1627년 정묘호란 때에 號召使 김장생의 막료로 있다가 천거로 예문관검열이 되고, 이어 사간원정언·함길도도사를 지내고, 사헌부지평이 되었다. 인조의 생부 定遠君을 元宗으로 추존하는 데 반대하다가 輪城道察訪으로 좌천되었다. 文川郡守 등을 거쳐, 다시 사헌부장령·宗廟署令을 지냈다. 1636년 병자호란 때 강화도가 함락되자, 원손을 탈출시켜 그 공으로 통정대부에 올랐다. 그 뒤 병조참지를 거쳐, 형조참의·공조참의·승지·예조참의 등을 지냈다.

234 閔聖徵(민성징, 1582~1647): 본관은 驪興, 자는 士尙, 호는 拙堂·用拙. 聖徽로 개명하였다. 1606년 생원시에 입격하였고, 1609년 증광문과에서 급제하였다. 승문원에 보임되고 사관·護軍·司勇을 지낸 후 강원도사·영변판관과 금산군수를 거쳐 1623년 여주목사에 제수 되었다. 인조반정을 계기로 내직에 들어와 동부승지·우승지를 거쳐 개성부유수·전라도관찰사를 지내고, 형조참판 재임 중이던 1627년 崇禎帝의 등극진하사의 부사로 다녀왔다. 1630년 평안감사가 되어 부체찰사를 겸하였으며 함경감사를 지낼 때 1636년 병자호란이 일어나자 병사 徐祐申과 함께 보병과 기병 1만 3,000명을 영솔하고 많은 활약을 하였다. 1640년 척화파로 瀋陽에 잡혀갔다가 1642년에 귀환하여 호조·형조판서를 지냈으며, 1647년 사은부사로 北京에 도착하여 그곳에서 병사하였다.

守令, 歸其任勸農。夕, 又引見十五邑守令, 全州·羅州·咸平·泰仁·益山·昌平·井邑·茂長·高山·南平·光山·和順·淳昌·長城·任實, 問所率親兵多小, 使各歸其邑, 勸民農作。○昏, 宣傳官辛成彥[235], 來自江都, 盖大朝聞分朝將向嶺南, 有旨于兩相, 使勿輕動, 姑留全州云。且聞和事將成, 賊之所求, 綿布四萬匹·紬四千匹·牛四千頭·虎豹皮二百領, 且請王子若弟爲質。朝廷以李繼先孼子溥稱王弟, 直赴武科, 超階嘉善假銜逐城君[236], 將發又改, 以原昌副令玖爲王弟, 以李弘望爲護行官, 陛堂上, 將送而未發云。禮物則廷議多詰胡差而減數, 綿布一萬五千匹·紬一百五十匹·虎皮二十張·豹皮四十張·大鹿皮四十張·倭刀八柄·鞍具馬一匹·苧布二百五十匹。答胡書, 張維製進云。○是日, 李眞寶[237], 自忠州[238]來, 始聞老親·家屬, 由加平[239]路, 已達于忠州。以權

---

235 辛成彥(신성언, 생몰년 미상): 본관은 靈山. 鄭東俠의 장인이고, 辛成式의 형이다.

236 《仁祖實錄》1627년 2월 12일 4번째 기사가 자세함. 李繼先의 아들 李溥를 인조의 친동생인 능원군 李俌로 둔갑시켜 王弟라 하고 逐成君으로봉한 것이다. 능원군은 宣祖와 그 후궁 仁嬪金氏의 아들인 定遠君의 둘째아들로 어머니가 具思孟의 딸이다.

237 李眞寶(이진보): 진보현감 李岦(생몰년 미상)인 듯. 본관은 古城. 자는 而立. 1617년 증광시에 급제하였다. 李春英 등과 교유하였다.

238 忠州(충주): 충청북도 북부에 있는 고을. 동쪽은 제천시, 서쪽은 음성군, 남쪽은 괴산군, 북쪽은 강원도 원주시·경기도 여주시와 접한다.

239 加平(가평): 경기도 동북부에 있는 고을. 동쪽은 강원도 춘천시·홍천군, 서쪽은 경기도 남양주시·포천시, 남쪽은 경기도 양평군, 북쪽은 강원도 화천군과 접한다.

帖²⁴⁰爲朝天奏聞使, 鄭世矩²⁴¹爲書狀官。○是日酉時, 劉海揭帖
入江都。○金起宗狀啓, "慈山²⁴²進士林豹變²⁴³, 挺身倡義, 爲一
道始, 其志可嘉."云。

2월 17일。비。

세자가 영지(令旨)를 내려 삼도 감사(三道監司)에게 여러 고을의
수령들로 하여금 친히 전답(田畓) 사이를 오가면서 백성들이 농사를
짓게 장려하도록 유시(諭示)하였는데, 글은 백후(伯厚: 김육)의 손에
의해 나온 것이다.

○ 선전관 남일(南伩)을 보내어 삼강(三江)의 파수처(把守處)를 두

---

240 權帖(권첩, 1573~1629): 본관은 安東, 자는 靜吾. 1606년 생원시에 합격하고,
    1616년 증광문과에 급제한 뒤 형조정랑 등을 역임하였다. 1623년 인조반정 직후
    호조참의가 되었으며, 1624년 황해도관찰사로 승진되었으나, 그 이듬해 무고로
    사헌부의 탄핵을 받아 파직당하였다. 얼마 뒤 判掌隸院事로 다시 임용되었고,
    1627년 후금의 침입으로 왕이 강화도로 피난할 때 호종하였으며, 그해에 형조참
    판으로 승진하여 奏聞使로 명나라에 가서 후금의 침입을 알렸다.
241 鄭世矩(정세구, 1585~1635): 본관은 東萊, 자는 大方. 1612년 증광문과에 급제
    하고, 1613년 승정원주서를 거쳐 4년 뒤 병조좌랑이 되었는데, 대북파의 李爾瞻
    이 집권하고 있을 때였으므로 그의 장인 李孝元이 소북파 柳永慶의 일파라고
    하여 사헌부의 탄핵을 받았다. 1625년 사헌부지평·세자시강원필선·사헌부장령
    등을 역임하였으며, 1627년 2월 奏聞使의 서장관으로 명나라에 다녀왔다. 1630
    년 전라감사, 다음해에 승지를 지냈고, 1635년 다시 전라감사로 있다가 그 해
    전주부윤으로 전직된 뒤 죽었다.
242 慈山(자산): 평안남도 順川郡 자산면 일대 지역.
243 林豹變(임표변, 1567~?): 본관은 羅州, 자는 文顯. 1606년 증광시에 급제하였다.

루 살피게 하였고, 또 총융사(摠戎使) 이서(李曙), 경상 병사(慶尙兵使) 조기(趙琦), 충청 병사(忠淸兵使) 류림(柳琳)에게 유지(諭旨: 왕명서)를 내려 굳게 지키도록 하였으니, 체부(體府)의 청을 따른 것이다.

○ 조보(朝報)에 실린 김기종(金起宗)의 장계(狀啓)에 의하면, 적에게 항복하여 빌붙은 자는 선우흡(鮮于洽)과 강귀룡(康貴龍)이었다.

十七日。雨。

世子下令, 諭于三道監司, 使列邑守令, 親出入田間, 勸民耕作, 文出伯厚手。○遣宣傳官南份, 巡審三江[244]把守處, 且下諭于摠戎使李曙, 慶尙兵使趙琦[245], 忠淸兵使柳琳等處, 使之堅守, 從體府請也。○朝報金起宗狀啓, 附賊人鮮于洽·康貴龍。

2월 18일(을묘)。비。

세자가 밖으로 서상방(西上房)의 대청(大廳)에 나와 문사(文士)들을 시험하기 위한 문제를 낸 뒤로 북정자(北亭子)에 임하여 무사(武士)들을 시험하였는데, 문과 시험관은 심열(沈悅)·정광경(鄭廣敬)·이성구(李聖求)·이식(李植)·최유해(崔有海)이었고, 나와 최시량(崔始量)·

---

244 三江(삼강): 漢江·龍山江·西江. 이는 한강이 한성의 남쪽을 흐르는 구간을 나누어 부르는 이름인데, 南山 남쪽 일대 鷺梁까지를 한강, 그 以西 麻浦까지를 용산강, 그 이서 楊花渡 일대를 서강이라 한다.

245 趙琦(조기, 1574~?): 본관은 淳昌. 仁祖의 후궁인 貴人 趙氏의 아버지. 귀인 조씨는 소현세자를 몰락시키고 金自點과 역모를 꾀하다가 사사되었다.

백후(伯厚: 김육)는 예방승지(禮房承旨)로 참예하였다.

'은우계성잠(殷憂啓聖箴: 국가가 큰 우환을 겪는 것은 새 聖主의 운명을 열어 줄 수 있다.)'이 낙점을 받아 출제되었으니 이식(李植)이 낸 것인데, 김상빈(金尙賓)·오권(吳權)·김원립(金元立)·류신로(柳莘老) 등 4명을 뽑았다.

十八日。雨。

世子出御西上房²⁴⁶大廳, 試士出題後, 出臨北亭子, 試武士, 文科試官沈悅·鄭廣敬²⁴⁷·李聖求·李植·崔有海, 儂及崔始量²⁴⁸·伯厚, 以禮房入參。殷憂啓聖箴, 受點爲題, 李植出也, 取金尙賓²⁴⁹·吳權²⁵⁰·金元立²⁵¹·柳莘老²⁵²等四人。

---

246 西上房(서상방): 대청이 남쪽을 향해 있고 안방이 오른쪽에 있는 집.

247 鄭廣敬(정광경, 1586~1644): 본관은 東萊, 자는 公直, 호는 秋川. 1612년 사마시에 합격하여 생원이 되고, 그해 증광문과에 급제, 수찬·정언을 지내고 이듬해 仁穆大妃 폐모론이 일자 異論을 내세워 반대하였다. 1616년 사간이 된 뒤, 尙衣院正·사인·전한·사성 등을 역임하였다. 1623년 인조반정 때 사간에 임명되자, 과거의 정청참여를 자책하여 간관으로서 자격이 없음을 스스로 지적, 사퇴하고자 하였으나 왕이 허락하지 않았다. 1624년 李适의 난 때 형 정광성은 아버지를 모시고 그는 御駕를 호종하였으며, 1627년 정묘호란 때는 형이 임금을 따르고 자신이 아버지를 모심으로써 형제가 君父에 대한 충효를 함께 실천하였다. 그뒤 예조참의·충청도관찰사·대사헌·同知經筵事·대사간·이조참판 등을 지냈다.

248 崔始量(최시량, 1587~?): 본관은 江華, 자는 公綽. 1606년 식년시에 급제하였고, 1618년 증광시에 급제하였다. 황해도 도사, 충청도 도사, 청도 군수 등을 지냈다.

249 金尙賓(김상빈, 1599~?): 본관은 光山, 자는 大觀. 1627년 전주별시에 장원급제하였다.

250 吳權(오권, 1576~?): 본관은 朗山, 자는 士穎. 1624년 식년시에 급제하였고,

2월 19일。 비。

좌상(左相: 신흠)에게 명하여 무사(武士)를 시험하게 하였다.

○ 조보(朝報)를 보니, "원창군(原昌君: 이구)과 이홍망(李弘望)이 호차(胡差: 오랑캐 차사) 유해(劉海: 유흥조) 및 박난영(朴蘭英)과 함께 15일 오랑캐 진영(陣營)으로 향하였으나, 강홍립(姜弘立)은 그대로 강도(江都)에 머물러 있다."라고 하였다. 담양 부사(潭陽府使) 조희일(趙希逸)이 강도로부터 장차 임지로 가려고 숙배하러 왔다가 찾아와서 말하기를, "세자가 남쪽 지방으로 내려간 뒤로 어질다는 칭송이 크게 드날리니 어리석고 어리석은 백성들이 목을 빼고 기다리지 않는 이가 없습니다."라고 하였다.

○ 전 보덕(前輔德) 이준(李埈: 李埈의 오기)이 영남(嶺南)에서 와 숙배하자, 명을 내려 불러 보고 세자가 모은 곡물이 얼마나 되는지 물으니, 이준이 대답하기를, "쌀은 섬으로 계산하면 250여 섬 정도이고, 조(租: 찧지 않은 벼)는 섬으로 계산하면 2500여 섬 정도입니다."라

1627년 전주별시에 급제하였다.

251 金元立(김원립, 1590~1649): 본관은 慶州, 자는 士卓. 1623년 인조반정으로 풀려나 의금부도사에 임명되고, 1627년 전주별시에 급제하였다. 이듬해 假注書가 되었고, 그 뒤 지평·獻納이 되었다. 계속해서 여러 관직을 거쳤으며, 외직으로 해운판관·부안현감·능주목사 등을 지냈다.

252 柳莘老(류신로, 1581~1648): 본관은 全州, 자는 殷叟, 호는 春圃. 1624년 李适이 반란을 일으키자 포의의 신분으로 임금을 호종하였다. 이해 사마시에 합격하여 사신의 일원으로 명나라에 다녀왔다. 1627년 전주별시에 급제하여 전적과 봉사 등을 역임하였다. 1631년 공조좌랑, 그후 보령현감을 거쳐 형조좌랑에 있던 중 1636년 병자호란이 일어나자 남한산성으로 임금을 배종하였다.

고 하였다.

十九日。雨。

命左相, 試武士。○見朝報, "原昌君與李弘望, 偕胡差劉海及朴蘭英, 十五日向奴營, 姜弘立仍留江都。"云。潭陽府使趙希逸²⁵³, 自江都, 將赴任所, 爲肅拜來, 過言: "世子南下之後, 仁聲大暢, 蚩蚩氓俗, 莫不延頸。"云。○前輔德李埈²⁵⁴, 自嶺南來肅拜, 下令引見, 世子問募谷²⁵⁵幾何? 埈對曰: "米得石者二百五十餘, 租得石者二千五百餘。"云。

2월 20일。 맑았다가 어두울 무렵에 비 내림。

문학(文學: 김육)이 시소(試所: 시험장소)에 갔다.

---

253 趙希逸(조희일, 1575~1638): 본관은 林川, 자는 怡叔, 호는 竹陰·八峰. 1601년 진사시에 장원급제하였고, 1602년 별시문과에 급제, 1608년 문과 중시에 급제하였다. 승문원저작, 시강원 설서, 사간원 정언을 거쳐 시강원 사서·문학이 되었다. 이어 이조정랑이 되었으나, 1613년 許筠의 옥사에 연루되어 理山에 안치되기도 하였다. 1623년 인조반정 후 홍문관 교리, 부응교에 제수되었고 1627년 정묘호란이 일어나자 왕을 강화로 호종하였다. 光州牧使, 예조와 형조의 참판, 승문원 제조, 경상감사 등을 역임하였다.

254 李埈(이준): 李埈(1560~1635)의 오기. 본관은 興陽, 자는 叔平, 호는 蒼石. 1582년 생원시를 거쳐 1591년 별시 문과에 급제해 교서관정자가 되었다. 예조정랑·단양군수 등을 거쳐, 1603년 수찬을 지내고 형조와 공조의 정랑을 역임하였다. 1627년 정묘호란이 일어나자 의병을 모집했고, 調度使에 임명되어 곡식을 모았으나 화약이 맺어지자 수집한 1만여 섬의 군량을 관에 인계하였다.

255 募谷(모곡): 募穀.

二十日。晴昏雨。
文學往試所。

2월 21일。비。

필선(弼善: 李景憲)이 시소(試所)에 갔다. 영지(令旨: 세자의 명령)를
내려 밤부터 설사 증세가 있어 기운이 편치 못한 듯하니 서연(書筵)을
열지 말라고 하였다.

二十一日。雨。
弼善往試所。下令, 自夜得泄瀉之證, 氣似不平, 書筵勿爲。

2월 22일。비。

백후(伯厚: 김육)가 또 시소(試所)에 갔다.

○ 경보(京報)를 보니, 황해 병사(黃海兵使) 이익(李榏)은 강원도
군사를 거느리고 신계(新溪)에 주둔하고 있다가 9일 갑자기 적군을
만나 모두 무너졌고, 황주 판관(黃州判官) 원숙(元翿)·신계 현령(新溪
縣令) 이이성(李以省)은 가솔들이 포로가 되었고, 강령 현령(康翎縣令)
경신(慶信)은 적을 쏘았으나 살해당했다고 하는데 나중에 들으니 잘
못된 것이었다.

○ 전 평안감사(前平安監司) 윤훤(尹暄)이 성을 포기하고 버린 죄로
15일에 효시되었다고 한다.

二十二日。雨。

伯厚, 又往試所。○見京報²⁵⁶, 黃海兵使李楳²⁵⁷, 率江原道兵, 駐新溪²⁵⁸, 初九日, 卒遇賊兵, 皆潰, 黃州²⁵⁹判官元翻·新溪縣令 李以省²⁶⁰, 家屬被虜, 康翎縣令慶信, 射賊見殺云, 於後聞之, 則 誤也。○前平安監司尹暄, 以棄城之罪, 十五日, 梟示云。

2월 23일。이슬비。

판부사(判府事) 심열(沈悅)을 시소(試所)로 가게 하고 문학(文學: 김육)도 시소로 가게 하도록 명하였다. 주강(晝講)과 석강(夕講)에 나와 여사(汝思: 이경헌)가 함께 입시하였다.

256 京報(경보): 조선시대의 官報. 朝報·朝紙·邸報·漢京報·寄別紙 등으로도 불렸다. 승정원이 발행을 담당했으며, 서울과 지방의 관리들에게 배포되었다. 내용은 임금의 명령과 지시, 정부의 중요 결정 사항, 관리 임명 외에 기상 이변, 자연재해 및 사회·군사 문제 등을 다루었다.

257 李楳(이익, 생몰년 미상): 본관은 全州. 文城君 李健의 서자인 漢陽守 李世柱 (1549~?)의 장남 完昌令인 듯. 어머니는 譯官 僉正 方承男의 딸이다. 도원수 겸 황해병사로 있던 張晩이 사직소를 올려서 그 후임으로 1623년부터 1627년까지 황해병사를 지낸 것으로 보인다.

258 新溪(신계): 황해도 중동부에 있는 고을. 동쪽은 강원도 이천군, 서쪽은 서흥군, 남쪽은 평산군·금천군, 북쪽은 수안군·곡산군과 접한다.

259 黃州(황주): 황해도 중북부에 있는 고을. 동쪽은 서흥군, 서쪽은 안악군·평안남도 용강군, 남쪽은 봉산군, 북쪽은 평안남도 중화군과 접한다.

260 李以省(이이성, 1591~?): 본관은 驪州, 자는 日三. 1612년 식년시에 급제하였다. 아버지는 李大濟이다. 金尙容의 사위이고, 李廷謙의 외조부이다.

○ 선전관 배명준(裵命俊: 裵命純의 오기)이 강도(江都)에서 왔다.

二十三日。小雨。

命判府事沈悅往試所, 文學往試所。晝夕講, 儂與汝思入侍。

○宣傳官裵命俊[261], 來自江都。

2월 24일。비。

주강(晝講)과 석강(夕講)에 나와 필선(弼善: 이경헌)이 함께 입시하였다가, 나는 시소(試所)로 갔다. 오후가 되자 차디찬 바람에 비까지 거세게 몰아쳐서 거자(擧子: 응시생)들이 모두 추위에 떨어 부득이 일찍 끝마쳤다.

二十四日。雨。

晝夕講, 儂與弼善入侍, 儂往試所。午後, 寒風挾雨而驟, 擧子[262]皆凍戰, 不得已早罷。

---

261 裵命俊(배명준): 裵命純(1597~1637)의 오기. 본관은 星山, 자는 逡初. 1624년 무과에 급제하고 1627년 정묘호란 때 宣傳官으로서 후금과 싸워 공을 세웠다. 都摠府 經歷·감찰·軍器寺 僉正·보성군수·절충장군·함경북도 병마우후·德源 都護府使를 지냈다. 1636년 병자호란 때 營將으로서 철수하는 청나라 군사와 철령에서 싸워 승리하였다. 퇴각하는 청나라군을 추격하였으나 복병의 기습으로 전사하였다.

262 擧子(거자): 과거시험에 응시할 수 있는 자격을 갖춘 儒生.

2월 25일。 맑음。

문학(文學) 김육(金堉)·설서(說書) 오달승(吳達升)은 주강(晝講)과 석강(夕講)에 입시하였으며, 나는 시소(試所: 시험장소)로 갔는데 좌상 (左相: 신흠)이 명관(命官: 시험관)으로 갔다.

○ 세마(洗馬) 김수종(金守宗)이 상소를 올려 고향으로 돌아가서 병든 어미를 보살피겠다고 하자, 납약 한 봉지(臘藥)를 하사하여 보냈다.

二十五日。 晴。

文學金堉·說書吳達升, 入晝夕講, 儂往試所, 左相以命官[263] 往。○洗馬金守宗, 呈疏乞歸省病母, 賜臘藥一封而送。

2월 26일。 맑음。

나와 필선(弼善: 이경헌)이 주강(晝講)과 석강(夕講)에 입시하였다.

○ 체부(體府)의 군관(軍官) 동지(同知) 신성립(辛成立)과 선전관(宣傳官) 남일(南佾) 등이 강도(江都)에서 돌아와 말하기를, "원창군(原昌君: 李玖)이 18일 밤에 평산(平山) 오랑캐 진영(陣營)에 이르러 19일 비로소 국서(國書)를 전하니, 적장이 천계(天啓: 명나라 熹宗 때 사용) 연호를 없애지 않았다면서 사납게 굴며 유해(劉海: 유흥조)를 죄주려

---

263 命官(명관): 조선시대의 과거 시험관. 왕명을 받아 임금을 대신하여 일을 주재하는 관원이다.

다가 그만두고는 또 다른 오랑캐 몇 명을 보내어 21일 강도에 당도하였습니다."라고 하였다.

○ 또 듣건대 이서(李曙)가 한강(漢江)을 지키고 조기(趙琦)는 군사 7천명을 거느려 심기성(沈器成)의 군사와 합쳐서 임진(臨津)으로 나아가 지키며 장만(張晚)의 분부를 들어 기미를 살피면서 진퇴한다고 하는데, 적이 돌아가고자 하고 나서야 비로소 임진을 지키고 있으니 이서와 장만이 아니면 누가 이러한 일을 획책하겠는가?

二十六日。晴。

儂與弼善, 入侍晝夕講。○體府軍官同知辛成立·宣傳官南伩等, 還自江都言 : "原昌君, 十八日夜抵平山奴陣, 十九日始傳國書, 則賊將以不去天啓[264]年號, 生獰欲罪劉海而止, 又發他胡數輩, 二十一日當到江都。"云。○又聞李曙守漢江, 趙琦率兵七千, 合沈器成軍, 晋守臨津, 聽張晚分付, 相幾進退云, 賊欲去而乃守臨津, 非曙晚, 孰畫此策哉?

2월 27일부터 3월 16일까지 내용 없음

二十七日。　二十八日。　二十九日。　三十日。

三月初一日。　初二日。　　初三日。　　初四日。

初五日。　　初六日。　　初七日。　　初八日。

---

264 天啓(천계) : 중국 명나라의 제15대 황제인 天啓帝 때의 연호(1621~1627).

初九日。　　初十日。　　十一日。　　十二日。
十三日。　　十四日。　　十五日。　　十六日。

3월 17일。

저보(邸報)의 강홍립(姜弘立) 편지에 의하면, "아장(阿將: 후금의 阿敏)의 본래 의도는 반드시 대군을 동원하여 양서(兩西: 평안도와 황해도)를 침략하고서 귀국하려는 것이었는데 독구(禿丘: 평산에 있는 지명)에서 물러나자, 요토(要土: 岳託)가 힘껏 말하기를, '화친하는 일이 이미 이루어졌으니 노략질하는 것은 부당합니다.'라고 하니, 아호(阿胡: 아민)가 엄히 군사를 두 길로 나누었습니다. 하나는 해주(海州) 등지를 거쳐 바닷길을 따라서 서쪽으로 나가 어제 저녁 무렵 평양(平壤)에 도착하였고, 다른 하나는 신계(新溪)·수안(遂安)을 거쳐 삼등(三登)·성천(成川) 길로 돌아 들어가 어제 평양에 도착하였습니다. 어제 아침에 요토와 두두(斗斗: 杜度)가 서로 힐난하였는데, 요토가 식사를 하지 않는 지경에 이르자 아장(阿將)·두두(斗斗)가 이에 안주(安州) 이남은 노략질하지 않기로 했다고 합니다. 또 오랑캐 진중에서 약속하기를, '17일에 맹세하고 19일에 안주 길로 향하겠다.' 하였습니다."라고 하였다.

○ 이날 오랑캐의 편지가 이르렀는데, "(강도 섬 속에 있다지만) 바다가 능히 전답이 되며 고기가 능히 백성이 되리니 (따라온 대신들이) 제 가족과 재산에 대해 연연해 할 것이다."라는 말 등이 있었으니,

그 모욕이야말로 차마 말할 수 없을 지경이었는지라 통곡하고 통곡하
였다.

十七日。

邸報弘立書, "阿將[265]本意, 必欲大搶[266]兩西而歸, 自禿丘[267]退
來, 要土[268]力言: '和事已成, 不當搶掠.' 阿胡嚴分兵兩路。一由海
州等處, 沿海而西, 昨夕到平壤, 一由新溪·遂安[269], 轉入三登[270]·
成川[271]之路, 昨到平壤。昨朝, 要土與斗斗[272] 相詰, 要土至於不
食, 阿將·斗斗. 乃許安州以南, 不爲搶掠云云。且胡中約以十七
作誓, 十九日向安州之路。"云。○是日, 胡書至, 有"水能田·魚能
民, 戀房産。"等語, 極其僇辱, 痛哭痛哭。

---

265 阿將(아장): 阿敏을 가리킴. 슈르하치의 차남이자, 누르하치의 조카이다. 1627년
　　정묘호란 때 후금군의 총사령관격이었다.
266 大搶(대창): 대군을 동원하여 침략함.
267 禿丘(독구): 황해도 평산에 있는 지명.
268 要土(요토): 貝勒 岳託(Yoto, 1599~1639). 禮烈親王 代善의 장남. 요동의 遼陽
　　과 瀋陽을 공격하는 데에 기여하였고, 몽골[蒙古] 정벌에도 종군하였으며, 정묘
　　호란과 병자호란에 모두 참가하기도 하였다.
269 遂安(수안): 황해도 동북부에 있는 고을. 동쪽은 곡산군, 서쪽은 서흥군과 평안남
　　도 중화군, 남쪽은 신계군, 북쪽은 평안남도 강동군·성천군과 접한다.
270 三登(삼등): 평안남도 강동군 삼등면 지역.
271 成川(성천): 평안남도 남동쪽에 있는 고을. 동쪽은 양덕군, 동남쪽은 황해도 곡산
　　군, 서쪽은 강동군, 남쪽은 황해도 수안군, 북쪽은 순천군·맹산군과 접한다.
272 斗斗(두두): 杜度(Dudu, ?~1642). 누르하치의 장남 廣略貝勒 褚英의 장남. '頭
　　頭' 또는 '豆頭'로도 표기된다. 1615년 누르하치가 八旗를 창설하자 그는 正白旗
　　를 거느렸다. 1624년 貝勒에 책봉되었다. 1627년 阿敏 등과 함께 군사를 거느리
　　고 조선을 공략하고, 또 수차례 명나라의 변경을 침략하였다.

병정일기

丙丁日記

번역과 원문

1636
황명 숭정 병자년

6월。

나는 사간(司諫)에 제수되어 포천(抱川)에서 경성(京城)으로 들어와 사은숙배(謝恩肅拜)한 뒤, 곧바로 상소를 올려 좌의정 홍서봉(洪瑞鳳)은 탐관오리라서 모든 사람이 쳐다보는 재상(宰相) 자리에 있어서는 안 된다고 논핵(論劾)하였다. 홍서봉은 크게 사나워하며 그의 아들 헌납(獻納) 홍명일(洪命一)을 사주하여 상소를 올려서 쟁송하도록 하였다.

이때 영상(領相: 金瑬)과 우상(右相: 李弘胄) 및 원임대신(原任大臣: 전임 정승·판서)들은 모두 홍서봉과 한 몸과 같은 사람들이고 또한 자신들이 한 일에도 혐의를 받을까 꺼려 의론을 수렴하는 자리에서 모두 나를 잡아들여 문초하기를 청하였다. 김상헌(金尙憲) 또한 경연(經筵)에서 나를 배척하고 기필코 무거운 형률을 나에게 더하고자 하였지만, 유자선(兪子善: 兪子先의 오기, 兪伯曾)이 특진관(特進官)으로서 강력하게 간언한 것에 힙입은데다 뒤를 이어 민형남(閔馨男) 공(公)이 지의금부사(知義禁府事: 同知義禁府事의 오기)로서 상소하여 말하기를, "대간(臺諫)을 잡아들여 문초하는 것은 우리나라 조정에는 없었던 일입니다."라고 하자, 주상이 마침내 경청하고 법부(法府: 의금부)에 내려 다스리도록 하여 3일 만에 풀려났다.

곧바로 포천의 옛집으로 돌아와 전야(田野)에 엎드려 지내느라, 조정의 정사에 관여하여 알 수 없었던 것이 일고여덟 달에 이르렀다.

皇明崇禎丙子六月。

余拜司諫, 自抱川入京, 謝恩後, 卽上章, 論左議政洪瑞鳳[1]貪汚, 不宜居具瞻之地[2]。瑞鳳大狠, 嗾其子獻納命一[3], 上疏爭訟。時居領右位及原任大臣, 皆瑞鳳一體之人, 且忌嫌於己之所爲,

---

1 洪瑞鳳(홍서봉, 1572~1645): 본관은 南陽, 자는 輝世, 호는 鶴谷. 1590년 진사가 되고, 1594년 별시문과에 급제하였다. 1600년 사서가 된 뒤 정언·부수찬에 이어 1602년 이조좌랑과 성주목사를 역임하였다. 1608년 중시문과에 급제한 뒤 사성·응교 등을 역임하고, 1610년 강원도관찰사를 거쳐, 이듬해 동부승지 재직 중 金直哉獄事에 장인 黃赫이 연루되어 삭직당하였다. 1623년 인조반정에 가담하여 병조참의가 되었으며, 대사헌·병조참판 등을 차례로 역임한 뒤 1626년에는 도승지가 되었다. 1636년 우의정을 거쳐 좌의정에 올랐을 때 병자호란이 일어나자 崔鳴吉과 함께 和議를 주장하였고 영의정, 좌의정을 지냈다. 昭顯世子가 급사하자 鳳林大君(孝宗)의 세자책봉을 반대하고 세손으로 嫡統을 이어야 한다고 주장하였으나 용납되지 않았다.

2 具瞻之地(구첨지지): 모든 사람이 쳐다보는 자리라는 뜻으로, 재상 자리를 이르는 말.

3 命一(명일): 洪命一(1603~1651). 본관은 南陽, 자는 萬初, 호는 葆翁. 아버지는 영의정 洪瑞鳳, 어머니는 黃赫의 딸이다. 1630년 진사가 되고, 1633년 증광문과에 급제한 뒤 翰林待教·이조정랑 등을 지내고, 수찬에 올랐다. 1636년 중시문과에 급제하였으며, 병자호란이 일어나자 강화도를 지키기 위하여 검찰사 金慶徵의 副將 李敏求의 종사관이 되어 싸웠다.

於收議, 咸請拿問。金尙憲[4], 亦於經筵斥余, 必欲加余重律 賴兪子善[5]以特進爭之强, 繼有閔公馨男[6] 以知義禁上疏, 言："拿問臺

---

4 金尙憲(김상헌, 1570~1652): 본관은 安東, 자는 叔度, 호는 淸陰·石室山人. 아버지는 都正 金克孝이다. 金尙容의 아우이다. 尹根壽의 문인이다. 1596년 정시문과에 급제, 1608년 文科重試에 합격하여, 1611년 승지로 李彦迪·李滉의 문묘종사를 반대하는 鄭仁弘을 탄핵하다가 좌천되었고, 1613년 사돈인 金悌男이 賜死되었을 때 연좌되어 延安府使에서 파직되었다. 1623년 인조반정 후 대사간을 거쳐, 1636년 병자호란 때 斥和論을 주장하다 청에게 항복하자 안동으로 돌아갔다. 1639년 청의 출병 요구에 반대하는 상소를 하여 청에 압송되었다. 1645년에 昭顯世子를 수행하여 귀국하였다. 효종이 즉위하자 좌의정·영돈령부사를 지냈다. 죽은 뒤 崇明節義派로 朝野에 큰 정신적 영향을 미쳤다.

5 子善(자선): 兪伯曾(1587~1646)의 字인 子先의 오기. 본관은 杞溪, 호는 翠軒. 1612년 진사가 되고, 증광 문과에 급제, 1621년 병조좌랑이 되었으나, 仁穆大妃 폐모론에 반대해 사직하고 낙향하였다. 1623년 인조반정 때 공을 세웠고, 1624년 부응교로서 攻西派 영수 이조판서 金瑬가 북인 南以恭을 대사헌으로 삼으려는데 반대하다가 伊川縣監으로 좌천되었다. 1627년 정묘호란이 일어나자 강화도로 왕을 찾아가 사도시정에 임명된 뒤, 후금과의 화의가 잘못되었음을 상소하였다. 1635년 경상도관찰사가 되고 이어 병조참지를 역임한 뒤 1636년 이조참판이 되었다. 겨울 병자호란이 일어나자 부총관으로 왕을 남한산성에 호종, 화의를 주장한 윤방·김류 등의 처형을 주장하다 다시 파직되었다. 이듬해 화의가 성립된 뒤 대사성으로 등용되었다. 윤방·김류 등의 전후 무사안일하고 반성하지 않는 행실과 金慶徵·李敏求의 江都 방어 실패의 죄를 탄핵하였다.

6 閔公馨男(민공형남): 閔馨男(1564~1659). 본관은 驪興, 초명은 德男, 자는 潤夫, 호는 芝崖. 1600년 별시 문과에 급제하여 承文院에 보임되고, 注書·승지가 되었다. 1614년 進香使로, 1615년 冬至兼陳奏使로 명나라에 다녀왔다. 1623년 인조반정을 계기로 勳爵을 박탈당하고, 원주로 물러나서 생활하였다. 1624년 李适이 난을 일으키자 행재소에 나와 국왕을 호위함으로써 다시 임용되어 춘천부사가 되고, 그 뒤 10여 년 동안 지방관을 지냈고 예조참판 겸 동지의금부사가 되었다. 1636년 병자호란을 당하여서는 국왕을 남한산성으로 호종하였다. 1638년 한성부판윤과 형조판서 및 지의금부사를 거쳐, 1647년 우찬성이 되었다. 원문의 지의금부사는 동지의금부사의 오기이다.

諫, 國朝所無事." 上邃動聽下理[7], 三日乃釋。卽還抱川舊栖, 屛
伏田間, 不得豫聞朝政者, 七八月至。

12월 13일。

저녁이 되자 가노(家奴) 개손(介孫)이 경성(京城)에서 와 말하기를,
"떠도는 말을 들으니 오랑캐 기병들이 우려스럽습니다."라고 하였으
나, 가노가 어리석고 못나서 그의 말을 믿지 않았다. 그날 밤에 자시
(子時: 밤 12시 전후)가 지나자 경성에 있는 심노(沈奴)의 고인(雇人:
삯꾼)이 와서 오랑캐들이 깊이 쳐들어왔음을 전해주었다.

十二月十三日。

夕, 家奴介孫, 自京來言: "聞之道路, 胡騎似慮."云, 以奴愚劣,
不之信。其夜子時後, 在京沈奴雇人, 來報寇深。

12월 14일。

새벽쯤 허계진(許季鎭: 조경의 매부 許엽)이 송산(松山: 황해도 개성의
鎭山)에 있다가 또한 사람을 보내와 전하기를, "적들이 이미 황해도에
쳐들어왔다."라고 하였다. 곧바로 행장을 꾸리고 말안장 및 짊어질
양식과 말 먹일 꼴 등을 마련하여 노친(老親: 조경의 계모 진천송씨)은

---

7 下理(하리): 죄인을 法司(형조와 사헌부·의금부·한성부)에 내리어 다스림.

어린 아우(趙緩) 및 사위들(이유정·이돈림)에게 부탁하여, 길을 피해 실운(實雲: 화천군 사내면) 사이에 있도록 하였다.

아침을 먹은 뒤 길을 떠나 축석령(祝石嶺) 아래에 이르러 포천 현감(抱川縣監) 권대유(權大有)를 만나니 말하기를, "오랑캐들이 이미 황주(黃州)·봉산(鳳山)과 평산(平山) 사이를 지났는데, 어떤 사람은 '개성부(開城府)에도 벌써 다가왔다.'라고 합니다. 주상이 응당 다시 급보를 기다리고 있으나, 대가(大駕)가 궐문 밖으로 나가 피란할 곳을 아직 정하지 못하였습니다."라고 하였다.

송산의 외가(外家)에 들어가니 밤이 이미 이삼 경(二三更)이었는데, 외조모는 이때 나아가 88세로 병석에 누운 지 여러 달이 지나서 숨이 턱에 찬 모습을 차마 볼 수가 없었고, 과부가 된 두 외숙모만 곁에서 목놓아 슬피 울 뿐이었다. 임금이 도성을 떠나 피란하는데 뒤처질까 염려되어 눈물을 참고서 작별하고 떠났다.

서리와 눈을 무릅쓰고 밤에 길을 떠났는데 길을 가는 사람이 끊기었으니, 비록 소식을 귀동냥하려 해도 또한 얻어 들을 수가 없었다. 동대문(東大門) 밖에 도착하였지만 닭이 울기 전이라서 문이 아직 잠겨 있었고, 행인들이 곡성(曲城: 甕城) 안에 가득 모여 붐비고 있었는데, 어떤 사람은 "대가(大駕)가 바야흐로 남한산성(南漢山城)에 주둔했다." 하였고, 또 어떤 사람은 "이미 강화(講和)하기로 하여서 대가가 내일 환궁할 것이다." 하였으니, 위태롭고 어지러울 때에 와언(訛言: 거짓 떠도는 말)이 대체로 이와 같았다.

十四日。

曉, 許季鎭[8]在松山[9], 亦送人報: "賊已入黃海道."云。卽治行
具, 補馬鞍齎粮秣, 屬老親於稚弟[10]及壻郞輩[11], 使之避道, 成實
雲[12]間。朝食後, 發行到祝石嶺[13]下, 遇抱倅權大有[14]言: "虜已過
黃鳳[15]·平山間, 而或云: '已迫開城府.' 自上當更待急報, 動駕避
地, 時未定."云。入松山外家, 則夜已數更, 外祖母, 時年八十八,
寢疾累月, 奄奄之狀, 不可忍見, 兩寡姑在側, 號哭而已。恐後去
邪, 忍淚訣別而去。冒霜雪夜行, 道中行人斷絶, 雖耳剽消息, 亦
不得聞矣。到東大門外, 則鷄未鳴而門尙鑰, 行人塡咽曲城[16]內,

---

8 季鎭(계진): 許岦(생몰년 미상)의 字. 趙絅의 계모인 鎭川宋氏의 둘째 사위로,
   조경에게 매부가 된다. 함창 현감을 지냈다. 《龍洲遺稿》권15〈祖考贈吏曹參判
   行工曹佐郞府君墓碣陰記〉가 참고된다.

9 松山(송산): 황해도 開城의 鎭山.

10 稚弟(치제): 趙翼男(1564~1613)의 첫째부인은 柳愷의 딸 文化柳氏(1553~
   1598)로 아들 趙絅(1586~1669)과 사위 尹悅之(1589~1639)가 있으며, 둘째부인은
   宋應一의 딸 鎭川宋氏(1579~1665)는 아들 趙繗(1613~1640)와 사위 姜錫璜·姜益
   章·許岦이 있는바, 조구를 가리킴.

11 壻郞輩(서랑배): 趙絅은 세 딸이 있었으니, 사위는 李維楨(1603~1658), 李惇臨
   (1609~?), 李井徵(1619~?)이다. 첫째사위는 전주이씨 李岦의 아들, 둘째사위는
   연안이씨 李基尙의 아들, 셋째사위는 연안이씨 李袾의 아들이다.

12 實雲(실운): 강원도 화천군 사내면에 있는 지명. 본래 史吞鄕의 소재지이므로
   신룬 또는 實雲으로 변하여 谷雲이라 했다고 한다.

13 祝石嶺(축석령): 경기도 포천시 소흘읍과 의정부시 자일동의 경계에 있는 고개.
   충청도 전의에서 강원도 고성을 잇는 43번 국도가 넘어가고 있다.

14 權大有(권대유, 1598~1640): 본관은 安東, 자는 應亨, 호는 海隱. 1636년 병자
   호란이 일어났을 때 포천 현감을 지냈는데, 포천의 속오군을 이끌고 청군의 포위
   를 뚫어 남한산성에 입성하였다. 그 후 진위현령을 지냈다.

15 黃鳳(황봉): 黃州와 鳳山.

或言: "大駕方住南漢." 或言: "旣已講和, 大駕明日還宮." 危亂中, 訛言類如是也。

12월 15일

성문이 열리기를 기다려 도성에 들어가니 15일 아침이었다. 대가(大駕)가 도성을 떠난 것은 확실하였다. 잠깐 초전동(草前洞: 草洞)의 옛집을 지나면서 조촐한 음식이라도 갖추기를 재촉하여 수구문(水口門: 광희문)으로 달려 나와서 남한산성(南漢山城)으로 향하며 왕십리(往十里)를 지나는데, 칼을 차고 푸른 옷을 입은 자 한 명이 나의 말머리에서 아뢰었으나 나는 누구인지 알아보지 못하였다. 노복(奴僕) 생이(生伊)가 말하기를, "이 사람은 시강원 사령(侍講院使令) 넙남(汝邑南)입니다."라고 하자, 그가 나에게 묻기를, "진사(進賜: 나으리)는 어디로 가시려 합니까?"라고 하였는데, 답하기를 "나는 시골에 있었기 때문에 미처 대가를 호종하지 못하여 지금 남한산성으로 향해 가는 길이다." 하였다. 넙남이 말하기를, "소인이 남한산성 아래서 오는 길인데, 대전(大殿)의 행차는 강도(江都: 강화도)로 정하여 갔습니다. 소인은 동궁(東宮) 또한 행차하는 것을 본 이후에 오는 것입니다. 나으리가 직로(直路: 큰길)만 따라 가면 필시 미치지 못할 것입니다. 모름지기 지름길로 빨리 달려 가십시오."라고 하였다. 나는 그래

---

16 曲城(곡성): 甕城. 성곽을 쌓을 때 성문 밖으로 둘러 가려서 곡선으로 쌓은 성벽.

도 의심스러워 믿지 않고 갔는데, 넙남(汝邑南)과의 거리가 거의 1리
정도 더 갔을 때 그를 불러 다시 묻기를, "네 말이 참말이냐?"라고
3번이나 똑같이 하니, 넙남이 말하기를, "제가 무슨 이유로 나으리를
속이겠습니까?"하였다.

나는 마침내 그가 말한 대로 샛길을 따라 노량진(露梁津)으로 나갔
는데, 박민장(朴敏長) 부자(父子)를 만나니 또한 떠도는 말을 하면서
대가(大駕)가 강도(江都)로 향했다는 말이 파다하다고 하였다. 나는
그제야 의심을 풀고 앞으로 가다가 김포군(金浦郡)에 못 미쳐서 날이
이미 저물어 헐가(歇家: 旅舍)에 들어가 쉬다가 묵었다.

十五日[17]。

待門開入城, 則十五日朝也。大駕去邠, 的矣。暫過草前[18]舊
家, 促草具, 馳出水口門[19], 向南漢, 過往十村[20], 有一帶釰靑衣
者, 謁余馬首, 余不省何人也。奴生伊曰: "此侍講院使令汝邑南
也."問余曰: "進賜將何向?"答曰: "余在鄕, 故未及扈駕, 今向南
漢矣." 汝邑南曰: "小人, 自南漢下來, 大殿動駕, 定往江都。小

17 원문에는 날짜 표기가 없으나 역주자가 임의로 표기한 것임.
18 草前(초전): 草洞. 서울특별시 중구 을지로3가·입정동·초동·충무로3가에 걸쳐
   있던 마을. 조선시대에 이곳에 조리·수수비·바구니·광주리 등 가정 일용품을
   팔던 草物廛이 있었으므로 초전골이라 하였고, 이를 한자명으로 초전동 혹은
   줄여서 초동이라 하였다.
19 水口門(수구문): 光熙門을 가리킴. 水溝門 또는 屍口門이라고도 한다.
20 往十村(왕십촌): 往十里. 서울특별시 성동구 하왕십리·행당동 일대의 왕십리
   역·왕십리 로터리 부근을 일컫는 말.

人見東宮, 亦爲動駕而后來。進賜從直路, 則必不及矣。須趣徑
行。"余猶疑而不信去, 汝邑南幾一里, 呼而更問曰: "汝言信乎?"
如是者三, 南曰: "我何故而欺進賜?"余遂用其言, 從間道, 出露
梁津, 遇朴敏長父子, 則亦言聞之道路, 頗言大駕向江都。余乃
決疑, 前行未及金浦郡[21], 日已沒矣, 投宿休歇家。

12월 16일。

새벽에 길을 떠났는데 도중에 안음 현감(安陰縣監) 심장세(沈長世)를
만나 그에게 물으니, 그가 답하기를, "나 또한 정확한 소식을 알지
못합니다."라고 하였다. 마침내 김포(金浦) 관아에 들어가자, 태수(太
守) 이회(李淮: 李濮의 오기)가 섬돌을 내려와 나를 맞이하며 손을 맞잡
고 눈물을 뿌렸다. 내가 말하기를, "다른 것은 말할 것이 없으나 대가(大
駕)가 강도(江都)로 향했는지 여부를 알고 있소?"라고 하자, 그가 말하
기를, "아니오. 지금 남한산성(南漢山城)에 머물러 있소."하였다.

나는 그의 말을 듣고 깜짝 놀라 한탄하다가 곧장 남한산성으로
향해 가는 길로 되돌아가려 하자, 주인(主人)이 나의 노복(奴僕)들이
주린 데다 말이 피로한 것을 염려하여 아침상을 차리도록 재촉하고
말 먹일 꼴을 준 다음에야 마침내 옷자락을 떨치고서 떠나갔다.

이날은 매서운 바람이 칼날 같은 데다 휘몰아치는 눈발이 얼굴을

---

21 金浦郡(김포군): 경기도 서부에 있는 고을.

때려 눈코 뜨기가 어려웠는데, 말이 빙판에 발굽이 벗겨져 열 발자국에 아홉 번이나 꼬꾸라졌으니, 바로 16일이었다. 겨우 수십 리를 갔을 뿐인데, 날이 이미 저물어서 부득이 헐가(歇家: 旅舍)에 들어가 묵었다.

十六日²²。

曉發, 路遇安陰縣監沈長世²³, 問之, 則答以"我亦不知的奇." 遂入金浦官, 太守李淮²⁴, 下階迎余, 相携洒淚。余曰: "他不論, 大駕審向江都否?"曰: "未也。方住南漢."余聞而驚悗, 便卽還向南漢之路。主人慮我僕飢馬瘃, 促設朝食, 供芻秣馬, 訖拂衣而行。是日, 烈風如刀, 飛雪撲面, 鼻目難開, 馬凍蹄脫, 十步九顚, 卽十六日也。纔行數十里, 日已昏暮, 不得已投宿歇家。

---

22 원문에는 날짜 표기가 없으나 역주자가 임의로 표기한 것임.

23 沈長世(심장세, 1594~1660): 본관은 靑松, 자는 德祖, 호는 覺今堂. 1624년 李适의 난이 일어나자 공주로 피난하는 왕을 포의로 호종하여 禁府都事에 제수되었고, 1627년 정묘호란이 일어나자 다시 왕을 강화도로 호종하였다. 중추부 경력, 부여현감, 영천군수, 청도군수 등을 지냈다.

24 李淮(이회): 李濴(1584~1653)의 오기. 본관은 咸平, 자는 士淵. 1605년 사마시에 합격하였다. 1624년 의금부도사에 임명되었는데, 李适의 난이 일어나자 의병을 모아 인조를 공주로 호종하였다. 1625년 내섬시 주부로 옮겼고, 감찰·의금부 경력·형조정랑을 거쳤으며, 양성·회인·옥천·양천·김포·고양의 수령을 지내고 칠곡부사에 이르렀다. 특히 김포 군수로 있을 때 방비를 엄하게 하여 1636년 병자호란에도 피해를 보지 않았다.

12월 17일。

날이 채 밝기도 전에 헐가(歇家: 旅舍)의 노복(奴僕) 개동(介同: 개똥이)을 거느리고 앞으로 가야 할 길을 가도록 하여 노진(露津: 노량진)의 빙판 위를 따라서 걸어가 한강의 맞은편 쪽으로 건넜는데, 허가천(許家阡: 허가의 무덤. 허가바위) 아래에서 만난 홍문관(弘文館) 서사(書寫) 김승선(金承善)이 말하기를, "적이 벌써 길을 뒤덮고 있어서 진사(進賜: 나으리)는 필시 남한산성(南漢山城)에 들어가지도 못할 것이니, 이곳에서 발길을 돌려 강도(江都)로 향하는 것만 못합니다. 강도 또한 종묘와 사직이 있는 곳입니다."라고 하였다. 내가 대답하기를, "나는 마땅히 성 아래에 당도한 이후라야 끝날 것이네." 하고는 급히 말을 몰아 길을 떠났는데, 멀리 양재(良才)를 바라보니 들판에 철기(鐵騎)들이 뒤엉켜 있었다.

빙빙 돌아서 헌릉(獻陵: 태종의 능)에 들어가니, 길가에 무부(武夫) 서너 명이 무리를 지어 탐문하다가 밥을 먹으면서 앉아 있었는데 나에게 두 손을 맞잡고 읍(揖)하며 묻기를, "저희는 곧 체부(體府)의 군관(軍官)들입니다. 도성 밖에 있어서 주상을 호종하지 못하고 지금 이 산 아래에 도착하였는데, 오랑캐를 만나 탔던 말을 빼앗겼기 때문에 걸어왔습니다. 청컨대 공(公)을 따라서 함께 성으로 들어가기를 도모하고자 합니다."라고 하였다.

드디어 그들과 함께 헌릉(獻陵)의 재실(齋室)에 들어갔더니, 재랑(齋郎)은 모두 이미 흩어져 없었다. 수복(守僕: 능에 관한 일을 하는 구실아치)에게 그 사실을 물으니, 대답하기를, "오랑캐가 남한산성 아래에 주둔한 자가 많지 않은데, 가끔씩 촌락을 약탈할 뿐이지 아직 능 안으로 들어오지 않았습니다." 하였다. 내가 무부(武夫)의 무리들과 능의 남쪽 기슭에 올라가서 오랑캐 진영을 바라보니, 과연 잇달아 연결되어 않아 가까이에 가서 밤을 틈타 뚫고 지나갈 수 있을 듯했다.

밤을 기다리고 있는 사이에 홀연히 나타난 전 현감(前縣監) 김경(金坰)이 헐떡이면서 산에 올라 와서 말하기를, "저 또한 포천(抱川)에 있다가 새로 아내의 상을 당하여 겨우 풀만 덮어 주고 왔습니다. 어제 이 들판으로 오는 도중에 오랑캐를 만나 말을 빼앗겼지만, 지금 이렇게 능 아래를 배회하는 것 또한 공(公)의 생각과 같기 때문입니다."라고 하였다. 마침내 그와 함께 재실(齋室)에서 같이 묵었다.

十七日。

天未明, 率其處奴介同, 使之前路, 從促露津氷上步行, 穿漢江越邊, 許家阡[25]下, 遇弘文館書寫金承善[26]曰: "賊已遍道路, 進賜必不得入南漢, 莫如自此轉向江都。江都亦廟社所矣." 余答曰: "余當傅城下而後已." 趣馬而行, 遙見良才, 野中鐵騎縱橫矣。迤入獻陵[27], 途左有武夫三四輩, 探飯而坐, 揖余問曰: "吾等卽體府

---

25 許家阡(허가천): 서울특별시 강서구 가양동 26-28에 있는 허가바위를 일컫는 듯. 허가바위는 탑산 아래 천연 바위 동굴인데, 陽川許氏의 시조 허선문이 태어났다는 설화가 있기 때문이다.

26 金承善(김승선, 생몰년 미상): 본관은 光山, 자는 心慶. 전라남도 강진 출신. 아버지는 찰방 金彦璧이다. 1636년 의주부윤으로서 백마산성을 사수한 林慶業 군의 선봉장이 되어 적과 맞서서 많은 적을 죽이고 포로로 잡았으나 결국 적의 칼날에 죽임을 당하였다. 《호남절의록》에 수록되어 있다.

軍官也。在外未及從衛，今到此山下，逢虜被奪所騎，故徒步。請
從公，共圖入城。"遂與偕入獻陵齋室，齋郎²⁸皆已散矣。問諸守
僕²⁹等曰："虜屯南漢山下者不多，而時掠村落而已，尙未入陵
中。"余與武夫輩，登陵南麓，而望虜陣，果不連屬，庶幾乘夜穿
過。等待之間，忽遇前縣監金坰³⁰，喘且上山而來言："我亦在抱
川，新遭喪耦，僅草瘞而來。昨於此野路中，逢虜奪馬，今此遲
回³¹陵下者，亦如公意也。"遂與同宿齋室。

12월 18일.

새벽에 무부(武夫)의 무리가 모두 인사하고 떠났다. 나는 김공(金
公: 金坰)과 함께 죽을 쑤어서 먹었다. 아침 해가 벌써 높이 떠오르자,
수복(守僕: 능에 관한 일을 하는 구실아치)들이 와서 고하기를, "능(陵)
밖의 적들이 말을 몰며 다니고 있으니 오늘 필시 능을 수색하는 일이

---

27 獻陵(헌릉): 서울특별시 서초구 헌인릉에 있는 조선 제3대 왕 太宗과 元敬王后
    閔氏의 쌍릉.
28 齋郎(재랑): 齋官. 廟·社·殿·宮·陵의 參奉을 두루 이르는 말.
29 守僕(수복): 조선시대, 廟·社·陵·園·殿 등에서 제사와 관련된 일을 비롯하여
    청소, 잡일 등을 맡아보던 구실아치.
30 金坰(김경, 1595~1671): 본관은 淸風. 1628년 낭천 현감에 제수되었고, 沙近
    찰방을 거쳐 1640년 사헌부 장령이 되었다. 《列聖御製》 권8 〈仁祖大王·文·
    賜金坰序〉가 있다.
31 遲回(지회): 배회함. 주저함. 망설임.

있을 것 같습니다. 바라건대 진사(進賜: 나으리)는 말을 재실(齋室) 뒤쪽의 살구나무 숲속에 숨기고, 사람들을 각자 우거진 숲속에 있게 하면 죽음을 면할 수 있을 것입니다."라고 하였다. 나는 김군(金君: 金堈)과 함께 그들의 말 대로 따랐다.

조금 있다가 말을 탄 오랑캐 30여 명이 갑작스레 능 안으로 세차게 들어왔다가 나의 말이 우는 소리를 듣고는 곧장 그곳으로 가서 말을 몰아 가버렸다. 나와 김군은 소나무와 회나무가 우거진 골짜기에 몸을 숨겨 죽음을 모면했으나, 하루 내내 아무것도 먹지 못하였다.

내가 김군(金君: 金堈)에게 말하기를, "우리들이 애초 적을 뚫고 이 능(陵) 아래에 오려고 계획했던 것은 남한산성(南漢山城)에 들어가기 위함이었지만, 적의 형세가 이와 같아서 더 가까이 들어갈 틈이 없는데도 지체하여 며칠을 더 머물러 있다가는 끝내 적들이 산을 뒤지는 위급한 상황에 처할 것이니, 만약 이곳에 앉아만 있고 계획을 변경하지 않으면 헛되이 죽을 뿐이네. 내가 젊었을 적에 자주 관악산 (冠嶽山)에 다녔는데 그 험한 지형은 믿을 만하였고, 과천 현감(果川縣 監) 김염조(金念祖)는 나와 또한 서로 함께할 만한 교분이 있으니, 서로 함께 향병(鄕兵)을 불러 모아서 노략질하는 적을 물리쳐 신하로서 적을 토벌하는 의리를 펼 수 있기를 바라네. 그리고 남한산성과 멀리 떨어져 있다고 하여도 몸을 숨겨 피난한 것과는 전혀 다르다네." 라고 하였다.

마침내 어둠을 틈타 걸어서라도 비늘과 같이 늘어서서 길을 떠나 헌릉 동구(獻陵洞口)를 막 나서려는데, 또 멀리서 노략질하던 적의 기병을 만났다. 자신의 진영으로 되돌아가던 적의 두세 명이 회오리 바람처럼 몰아쳐 오니, 우리들은 모두 날짐승 들짐승처럼 흩어지는 바람에 서로 헤어졌다. 밤 깊기를 기다려 서로 모이니, 나는 귀마개를 잃었고 노복(奴僕) 생이(生伊)는 장도(長刀)를 잃었지만, 노복 개동(介同)은 그래도 이불 보따리를 잃지 않았으며, 김군(金君: 金坰)과 노복들도 잃은 물건이 없었다.

한밤중이 된 뒤에야 과감하게 깊은 산속 작은길을 따라 떠났는데, 양재역(良才驛)에 미치지 못해서 어떤 시골집에 들어가니 사람이 지내지 않은 지 오래되었다. 노복의 무리들이 깨진 항아리를 주워 불을 피워 밥을 지어서 일행의 굶주림을 면했는데, 설고 익었는지 모래가 섞였는지 따질 겨를이 없었다. 빗줄기 가득한 교외에 이르렀을 때, 나는 다리가 시큰거리고 힘이 빠져 걸을 수 없어서 3명의 노복들로 하여금 번갈아 업고 가도록 하였지만, 김군(金君: 金坰)은 건강하여 자연스레 걸었다.

과천현(果川縣) 관내로 들어가니 마을은 이미 텅 비어 있었는데, 피란하다가 머물러 묵는 자 중에 1명이 나와서 나그네들을 응대하여 과천현의 일을 물으니, 그가 말하기를, "태수(太守)가 관악산에 올라갔다는 말만 들었습니다."라고 하였다.

삼현(三峴: 경기도 광주 세오개)의 노복 집에 도착하니 마을에는 단 1명도 남아 있는 자가 없었지만, 잠시 대청에 들어가 잠시 쉬었다. 노복 생이(生伊) 등 3명이 앞뒤에서 나를 이끌고 밀며 활차암(滑次嵒)에 오르니, 해가 이미 떠올랐다.

十八日。

曉, 武夫輩皆辭去。余與金公, 作粥而食。朝日上三竿[32], 守僕
等來告曰: "陵外之賊, 驅馬而動, 今日必有搜陵之事。幸進賜匿
馬于齋後杏林中, 人各占翳鬱中, 則可以免矣。" 余與金君, 從其
言。俄而, 騎胡三十餘, 突入陵內, 聞余馬鳴聲, 卽至其處, 驅策而
去。余與金君, 竄身松檜澗谷間得免, 終日不食。余言于金君曰:
"吾等始計穿賊來此陵下者, 爲入南漢, 賊勢如此, 無間加入, 遲留
數日, 終遭搜山之急, 若坐此不變, 則徒死而已。吾少時, 慣遊冠
嶽山, 其險足恃, 而果川縣監金念祖[33], 吾亦有分可相就, 相與召
募鄕兵, 以勦虜掠之賊, 庶申臣子討賊之義, 而其與遠去南漢, 竄
身避亂者遠矣。" 遂乘昏徒步, 鱗次而行, 將出獻陵洞口, 又遭遠掠
賊騎。返陣者數三, 來若飄風 吾等皆鳥獸散[34]相失。候夜深相聚,

---

32 日上三竿(일상삼간): 해가 높이 떠서 아침이 이미 늦음. 대개 늦게 일어난 것을
    형용할 때 사용한다.

33 金念祖(김염조, 1589~1652): 본관은 豊山, 자는 孝脩, 호는 鶴陰. 생부는 산음현
    감 金大賢, 양부는 좌참찬 金壽賢이다. 1635년 생원시에 급제하였고, 과천현감
    으로 부임하였다. 1636년 병자호란이 일어나자 고을 아전 邊就逸·邊海逸 형제와
    더불어 의병을 일으켰다. 또 趙絅과 함께 관악산으로 들어가 죽음을 맹세하였으
    며, 남양부사 尹棨를 비롯해 趙翼·沈之源 등에게 격문을 보냈다. 하지만 군량미
    확보가 어려웠고 청나라군의 기세 때문에 창의 병력이 더 모이지 않아, 남한산성
    으로 진격하지 못하고 과천과 관악산 일대에서 전란이 끝날 때까지 적군과 대치할
    수밖에 없었다. 1639년 공조좌랑을 거쳐 1640년 정산현감으로 부임하였다.

34 鳥獸散(조수산): 전쟁에서 군사가 적을 만나서 쉽게 패해 흩어지는 것을 일컫
    는 말.

則余失耳掩, 生奴失長刀, 介奴猶不失衾袱, 金君奴主, 無失物。
夜半後, 乃敢從微逕作行, 未及良才驛, 入一村舍, 無人久矣。奴
輩得破瓮, 吹火作飯, 而救一行之飢, 生熟雜沙, 不暇論也。行到
羽萬郊[35], 余脚力酸澁, 不能動, 使三奴遞負而行, 金君健步自
如[36]。入果縣官, 村已空, 有一避亂止宿者, 出而應客, 問縣中事,
曰: "惟聞太守上冠嶽。"云。到三峴奴人家, 則村無一人在者, 入廳
暫歇。生奴等三人, 前後牽挽我, 登滑次岊, 則日已出矣。

12월 19일。

새벽에 김군(金君: 金埛)이 나는 듯한 걸음으로 먼저 불성사(佛成寺)
에 들어가고 내가 뒤이어 이르니, 피란 남녀들이 꽉 모여 있는 가운데
현감(縣監: 과천 현감 김염조)이 승려들의 뒷방에 움츠리고 있다가 서로
손을 맞잡고서 눈물을 흘렸다.

이윽고 의병을 불러 모아 남한산성(南漢山城)을 위하여 개미 새끼
만한 구원병이라도 되기로 논의하였는데, 내가 말하기를, "현감공(縣
監公)은 비록 이곳을 다스리고 있으나 휘하에 1명의 군졸도 없이 산속
에 홀로 기숙하고 있으니, 모름지기 이 산속으로 피란 온 장정 중
용감한 자 및 승려 중 건장한 자들을 먼저 결집시켜, 험한 지형을

---

35 羽萬郊(우만교): 雨滿郊의 오기인 듯.
36 自如(자여): 속박이나 장애가 없이 마음대로.

의지하여 적을 막은 뒤라야 가능할 것이오." 하니, 모두가 그렇다고
하였다. 과천 현감이 밥을 지어 우리 두 사람에게 먹도록 해주었다.

이윽고 낭천군(狼川君: 金埄)이 산속으로 나가 돌아다니며 피란민
들에게 의병을 일으켜야 한다는 뜻을 알렸는데, 많은 사람들이 기꺼
이 따르자 두세 명 의기가 북받친 자들을 데리고 왔다. 내가 그들을
뜰 안에 불러들이도록 하여 말하기를, "우리들은 모두 나라의 두터운
은혜를 받은 사람들로서 미처 호종하지 못하고 이 산으로 뛰어들어
온 자들이지만, 실로 감히 목숨을 보전하여 멀리 달아나고자 한 것이
아니라 이 산이 남한산성과 아주 가깝기 때문이다. 비록 적들이 와서
산속을 뒤지더라도 우리들은 의롭게 죽기를 진실로 마음에 달게 여겨
야 한다. 그대들의 부모와 처자식들이 모두 이 산에 들어와 있지만,
그대들이 진실로 능히 우리와의 약속을 받아들여 누구는 활시위를
당기고 누구는 칼과 화통(火㷁)을 휘둘러 각기 요해처를 지키며 함께
힘써 힘을 합친다면 그대들의 부모와 처자식들을 모두 지키고 공명
(功名)도 세울 수 있을 것이다. 그대들은 이 산이 어떠한 형세로 보이
는가?"라고 하자, 많은 사람들이 모두 한 목소리로 말하기를, "진실
로 공(公: 조경)의 말씀과 같사오니 온 힘을 다할 수 있기를 바라옵니
다." 하였다. 그 가운데서 군자감 서원(軍資監書員) 홍효남(洪孝男)이
라고 칭해지는 자가 자못 일 처리에 능했는데, 낭천군(狼川君)이 서로
천거하여 내세우도록 하여 장사(壯士)들을 책에 죽 벌여 기록하니
거의 오륙십 명이나 되었다. 이때보다 앞서 과천 현감이 자기 고을의
군기(軍器)와 창고 쌀을 운송하여 불성사와 묘덕사(妙德寺) 안에다

우뚝하게 쌓아 놓았다.

十九日。

曉, 金君飛步, 先行入佛成寺[37], 余繼至, 則避亂男女塡咽[38], 縣監縮處于僧之後房, 相與握手, 灑涕。仍講召集義旅, 以爲南漢蟻子之援, 余曰: "縣監公, 雖尸此土, 而無手下一卒, 孤寄山中, 須先結此山中避亂壯勇巤緇徒中健者, 依險阻, 遏賊而後乃可爲也。" 咸曰諾。果倅炊飯食我兩人。旣狼川[39]君, 出巡山中, 避亂人, 諭以倡義之意, 衆多樂從, 率二三慷慨者來。余使呼入庭中, 言曰: "吾等俱以受國厚恩之人, 不及扈從, 來投此山者, 實不敢偸生遠走, 而爲此山密邇南漢也。賊雖來搜山中, 吾等之義死固甘心。爾等父母妻子, 皆入此山, 爾誠能受吾約束, 或張弓矢, 或奮釰火, 各守要害, 與之戮力, 則爾等父母妻子皆保, 而功名可立矣。爾等視此山, 何等形勢?" 衆皆一口而應曰: 誠如公言, 願盡力。" 其中稱軍資書員洪孝男者, 頗解事, 狼川君, 使相薦引[40], 列書壯士于冊, 幾五六十名。先時果守, 運縣軍器倉米, 峙于佛成・妙德寺中矣。

---

37 佛成寺(불성사): 서울특별시 관악구와 금천구 그리고 경기도 안양시와 과천시에 걸쳐 있는 관악산의 남서사면에 있는 절.

38 塡咽(전열): 많은 손님이 모여듦. 꽉 참.

39 狼川(낭천): 강원도 화천군에 있었던 지명.

40 薦引(천인): 사람을 천거하여 쓰이게 함.

12월 20일。

일찍 아침밥을 먹은 뒤, 적의 사정을 살핀 자가 전하여 말하기를, "적의 기병 중에서 산 아래에 바싹 다가온 자들이 있습니다."라고 하였다. 어제 약속한 의병 무리들을 불러 모았으나 한 명도 온 자가 없었으니, 절 안이 흉흉하여 모두가 달아나 숨은 것이었다. 나는 과천(果川: 김염조)·낭천(狼川: 김경) 두 수령과 함께 노복(奴僕) 장정 네댓 명을 거느리고 산허리로 걸어 올라가니, 철기(鐵騎) 30여 명이 활차암(滑次嵒)을 오르고 있었으나 과천의 군관(軍官)과 향소(鄕所) 중에 자기 수령을 따라온 자가 한 명도 없었다. 우리 세 사람은 각기 노복의 도움을 받아 바위 골짜기 사이에 몸을 숨기고서 하루를 보냈다.

적이 물러간 뒤에 절로 내려오니, 사로잡혀 간 남녀들이 매우 많았고 (빼앗긴) 재물도 이루 다 기재할 수 없을 정도였으며, 나의 침구와 식기도 모두 잃어버렸다. 이번 일이 있고 나서야 피란민들과 함께 적을 막는 일을 할 수 없음을 알았으나, 아무런 계책이 없으니 어찌할 것인가? 두 김군(金君: 김염조와 김경)은 영주대(靈珠臺)가 험하다는 나의 말을 듣고서 한밤중인데도 그쪽으로 가려고 마음먹었다.

사찰 문을 나서려는데, 과천의 품관(品官) 안방(安舫) 등이 번갈아 가며 과천 수령을 만나고서 말하기를, "내일이면 적이 반드시 이 산을 대대적으로 수색할 터이라 영주대를 의지해서는 안 됩니다. 우리들을 따라 수원(水原)과 용인(龍仁) 사이로 빠져나가 호서(湖西)로 내려가서 만전을 기하는 것만 못한데, 헛되이 죽기만 하는 것이

무슨 이익이 되겠습니까?"라고 하였다. 따르는 자들이 과천의 아전
해일(海逸)·취일(就逸)과 노복 장정들이었는데, 거의 대부분 영주대
로 향하려 하지 않고 안방의 말을 옳게 여기니, 과천 수령 또한 마음이
흔들리지 않을 수 없었다.

낭천군(狼川君: 金堜)이 힘껏 말하기를, "우리들이 어찌 초심을 저
버리고 멀리 남한산성을 떠날 수가 있단 말이오? 또한 적이 이미
경기 전역으로 퍼져 있으니 비록 샛길로 따라 간다 하더라도 필시
도달할 수 없을 것이오."라고 하였는데, 말과 얼굴빛이 의기에 북받
쳐 있었다. 나 또한 그의 말을 거들고 나서자, 과천 수령이 이에
불현듯 깨닫고 안방 등과는 헤어졌다.

승려 한 명으로 하여금 앞서 가며 길을 안내하도록 하고서 우리
세 사람이 칼을 짚고 따랐다. 이때 산 위의 달은 하늘 가운데 떠
밝았고 골짜기마다 고요하였는데, 좁은 길에 바윗돌이 험하고 많아
발을 헛디뎌 거의 떨어질 뻔한 것이 여러 번이었다. 영주대 아래의
작은 암자에 도착하니, 피란한 남녀 및 승려들로 빽빽하게 가득 차
있어서 우리들은 방안 깊숙이 들어앉았다.

二十日。

早食後, 候者[41]傳言: "賊騎, 有來迫山下者." 召合昨日約束義
徒, 無一人至者, 寺中洶洶, 皆以走匿。余與果川·狼川兩君, 率
奴丁四五名, 步上山腰, 則鐵騎三十餘, 騰過滑峀, 果川軍官·鄕

---

41 候者(후자): 사정을 탐지하는 사람.

所[42], 無一人從其守者。吾三人, 各仗奴星[43], 竄身嵒壑間, 以終
其日。賊退下寺, 則男女被擄者甚多, 貨財不可勝載, 余寢具食
具皆失矣。此後乃知避亂人, 不足與防賊, 計無奈何也? 兩金君,
聞余說靈珠臺[44]之險, 夜半決計[45]往就之。出寺門, 則果川品官安
舫等, 交謁果守, 曰: "明日賊必大搜此山, 靈珠臺不可恃也。不
如從吾等, 出水原·龍仁間, 下湖西之爲萬全, 徒死奚益?"從者果
吏海逸·就逸及奴丁等, 擧不欲向靈珠, 而是安舫之語, 果倅亦不
能無動。狼川君力言: "吾等豈可負初心 而遠離南漢? 且賊已徧
圻甸, 雖從間道, 必不達。"辭氣慷慨。余亦助之, 果倅於是, 翻然
覺悟, 辭安舫等。使一僧前行指路, 吾三人杖劍而從。時山月中
天, 萬壑悄然, 微逕犖确[46], 失足幾墜者數矣。及抵靈珠臺下小菴
中, 避亂男女及僧徒, 帖帖[47]充滿, 吾等入處堂奧。

---

42 鄕所(향소): 조선시대 각 고을 수의 자문 기관. 수령을 보좌하고 풍속을 바로
   잡고 鄕吏의 부정을 규찰하며, 국가의 政令을 민간에 전달하고 民情을 대표하는
   자치 기구이다.

43 奴星(노성): 奴僕. 韓愈의 집에 星이라는 종이 있었던 데서, 전하여 노복을 가리
   킨다.

44 靈珠臺(영주대): 서울특별시 관악구와 과천시 경계가 되는 관악산 정상에 있는
   봉우리.

45 決計(결계): 마음먹음. 결심함. 결정함.

46 犖确(낙학): 산에 큰 돌이 많은 모야.

47 帖帖(첩첩): 붙어서 떨어지지 않는 모양.

12월 21일.

영주대(靈珠臺)에 올라 한스럽게 산성(山城: 남한산성)을 바라보면서 울음소리를 삼키고 눈물만 흘렸다. 좌수(座首) 이인원(李仁元)과 별감(別監) 이형득(李亨得)이 왔다.

저녁에 나는 경기도 안의 수령과 사대부들을 깨우쳐서 의병을 일으켜 국난에 나오라는 뜻을 그들에게 알리는 격문(檄文)을 지었다.

二十一日。

上靈珠臺, 悵望山城, 吞聲下淚。座首李仁元·別監李亨得來。
夕, 余以諭告圻內守令·士大夫, 起義兵赴難之意, 草檄。

12월 22일.

격문(檄文)의 초안이 완성되자 과천군(果川君: 김엽조)에게 부족한 점을 보충하고 잘못된 것을 바로잡아 정서하도록 하였지만 격문을 전달할 사람이 없는 것을 걱정하였는데, 마침 이형득(李亨得)의 아들 이영(李嶸)이라는 자가 찾아와서 그의 아버지를 뵈려 하자, 과천 수령이 그를 권면하여 격문을 주고 남양(南陽) 수령에게 전하도록 하였다. 남양 수령은 바로 윤계(尹棨)이다.

二十二日。

檄成, 使果川君繕寫⁴⁸, 患無人傳檄者, 會李亨得子名嶸者, 來

---

48 繕寫(선사): 부족한 점을 고치고 보충하여 정서함.

省其父, 果倅勸厲, 授檄俾傳南陽[49]守。守卽尹棨[50]也。

12월 23일。

새벽에 이영(李嶸)이 격문(檄文)을 가지고 남양(南陽)으로 갔다. 영
주대(靈珠臺)에 올라 멀리 산성(山城: 남한산성)을 우러러보니, 성 머리
에는 다만 횃불이 두세 곳에 있었다.

이날 듣자니 공청도(公淸道: 충청도) 군사들이 올라오다가 수원(水
原)에 주둔해 있다고 하였다. 과천 수령에게 붓을 잡도록 하고 즉석에
서 1통의 편지를 불러 주었으니, 감사(監司)와 병사(兵使)를 격려하고
권면하여 군사를 빨리 진군시켜 당나라 덕종(德宗) 때 봉천성(奉天城)
의 포위를 푼 것처럼 남한산성의 오랑캐 포위를 풀어야 한다는 것이
었는데, 관노(官奴) 연금(連金)이 서신을 받아 가지고 떠났다.

二十三日。

曉, 李嶸持檄, 往南陽。登臺瞻望山城, 城頭只有列火數三處。

---

49 南陽(남양): 경기도 화성시의 중앙에 있는 고을.

50 尹棨(윤계, 1583~1636): 본관은 南原, 자는 信伯, 호는 薪谷. 어려서 어버이를
    여의고, 아우 尹集·尹柔와 함께 외가에서 자랐다. 1624년 사마시에 합격하고,
    1627년 정묘호란 때 상소하여 척화를 주장하였다. 같은 해 정시문과에 급제하고
    승문원권지부정자를 거쳐 전적·홍문관교리를 지냈다. 1629년 이조좌랑이 되었
    고, 1636년에 남양부사가 되었다. 그해 겨울 병자호란이 일어나자 勤王兵을 모집
    하여 남한산성으로 들어가려다 청병에게 잡혀 굴하지 않고 대항하다가 몸에 난도
    질을 당하여 죽었다.

是日, 聞公淸道軍兵, 來屯水原, 使果倅執筆, 口占[51]一書, 激勸
監兵使, 使之趣進兵, 以解奉天之圍[52], 官奴連金, 受而去。

12월 24일。 종일 진눈깨비。

아침에 어떤 사람이 와서 전하기를, "지난 밤에 적이 산성에 가까
이 오자, 성 위에서는 포를 쏘고 돌을 굴려 떨어뜨려서 적들이 많이
죽고 다쳤으며, 성 안에서는 또 화수(火手)를 내보내어 적의 진영을
부수었다."라고 하였다.

　二十四日。 雨雪終日。

　朝, 有人來傳: "去夜, 賊迫山城, 城上放炮碾石, 賊多死傷, 城
中又出火手[53]砾營."云。

12월 25일。 눈 그치고 매서운 바람。

저녁에 이영(李嶸)이 남양(南陽)에서 돌아와 말하기를, "남양 부사

51　口占(구점): 즉석에서 나오는 대로 입으로 부르는 것. 초고 없이 입에서 나오는
　　대로 완성시키는 것을 가리킨다.

52　奉天之圍(봉천지위): 인조가 남한산성에서 포위된 것을 일컫는 말. 당나라 德宗
　　때 涇原節度使 姚令言이 반란을 일으켜 수도를 침범하자 덕종이 봉천으로 피난
　　갔다가 朱泚의 반란군에게 포위를 당한 고사에서 유래하였다.

53　火手(화수): 火攻에 쓰던 수레를 부리던 사람.

(南陽府使: 윤계)는 적병을 피하여 화량(花梁)에 있었습니다."라고 하였다. 격문(檄文)을 전하자, 부사가 분의대장(奮義大將) 조익(趙翼), 참모(參謀) 정문익(鄭文翼)·김상(金尙)·심지원(沈之源)·이시직(李時稷)·윤명은(尹鳴殷)·조몽양(趙蒙陽)·조진양(趙晉陽) 등과 함께 보낸 답서에 이르기를, "우리들도 또한 이러한 생각이 있어서 지금 의병을 불러 모으고 있는데, 내일 안으로 점검하여 30여 명을 그곳에 보내어서 여러 어른의 호령을 받도록 하겠습니다."라고 하였다.

연금이 돌아와서 말하기를, "공청도 군사가 이미 무너졌기 때문에 격문을 전할 수가 없었습니다."라고 하였는데, 거짓말인 듯하였다.

저녁밥을 먹은 뒤 영주대(靈珠臺)에 올라 멀리 바라보니 적의 기병이 무려 수천 명으로 종일토록 한강을 건너는 것이 끊이지 않았는데, 선릉(宣陵: 성종의 능)과 정릉(靖陵: 중종의 능) 안으로 들어갔다가 헌릉(獻陵: 태종의 능) 뒤의 벌판으로 향하였다. 이를 본 사람들은 모두 여러 도(道)에서 국난에 달려온 군사들로 생각했으나, 그것이 잘못된 생각이었음을 깨달았다. 대개 적은 우후(虞詡: 후한의 장수)의 옛 계책(計策: 伏兵術)을 사용하는 것 같았다.

二十五日。雪霽風冽。

夕, 李嶸還自南陽, 言: "南陽府使, 避兵在花梁[54]." 傳檄則府使與奮義大將趙翼[55], 參謀鄭文翼[56]·金尙[57]·沈之源[58]·李時稷[59]·尹

---

54 花梁(화량): 경기도 남양도호부 화량진. 경기도 화성시 송산면 지역이다.

55 趙翼(조익, 1579~1655): 본관은 豐壤, 자는 飛卿, 호는 浦渚·存齋. 1602년 별시

문과에 급제, 승문원정자가 되었고, 웅천현감을 지냈다. 1623년 인조반정이 일어
난 뒤, 이조좌랑에 임용되었고 이듬해 李适의 난을 겪은 뒤 의정부 검상·舍人을
거쳐 응교·직제학 등을 지내다가 동부승지에 올랐다. 1636년 예조판서로 있을
때 병자호란을 당하자 종묘를 강화도로 옮기고 뒤이어 인조를 호종하려다가,
아들 進陽에게 강화로 모시게 했던 80세의 아버지가 도중에 실종되어 아버지를
찾느라고 남한산성으로 인조를 호종할 기회를 놓치고 말았다. 1655년 3월 中樞府
領事로 죽기까지 우의정·좌의정과 중추부 판사·영사의 자리를 거듭 역임하였다.

56 鄭文翼(정문익, 1571~1639): 본관은 草溪, 자는 衛道, 호는 松竹堂. 1606년
진사가 되고, 1611년 별시문과에 장원급제하여 사간원정언·이조좌랑을 거쳐 홍
문관교리가 되었다. 1616년 이이첨의 사주를 받은 韓纘男의 上變事件(海州獄事)
에 연루되어 진도로 유배되었다. 1623년 인조반정으로 풀려나와 죽산부사로 있던
중 李适의 난 평정에 공이 컸으며, 1628년 회답사로 瀋陽에 다녀와 충청감사를
지냈다.

57 金尙(김상, 1586~1656): 본관은 尙州, 자는 友古, 호는 仕隱. 1610년 별시 문과
에 급제하였다. 1623년 정언·장령으로 기용되어 병조참지를 거쳐 1625년 강원도
관찰사로 나갔다. 1626년 동부승지·우승지·좌승지 등의 승지직을 번갈아 역임하
면서 경연참찬관을 겸임하기도 하였다. 1643년 충청감사가 되었다.

58 沈之源(심지원, 1593~1662): 본관은 青松, 자는 源之, 호는 晩沙. 1620년 정시문
과에 급제하였다. 1624년 검열에 등용된 뒤 저작·겸설서·정언·부교리·교리·헌
납 등 淸要職을 두루 역임하였다. 1636년 병자호란 때에는 노모 때문에 뒤늦게
왕이 있는 남한산성으로 달려갔으나 길이 막혀 들어가지 못하였다. 趙翼·尹啓
등과 의병을 모집하려 했으나 윤계가 죽어 실패하였다. 1643년 홍주목사로 기용
되었으며, 1648년에는 이조참의가 되었다. 그 뒤 동부승지·대사간·대사성·대사
헌 등 요직을 두루 거쳤다.

59 李時稷(이시직, 1572~1637): 본관은 延安, 자는 聖諭, 호는 竹窓. 1606년 사마
시에 합격하고 1623년 반정이 일어나 인조가 즉위하자 別提가 되었으며, 李适의
난에 왕을 公州에 모시고 宗廟直長에 전임되었다가 典籍·兵郞·정언·掌樂·弼
善·掌握院正 등을 역임하고, 1636년 병자호란이 일어나자 奉常寺正으로 江都에
들어갔다가 이듬해 정월 오랑캐가 강도에 침입하여 남문이 함락되자 太僕寺主簿
宋時榮과 더불어 죽기를 결의하고, 송시영이 먼저 자결하자 묘 둘을 파서 하나는
비워 놓고 시영을 매장하고 종에게 자기를 거기에 매장케 하고 옷을 벗어 종에게

鳴殷·趙蒙陽·晉陽, 答書有曰: "等亦有是意, 方召集義兵, 明日內, 點送三十餘名于其處 以受諸尊號令."云。連金則還言: "公淸軍兵已潰, 故不得傳檄."云, 盖謾言也。夕食後, 登臺望見, 則賊騎無慮數千, 終日渡漢不絶, 入宣靖陵[60]內, 轉向獻陵後坪。見者皆以爲, 諸道赴難兵, 徐覺其非也。盖賊用虞詡古謀[61]也。

12월 26일。몹시 추움。

적이 사방에서 나와 사람을 사로잡고 가축들을 약탈하느라 길에 오가는 것이 마치 베틀의 북 같았다.

오후에 한 군관(軍官)이 분의대장(奮義大將: 조익)의 처소에서 왔다며 장차 경성(京城)으로 향할 것이라고 하였다. 나는 또 과천 수령에게 붓을 잡도록 하고 즉석에서 1통의 편지를 불러 주어, 이어 유도대장(留都大將) 심기원(沈器遠)에게 부쳤으니 수레로 싸우는 것의 유리함을 진술하여 준비하도록 한 것이었다.

낭천군(狼川君: 김경)이 묘덕(妙德)의 여러 절을 돌면서 피란민들을

맡겨 염을 하도록 부탁한 다음 활끈으로 목을 매어 죽었다.

60 宣靖陵(선정릉): 성종의 능인 宣陵과 중종의 능인 靖陵.
61 虞詡古謀(우후고모): 後漢 장수 우후가 쓴 복병술을 가리킴. 羌이란 蠻族이 변경을 침범하여 살상과 약탈을 자행했는데, 壯士를 모집해서 적중에 들여보내 위협하고 노략질하게 하고, 작은 병력으로 伏兵을 써서 수백 명의 적을 죽여 羌胡를 소탕했다.

격려하고 의병을 일으키도록 청하러 혼자 몸으로 떠나갔다.

二十六日。寒甚。

賊之四出, 虜掠人畜, 往來於道者如織。午後, 有一軍官, 稱自奮義大將所來, 將向京城云。余又使果守操筆, 卽占一書, 仍寄留都大將沈器遠, 備陳車戰之利。狼川君, 請徇妙德諸寺, 激勸避亂人, 倡起義兵, 獨身而去。

12월 27일。맑고 몹시 추움。

낭천군(狼川君: 김경)이 불성사(佛性寺)에 묵고 돌아와서 말하기를, "장정(壯丁)이 응모한 자가 20여 명입니다."라고 하였다.

이윽고 무겸(武兼: 무신 겸 선전관) 서너 명이 왔는데, 체부(體府)의 군관(軍官)이라며 검찰사(檢察使) 김경징(金慶徵)의 분부를 받아 포수(砲手) 60여 명을 거느리고서 강도(江都)로부터 떠나온 것은 낙오한 적들을 무찌르기 위해서라고 하였다. 나는 그들의 사람됨을 보자니 모두 일을 함께하기에는 부족한 자들이라서 한마디 말도 붙이지 않았다. 그 뒤로 듣건대 그 자들은 멀리서 적을 바라보고 달아나 산골짜기 사이에서만 한가로이 지내다가 한갓 승려들의 양식을 빼앗아 다시 강도로 돌아갔다고 하였다. 이날 과천 수령이 종전의 격문을 써서 군관에게 주어 강도에 전하도록 하였다.

二十七日。晴寒甚。

狼川宿佛成, 而還言: "丁壯應募者, 二十餘名。"云。頃之, 武兼

三四人至, 稱以體府軍官, 受檢察使金慶徵[62]分付, 率砲手六十餘
名, 自江都出來, 爲擣擊零賊云。余目其爲人, 皆不足與有爲者,
不接一言。其後, 聞其人等, 望賊而奔, 優遊山谷間, 徒掠僧食,
而還入江都云。是日, 果守書前檄文, 付軍官, 使傳江都。

12월 28일。 맑고 몹시 추움。

이인원(李仁元)이 모친의 처소로부터 와서 길거리의 떠도는 말을
전하기를, "도원수(都元帥: 김자점)가 일당백(一當百)의 군사들을 보내
어 유도대장(留都大將: 심기원)과 함께 밤중에 성안의 적을 공격했다
고 합니다."라고 하였다. 승려 법민(法敏)이 만수사(萬壽寺)로부터 와
서 또 전하기를, "의주 부윤(義州府尹) 임경업(林慶業)이 군사들을 보

---

62 金慶徵(김경징, 1589~1637): 본관은 順天, 자는 善應. 昇平府院君 金瑬의 아들
이다. 1623년 개시문과에 급제하였고, 뒤에 도승지를 거쳐 한성부 판윤이었을
때 병자호란이 일어나자 강도검찰사에 임명되었다. 당시 섬에는 빈궁과 원손
및 鳳林大君·麟坪大君을 비롯해 전직·현직 고관 등 많은 사람이 피난해 있었다.
하지만 그는 혼자서 섬 안의 모든 일을 지휘, 명령해 대군이나 대신들의 의사를
무시하였다. 또한 강화를 金城鐵壁으로만 믿고 청나라 군사가 건너오지는 못한다
고 호언하며, 아무런 대비책도 강구하지 않은 채 매일 술만 마시는 무사안일에
빠졌다. 그러다가 청나라 군사가 침입한다는 보고를 받고도 아무런 대비책을
세우지 않다가 적군이 눈앞에 이르러서야 서둘러 방어 계책을 세웠다. 하지만
군사가 부족해 해안의 방어를 포기하고 강화성 안으로 들어와 성을 지키려 하였
다. 그런데 백성들마저 흩어져 성을 지키기 어렵게 되자 나룻배로 도망해 마침내
성이 함락되었다. 대간으로부터 강화 수비의 실책에 대한 탄핵을 받았는데, 仁祖
가 元勳의 외아들이라고 해 특별히 용서하려 했으나 탄핵이 완강해 賜死되었다.

내어 성안의 적을 무찔렀다고 합니다."라고 하였다. 나중에 들으니 모두 헛소문이었다.

오후에 일고여덟 명의 적군 기마병이 과천현(果川縣)의 관청에 달려들었는데, 이인원이 승려와 속인(俗人) 10여 명을 거느리고 향교촌(鄕校村) 뒷쪽에 매복했다가 적들이 곡식을 가지고 장차 떠나려 하자, 엎드려서 화살을 마구 쏘아대니 적들이 짐바리를 버리고 달아났다.

二十八日。晴寒甚。

李仁元, 從其母處來, 傳道路言: "都元帥, 送一當百, 與留都大將, 夜攻城中之賊."云。僧法敏, 自萬壽寺來, 又傳: "義州府尹林慶業[63], 送兵擾城中賊."云。後聞則皆虛也。午後, 賊七八騎, 馳

---

63 林慶業(임경업, 1594~1646): 본관은 平澤, 자는 英伯, 호는 孤松. 1618년 동생 林嗣業과 함께 무과에 급제하였다. 함경도 甲山에서 근무하였고 1620년 小農堡 權管, 1622년 중추부첨지사를 거쳐 1624년 鄭忠信 휘하에서 李适의 난을 진압하며 무관으로 두각을 나타냈다. 1626년 전라도 樂安郡守, 1627년 정묘호란 때 後金이 쳐들어오자 左營將으로 서울로 진군하여 강화에 갔으나 이미 화의가 성립된 후였기에 싸워보지 못하고 낙안으로 되돌아왔다. 1630년 平壤中軍으로서 劍山城과 龍骨城을 수축하였고, 1633년 清北防禦使 겸 寧邊府使로 白馬山城과 義州城을 수축하는 한편 椵島에 주둔한 명나라 都督 劉興治의 군사를 감시, 그 준동을 막았다. 1633년 평안도 清川江 북쪽을 방어를 담당하는 청북방어사 겸 영변부사로 白馬山城과 義州城을 수축했으며, 孔有德 등 명나라에 반역하고 후금과 내통한 세력을 토벌하여 명나라로부터 '總兵'이라는 벼슬을 받았다. 1634년 義州府尹이 되었으며, 1636년 당시 도원수였던 金自點이 그의 복직을 간하여 의주부윤으로 복직되었다. 같은 해 병자호란 때 청나라(후금)이 다시 압록강을 쳐들어 왔으나 이번에는 임경업이 지키고 있는 백마산성을 피해 서울로 곧바로 진격하였다. 임경업은 청나라 군대의 진로를 차단하고 일전을 기다렸으나 싸워보지 못했다. 결국 南漢山城까지 포위되어 조선은 항복을 선언하였다. 임경업은

入果縣官廳, 李仁元率僧俗十餘名, 埋伏鄕校村後, 賊收穀將出,
伏發亂射, 賊棄馱而走。

12월 29일。

영주대(靈珠臺)에 올라가 하루종일 산성(山城: 남한산
성)을 바라보았으나, 수십 리 안에서는 봉화(烽火)가 서
로 호응할 조짐이 전혀 없으니 사방의 근왕병(勤王兵)
은 과연 어디로 갔는가? 애통하구나!

한 피란민이 와서 말하기를, "오랑캐 군사들이 사현
(沙峴: 무악재)으로 무수히 들어왔는데, 황개(黃蓋) 2개
와 백개(白蓋) 1개를 받들고서 도성 안팎에까지 가득
차고 옆으로는 길게 사평(沙坪: 강남구 신사동)까지 벌여
있자, 유도대장(留都大將) 심기원(沈器遠)은 중흥사(中
興寺)로 피하여 달아났다고 합니다."라고 하였다.

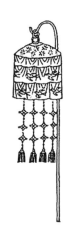

황개(黃蓋)

二十九日。

압록강에서 철군하는 청나라의 배후를 공격하여 적의 기병 약 300기를 섬멸하고
포로로 끌려가던 양민 100여 명을 구출하였다. 그 후 청나라가 명나라 군대를
치기 위해 병력을 요청하자 水軍將에 임명되어 참전했으나 명나라와 내통하여
피해를 줄이게 했으며 철저한 親明排淸派 武將이었다. 1643년 명나라에 망명하
여 청나라와 싸우다 생포되었으며, 1646년 仁祖의 요청으로 조선으로 압송되어
형틀에서 장살되었다.

登臺終日, 望山城, 數十里內, 絶無烟火相應之兆, 四方勤王之
師, 果何歸乎? 痛哉! 有一避亂人, 來言: "胡兵自沙峴[64], 入來無
數, 持黃盖[65]者二, 白盖者一, 彌滿都城內外, 橫亘沙坪[66], 留都大
將沈器遠, 避走中興寺[67]."云。

12월 30일。

아침 일찍 영주대(靈珠臺) 위에 오르니, 도성 안팎에 연기와 불길이
하늘로 치솟았고 적진(賊陣)이 세 차례나 거듭 한강(漢江)을 건넜는
데, 멀리서 바라보며 살필 수 있는 것은 강물이 온통 하얀데 그 위의
예닐곱 행렬의 검은 점들로 개미떼처럼 끊이지 않았다.

해가 뉘엿뉘엿하여 어두워질 무렵, 멀리 삼강(三江: 漢江·龍山江·
西江)의 위아래 및 양화진(楊花津)과 광진(廣津: 광나루)의 사이를 보니,
적진의 불빛이 한 방향은 한강에서 잠두봉(蠶頭峰)에 이르렀고, 또

---

64 沙峴(사현): 무악재. 서울특별시 서대문구 현저동에서 홍제동으로 넘어가는 고개
   이다.
65 黃盖(황개): 귀인이 행차할 때 해를 가리는 일종의 차양. 붉은색을 칠한 나무
   자루 끝에 궁글게 휘어서 만든 쇠를 달고 그 끝에 盖(덮개)를 다는데 꼭지는 은이
   다. 황색 비단 세 조각에 황금색으로 봉황과 꽃무늬를 찍고, 안에 색실로 매듭을
   지어 늘어뜨린다. 색에 따라 黃盖, 白盖, 紅盖, 黑盖 등이 있다.
66 沙坪(사평): 강남구 신사동에 있던 마을. 이 지역이 한강변 모래벌로 이루어져
   있어 한자명 沙坪里로 표기한 데서 유래하였다.
67 中興寺(중흥사): 북한산에서 서쪽으로 떨어져 나간 것이 露積峯으로, 그 아래의
   중흥동에 있던 사찰.

한 방향은 청연(淸淵)에서 광릉(光陵: 世祖의 능)의 근처에 이르렀고, 또 다른 한 방향은 사평(沙平)에서 정구만교(鄭丘萬郊)에 이르렀는데, 불빛과 불꽃이 환히 비추어서 두려워 똑바로 볼 수가 없었으니 비로소 적군이 나중에 온 자들이 많았음을 알았다.

그날 한밤중에 과천 수령(果川守令: 김염조)과 낭천군(狼川君: 金堉)이 목욕재계하고 깨끗하게 손질한 멥쌀로 지은 밥과 현주(玄酒: 제사 냉수)로 관악산신(冠岳山神)에게 제(祭)를 올렸는데, 신명의 도움을 받아서 오랑캐가 일으킨 전쟁의 먼지를 쓸어 없애기를 바랐다. 나는 병으로 말미암아 집사(執事)로 참여하지 못하였다. 이때 관악산의 절에 있던 우물이 마른 지가 오래여서 걱정이었는데, 제를 올리자 바로 우물이 넘쳐서 사람들이 기이하게 여겼다.

三十日。

早登臺上, 都城內外, 烟火漲天, 賊陣三次渡漢, 而遠望所可察者, 江水渾白, 上六七行黑點, 如蟻不絶也。昏暮, 望見三江上下及楊廣[68]間, 則賊火一道, 自漢江達于蠶頭[69], 一道自淸淵達于光陵[70]近處, 又一道自沙坪達于鄭丘萬郊, 光炎照灼, 兇不可正視,

---

68 楊廣(양광): 楊花와 廣津. 양화진은 서울특별시 마포구 합정동 지역의 한강 북안에 있었던 나루터이고, 광진은 서울특별시 광진구 광장동에서 천호동으로 가는 나루터로 광나루라고 불렸다.

69 蠶頭(잠두): 서울특별시 마포구 합정동 한강변에 있는 봉우리. 무악산의 지맥이 와우산을 거쳐 한강변에 이르러 솟아오른 봉우리이다.

70 光陵(광릉): 경기도 남양주시 진접읍 부평리에 있는 조선 제7대 왕 世祖와 貞熹王后 윤씨의 무덤.

始知賊兵之後來者多也。其夜半，果守·狼川君 齋沐精粳作飯，用
玄酒[71]，祭冠嶽神，冀獲冥佑，以掃胡塵也。余以病不與執事。是
時，冠嶽寺井，患涸久矣，當祭便溢，人以爲異。

---

71 玄酒(현주): 제사 때에 술 대신에 쓰는 냉수를 일컫는 말.

1637
정축년

1월 1일。

산속에는 눈이 1자쯤 내려 있었다. 새벽에 일어나 영주대(靈珠臺)에 올라 산성(山城: 남한산성)을 바라보고 절을 하였는데, 평소에 신년 조회때 임금에게 인사하는 예를 행한 것이라서 나도 모르게 눈물이 줄줄 흘렀다.

오후에 화포 소리가 남한산성에서 모두 네댓 번이나 들려왔는데, 적이 침범해 왔기 때문에 성안에서 대포를 쏜 것이라고 생각했다. 나중에 들으니 적이 홍이포(紅夷炮)를 쏜 것이었다. 슬프구나!

丁丑正月初一日。

山中雪深一尺。曉起登臺, 瞻拜山城, 以申平日朝正[72]之禮, 自不覺涕洒漣洏[73]。午後, 炮聲出自南漢, 凡四五度, 意以爲因賊來侵, 而城中用大砲也。後聞則賊用紅夷炮[74]也, 痛哉!

---

72 朝正(조정): 새해 첫날에 宗廟에 제사를 올리는 것.
73 漣洏(연이): 눈물이나 콧물이 줄줄 흐르는 모양.

1월 2일。 아침 안개 사방에 끼었다가 오후 늦게 갬。

날이 밝을 무렵에 묘덕사(妙德寺)의 승려 공형(工洞)이 와서 말하기를, "철곶첨사(鐵串僉使: 金得男)가 군사 30여 명을 거느리고 와 절 안에서 묵은 뒤 박달(朴達)로 향하였습니다."라고 하였다.

初二日。 朝霧四塞向晚晴。

明, 妙德僧工洞, 來言: "鉄串[75]僉使, 率軍兵三十餘名, 來宿寺中, 仍向朴達。"云。

1월 3일。

아침 일찍 영주대(靈珠臺)에 올라 멀리 산성(山城: 남한산성)을 우러러 보았다.

오후에 대포 소리가 도성(都城)에서 났는데, 1번만 나고 그쳤다. 관노(官奴) 연금(連金)이 와서 전하기를, "어제 포수(炮手) 3명이 영남

---

74 紅夷炮(홍이포): 16세기에 네덜란드인에 의해 명나라에 소개된 당시 최신형의 대형 화기. 기존 화포와 총통들의 포열이 전장부와 후장부가 균등한 지름인데 반해 홍이포는 전장부로 갈수록 폭이 좁아졌다.

75 鉄串(철곶): 鐵串堡. 경기도 강화도에 있던 보. 경기도 강화부 철곶첨사 金得男(1591~1637)에 관해서는 《仁祖實錄》 1637년 9월 7일 2번째 기사가 참고된다. 본관은 光山, 자는 先述, 호는 梅竹軒. 전라남도 함평 출신이다. 舒川浦萬戶를 지내고 1623년 인조반정에 가담하여 공을 인정받아 蛇渡僉使가 되었으며, 철곶첨사로 있을 때 병자호란이 일어나자 강화도에서 나와 부평 근처에서 적에게 항전하다 전사하였다.

어영군(嶺南御營軍)이라고 칭하며 적을 정탐하다가 과천현(果川縣)
관청(官廳) 뒤쪽에서 3명의 포수가 일제히 포를 쏘아 3명의 적을 맞추
었는데, 다른 적들이 적 2명의 시신을 끌고 갔으나 적 1명은 고을
앞에 시신이 널브러져 있습니다."라고 하였다. 사람의 마음을 조금
강인하게 하였다.

初三日。

早登臺, 瞻望山城。午後, 大砲聲出自都城, 一番而止。官奴連
金, 來傳: "昨日, 有炮手三人, 稱嶺南御營軍, 覘賊, 果縣官廳後,
三人齊放炮, 中三賊, 他賊曳二賊屍而去, 一賊橫屍縣前."云。差
强人意。

1월 4일。

아침 일찍 영주대(靈珠臺)에 올라 멀리 산성(山城: 남한산성)을 우러
러 보았다.

명례방(名禮坊: 明禮坊의 오기, 명동)에 사는 이제운(李齊運)의 노복
(奴僕)이라는 자가 도성 안에서 뛰쳐나와 말하기를, "동작(銅雀)·용
산(龍山)·노량(露梁)에 주둔하고 있는 적은 모두 몽골족으로 살육하
고 곡식을 파헤치는 짓이 진달(眞㺚: 女眞㺚子, 후금)보다 심하다."라
고 하였다.

과천 수령(果川守令: 김염조)은 그의 노복 응립(應立)이 찾아왔기
때문에 그의 모친이 이미 홍주(洪州)·면천(沔川)에 도착하여 안온하

다는 소식을 들었는데, 나에게 있어서 이것이 탄식스러우면서도 부
러우니 어찌하겠는가?

初四日。

早登臺, 瞻望山城。有名禮[76]居李齊運[77]奴者, 自城中躍來, 言:
"銅雀·龍山·露梁屯賊, 皆是蒙古, 殺戮掘谷, 甚於眞㺚。"云。果
倅因其奴應立來, 得其大夫人, 已達洪沔[78], 安穩消息, 在余嗟羨
如何?

1월 5일。 맑음。

아침 일찍 영주대(靈珠臺)에 올라 멀리 산성(山城: 남한산성)을 우러
러 보았다.

대포 소리가 오전에 시작되어 유시(酉時: 오후 6시 전후)와 술시(戌
時: 저녁 8시 전후) 사이에 끝났는데, 이것 또한 홍이포(紅夷砲)였다.
오후에 적의 보병 대여섯 명이 향교동(鄕校洞)으로부터 와서 영주대
아래에 이르렀는데, 오랑캐의 말소리가 매우 흉악하니 산속에 숨었

---

76 名禮(명례): 明禮坊의 오기. 조선시대 한성부의 행정구역인 남부 명례방 지역.
    명례방 또는 명례방골이라 하다가 줄여서 명동이라 불렀다.

77 李齊運(이제운, 1601~1661): 본관은 全州, 자는 慶一. 1635년 증광시에 급제하
    여 생원이 되었고, 1649년 정시에 급제하였다.

78 洪沔(홍면): 洪州와 沔川. 홍주는 충청남도 홍성군 홍성읍 지역이고, 면천은 충청
    남도 당진시 남단에 있는 고을이다.

던 부녀자와 어린아이가 몹시 놀라서 어찌할 바를 몰라 스스로 나온 자가 헤아릴 수 없었다. 우리 세 사람은 영주대 위에 굳게 앉아서 사수(射手)에게 화살을 메기고 기다리도록 하였는데, 3명의 적이 갑자기 영주대의 북쪽 벼랑 아래에까지 이르렀다. 피란민 1명이 산봉우리의 맨 꼭대기에서 먼저 달려가 활을 쏘는 자가 있었으니, 바윗돌까지 던져서 적의 머리를 거의 맞힐 뻔하자 적은 마침내 물러갔다.

저녁이 되었을 때, 강화(江華) 사람이 와서 스스로 대군(大君: 봉림대군)의 장계(狀啓)를 가지고 왔다며 산성(山城: 남한산성)에 아뢰자, 주상이 친히 앞으로 나오게 하여 강도(江都) 소식을 묻고 계속해서 그를 수문장(守門將)에 제수하도록 명하여 강도(江都)로 되돌아가서 보고하도록 하였지만, 성을 나서자마자 사로잡혔다가 며칠 만에 도망쳤다고 하였다. 사실이든 거짓이든 우리들이 대강이나마 산성의 소식을 들은 것은 처음이라서 슬픔과 기쁨에 목이 메었고 말로도 표현하기가 어려웠다.

해가 뉘엿뉘엿하여 어두워질 무렵, 피란하는 승려와 속인(俗人)들이 지나가며 파다하게 말하기를, "노략질하는 적들이 이 고을의 향화인(向化人: 오랑캐에 붙은 사람)을 통해 과천 수령이 영주대에 병사를 모았다는 소식을 들어 알고서 내일 기필코 대규모로 찾아와 산을 수색할 것이다."라고 하니, 우리들은 본디 풍파를 일으킬 그 말을 알고 있었으나, 거느린 관리 및 노복과 승려의 무리들은 모두 놀라 동요하여 진정시킬 수가 없었다. 이인원(李仁元)만 홀로 말하기를, "이 천연의 요새를 버리고서 어디에 의탁한단 말입니까?"라고 하였다.

初五日。晴。

早登臺, 瞻望山城。大砲聲, 始於午前, 終酉戌間, 此亦紅夷砲也。午後, 步賊五六, 自鄉校洞, 而來到臺下, 沸脣[79]之聲甚兇, 山中竄伏婦孺驚愕, 自出者無數。吾三人, 堅坐臺上, 使射者注矢以待, 三賊猝至臺北石崖下。有一避亂人, 自峯頭先射者, 投石幾中賊顬, 賊遂退去。夕, 江華人來到, 自稱持大君狀啓, 達山城, 自上親使進前, 問江都消息, 仍命除渠守門將, 使之還報, 出城見攄, 數日乃逃云。眞僞間, 吾等檗聞山城消息, 卽始也, 悲喜鯁咽[80], 難以形言。昏暮, 避亂僧俗, 來過者, 頗言：“攄掠之賊, 因本縣向化[81], 聞知果倅聚兵靈珠臺, 明日期以大來搜山。”云, 吾等固知其風波之言, 而所率官吏及奴人僧輩, 擧皆警動, 不能定矣。李仁元獨曰：“舍此天險而何依？”

1월 6일。

중론으로서 마침내 영주대(靈珠臺)를 떠나기로 결정하였다. 과천수령(果川守令: 김염조)이 양식 7섬은 영주대의 위에 놔두고 군기(軍器) 짐바리 하나는 영주대의 바위 동굴에 숨겨두었는데, 각자 며칠

---

79 沸脣(비순): 翻脣. 변방 지역에 거주하는 소수 민족 흉노를 일컫는 말.
80 鯁咽(경열): 硬咽의 오기. 몹시 슬프거나 서러워서 목이 메도록 흐느껴 욺.
81 向化(향화): 완전한 귀화. 投化는 단순한 來附의 의미가 있다.

분의 양식을 가지고 불성사(佛成寺)를 찾아가기로 하였다. 묘덕사(妙德寺)에도 못 미쳤을 때 적들이 산을 수색하려고 사방에서 닥치는 것을 듣고도, 세 사람은 겨우 석굴 속에 피할 수 있었다. 이날 함박눈이 와서 깊은 골짜기 오솔길을 덮고 누런 안개가 산에 깔렸다.

날이 저물어서야 묘덕사로 내려가자, 사찰의 승려들이 음식을 차려 우리 일행을 대접한 뒤에 그대로 묵게 해주었다. 피란한 남녀들이 무려 천 명 백 명씩으로 사찰 안을 가득 메웠다. 병조 서리(兵曹書吏)라는 자가 나를 만나러 찾아왔고, 또 용인서원(龍仁書院)의 서사(書寫)를 맡고 있는 지씨(池氏)라는 사람이 찾아와서 그의 늙은 아비를 위하여 과천 수령에게 쌀을 얻어 갔다.

初六日。

衆議, 遂決去靈珠。果倅, 留粮七石于臺上, 藏軍器一馱于臺腰石寶, 各持數日粮, 往就佛成。未及妙德, 聞賊之搜山者四至, 三人 僅得石窟中以避。是日, 雨雪沒蹊, 黃霧漫山。黃昏下妙德寺, 寺僧設食, 餉吾行, 仍宿。避亂男女, 無慮千百, 塡滿寺中。有兵曹書吏者來謁余, 又有龍仁書院, 次知書寫, 池姓人者來現, 爲其老父, 乞米於果倅。

1월 7일。

새벽녘 불성사(佛成寺)에 도착하여 급히 새벽밥을 먹고 절 뒤쪽에 있는 고개를 올랐다. 따르는 자는 이인원(李仁元)·이형득(李亨得)·

변취일(邊就逸)·변해일(邊海逸) 및 우리 세 사람의 노복이 각기 두 명씩으로 모두 활과 화살을 가지고 있었다. 사찰의 승려로 활을 가지고 와서 모인 자도 또한 여덟아홉 명이었는데 나의 약속을 받아들였다.

때는 사시(巳時: 오전 10시 전후)와 오시(낮 12시 전후) 사이가 되었는데, 여덟아홉 명의 적이 묘덕사(妙德寺)로부터 고개를 오르다가 갑자기 산 아래의 마을로 내려가서 노략질한 적의 포대가 구름처럼 쌓이자, 고개를 오르던 적들이 우리가 대비하고 있음을 알아채고서 문득 공포를 느끼도록 윽박지르려는 계책을 내었으니, 솔가지를 꺾어 들고 좌우로 휘두르며 마치 산 아래에 있는 적을 부르는 것처럼 하였다. 사람들이 모두 당황하고 겁에 질려 어찌할 바를 알지 못하였는데, 내가 그들을 타이르며 말하기를, "산 아래와 이곳과는 10리나 되니, 저곳에 있는 적들은 이곳에 있는 적들이 하는 짓을 보려고 해도 반드시 제대로 살필 수가 없고, 또 이곳의 적들은 우리의 군사보다 숫자가 적어서 우리가 충분히 곧바로 쳐서 물리칠 수가 있소. 저곳에 있는 적들이 비록 안다 하더라도 어느 겨를에 올라와서 구할 수가 있겠소? 지금 만약 한 걸음이라도 이곳에서 물러나면 이곳의 적들이 반드시 우리를 엿보다가 등 뒤에서 우리를 쏘아서 다 죽을 것이니, 죽을 상황에서 살 궁리를 찾아야 한다는 말이 바로 이를 두고 한 말이오." 라고 하자, 여러 사람의 뜻이 비로소 정해졌다.

이인원은 자못 담력과 용기가 있어서 활을 당기며 감히 앞으로 나아가 바위에 기대어 섰고, 적 또한 수십 보 밖에 그냥 머물러 진을 쳤다. 과천 수령은 변해일 등을 거느리고 뒤따랐지만, 승려의 무리들은 뒤로 물러서며 기꺼이 앞으로 나아가려 하지 않았다. 내가 칼을 빼들어 그들을 겨누며 말하기를, "내가 비록 서생(書生)이나 너희가 만일 나아가려 하지 않는다면 벨 것이다."라고 하니, 응준(應俊)이 곧바로 앞장서서 나서고 여러 승려들도 모두 뒤처지려 하지 않았다. 내가 낭천군(狼川君: 김경)과 함께 이인원이 서 있는 곳으로 가자 적의 화살이 비 오듯 쏟아졌는데, 변해일 등도 또한 화살을 쏘아댔고 노복(奴僕) 생이(生伊)가 발을 들어 적의 활을 밟고서 화살을 쏘니 적의 머리를 스쳐 지나갔다.

해가 서산 마루로 넘어가려 하자, 적들이 비로소 왔던 길로 물러나서 묘덕사의 뒤쪽에 있는 고개에 올라 짐짓 집결하는 모양을 보였으나 실제로는 달아나려는 것이었다. 이인원이 이에 승려 응준(應俊)·신환(愼環)·신담(愼淡)·신관(愼寬)·현철(玄哲)·성원(性元), 노복(奴僕) 생이(生伊)·군석(君石), 변취일(邊就逸)·변해일(邊海逸) 등을 거느리고 추격하다가 고개 위에서 마구 어지럽게 화살을 쏘아대었다. 응준의 화살이 적 1명의 뺨을 적중시켜 바로 거꾸러뜨린 데다 또 적 1명을 맞히고, 성원의 화살도 적 1명을 맞혀서 모두 죽었다. 하지만 나머지 적들이 죽을 힘을 다 내어 그 시체를 운반해 가니, 적의 군법이 엄함을 알 수 있었다. 적은 약탈한 재물들을 모두 버리고 갔으며, 포로로 사로잡혔다가 풀려난 자들 또한 많았다고 하였다.

저녁이 되어서야 우리 세 사람은 불성사(佛成寺)에 내려와 묵었고, 적을 뒤쫓던 사람들도 모두 와서 모였다. 유독 이인원만 뒤처져서 그 까닭을 물었더니, 적을 뒤쫓을 때 이인원이 가장 앞쪽에 있었는지라 적 한 놈이 아래에서 위를 쳐다보며 화살을 쏘아 이인원의 오른쪽 무릎을 맞혔기 때문에 늦게 오고 있었다. 우리들이 모두 문을 나가 맞이하여 그의 상처를 어루만지고 노고에 감동해 칭찬하였으며, 과천 수령은 약을 지어서 직접 그의 상처에 붙여주고 술을 찾아 그에게 권하였다.

밤이 되자, 이인원이 우리들에게 말하기를, "이 산은 본래 유명하지만, 오늘의 전투에서 또 우리들에게 의병이라는 이름에 걸맞는 책임을 다하게 하였습니다. 내일이면 적은 반드시 대규모의 군사로 몰려올 것이니, 오늘 밤에 피하여 남촌(南村)의 수리산(脩理山: 修理山)으로 가는 것이 낫습니다. 저는 노친이 이 산의 아래에 계시니 멀리 떠나갈 수가 없습니다."라고 하였는데, 우리는 끝내 그가 말한 대로 하였으니 이인원의 손을 부여잡고 눈물을 머금으며 헤어졌다.

비산(飛山) 길을 따라서 안양교(安陽橋)를 지나 사기촌(沙器村)에 이르러 잠깐 쉬었다가 수리사(修理寺)로 들어갔다.

初七日。

曉, 到佛成, 蓐食[82]登後嶺。從者李仁元·李亨得·邊就逸·海逸及吾三人奴各二名也, 皆持弓矢。寺僧執弓來會者, 亦八口名, 受我約束。時至巳午間, 賊八九, 自妙德登嶺, 猝至山下村里, 擄掠之賊, 縋至雲積, 登嶺賊, 見我眾有備, 輒出恐喝之計, 把松枝左右揮之, 有若招山下賊之狀。人皆惶怯, 不知所出, 余諭之曰:

---

82 蓐食(욕식): 새벽밥. 아침 일찍 잠자리 위에서 급히 식사하는 일.

156 용주 조경 호란일기

"山下去此十里, 彼賊必不察見此賊之爲, 且此賊少於我軍, 吾足卽時擊却。彼賊縱知之, 奚暇及救? 今若退一步, 則此賊必乘我, 背後射我立盡, 死中求生[83], 正謂此也." 衆志乃定。李仁元, 頗有瞻勇彎弓, 敢前倚嵒而立, 賊亦止屯於數十步之外。果川率海逸等繼之 僧徒却立, 不肯進。余拔劒擬之, 曰: "吾雖書生, 汝等若不進, 則斬." 應俊卽挺身而出, 諸僧皆不敢後。余與狼川, 俱往仁元所立處, 賊矢如雨, 海逸等亦發射, 生奴超足而射[84]矢, 掠賊顱而過。日將下山, 賊始退向來路, 上妙德後嶺, 故示屯結之狀, 其實走也。仁元乃率僧應俊·愼環·愼淡·愼寬·玄哲·性元, 奴生伊·君石, 就逸·海逸等追之, 從嶺上亂射。應俊矢中一賊 牙頰卽倒, 又中一賊, 性元矢亦中一賊, 皆斃。而餘賊出死力, 運屍而去, 可見賊軍法之嚴也。賊所掠財貨皆棄, 而被擄人得免者亦多云。及暮, 吾三人下佛成寺宿, 追賊之衆皆來會。獨仁元後, 問之, 則追賊仁最居前, 有一賊, 自下仰射, 仁元中右膝, 故來遲也。吾等皆出門, 迎撫其瘡而嗟歎[85]勞苦, 果川作藥, 親熨其瘡, 索酒勸之。入夜, 仁元言于我等, 曰: "是山本有名, 而今日之戰, 又實吾等義兵之名。明日, 賊必以大軍來, 不如今夜避往南村脩

---

83 死中求生(사중구생): 죽을 고비에서 살길을 찾는다는 뜻. 난국을 타개하기 위해 감히 위험한 상태에 뛰어듦을 이르는 말이다.

84 超足而射(초족이사): 《史記》〈蘇秦列傳〉의 正義에 쇠뇌를 쏠 때 발을 들어 활을 밟고 두 손으로 활을 잡고 쏘는 것이라 함.

85 嗟歎(차탄): 감동하여 칭찬함.

理山⁸⁶。吾則老親在此山下, 不可遠去也."吾等遂用其言, 執仁元
手, 含淚而別。從飛山⁸⁷路, 穿安陽橋, 到沙器村少歇, 入脩理寺。

1월 8일。

이른 아침에 사신사(舍身寺: 謝身庵의 오기)의 서쪽 고개에 올라갔는
데, 낭천군(狼川君: 김경)이 찾아 둔 석굴에 들어가서 하루를 보냈다.
初八日。
早朝, 登舍身寺⁸⁸西嶺, 入狼川君所得石窟, 以終其日。

1월 9일。

사찰 뒤의 횡령(橫嶺) 바위 위에 올라갔는데, 노복 장정들로 하여금
돌을 모아 놓고 활을 걸어 시위를 메기도록 하여 파수할 계책으로
삼았다.
오후에 적의 기마병 10여 명이 와서 산 아래의 촌락을 약탈하였다.
初九日。
登寺後橫嶺嵓石上, 使奴丁聚石開弓, 以爲把守之計。午後,

---

86 脩理山(수리산): 修理山. 경기도 군포시·안양시·시흥시·안산시에 걸쳐 있는 산.
87 飛山(비산): 飛山洞. 경기도 안양시 동안구에 있는 동네.
88 舍身寺(사신사): 謝身庵의 오기. 경기도 시흥시의 수리산 남쪽 기슭에 있었던
    암자.《輿地圖書》경기도 과천현에 나온다.

賊騎十餘，來掠山下村落。

1월 10일。

또 그 고개에 올라갔는데, 과천군(果川君: 김염조)이 자기 고을의 도망병 1명을 붙잡아서 내 칼을 빌려 막 그의 목을 베려다가 그만두었으며, 변해일(邊海逸)에게 초관(哨官) 송유례(宋惟禮)를 찾게 하였지만 찾을 수가 없었다. 이날 적은 마침 산을 수색하지 않았다. 저녁에 사찰로 내려와 묵었다.

初十日。

又登其嶺，果川君得一本縣逃兵，借我劒，將斬而止，使海逸尋覓哨官宋惟禮，不得。是日，賊適不搜山。夕，下寺宿。

1월 11일。

일찍 아침밥을 먹고 앞고개에 다시 올라갔는데, 피신처를 찾아보려는 것이었다. 조금 있으려니 적들의 소리가 이미 산속에 바싹 다가와서, 우리 세 사람은 각기 노복(奴僕)들에게 의지해 암벽 밑으로 숨어 들어가 모면하고 밤에 사찰로 돌아와 묵었다.

여러 사람들이 모두 이르기를, "이 산은 험준함을 믿을 만한 곳이 없는 데다 적들이 오는 것이 날로 늘어날 것이니, 우리들이 한갓 죽을 뿐 아무런 보탬이 없으므로 차라리 밤을 틈타 남쪽으로 나가 아산(牙山)·평택(平澤) 사이를 향하여 배 1척을 빌려 강도(江都)로 들어가 사직(社稷)를 따르는 편이 낫다."라고 하는지라, 마침내 밤중에 떠나기로 정하였다.

과천의 서원(書員: 행정실무 담당 이속)인 미륵(彌勒)이 그의 말 1필을 과천 수령에게 바쳐서 일행의 옷가지와 양식을 실었다. 나와 과천 수령이 번갈아 가며 탔는데, 내가 웃으며 과천 수령에게 말하기를, "나는 평생 말 타는 즐거움이 이 지경인 줄 알지 못했소."라고 하였다. 길을 떠나서 10여 리에 이르러 피란민을 만났는데, 적진(賊陣)이 도로에 가로로 걸쳐 있어서 뚫고 나갈 수 없다는 말을 듣고 부득이 다시 사신사(舍身寺: 謝身庵의 오기)로 돌아왔다.

十一日。

早食, 復登前嶺, 欲相避地。俄頃, 賊聲已逼山中, 吾儕三人, 各仗奴僕, 竄入嵒壑底以免, 夜還寺宿。衆咸以爲, "此山, 無險阻可恃之處, 賊來日滋, 吾等徒死無益, 不如乘夜南出, 向牙山·平澤間, 借一舸入江都, 從社稷也。"遂定夜行之計。果川書員彌勒, 獻其馬一匹于果川, 載一行衣粮。余與果川替騎, 余笑謂果川曰: "吾平生不知騎馬之快至於此也。"行至十餘里, 遇避亂人, 聞賊陣橫亘道路, 不可穿過, 不得已復還舍身寺。

1월 12일。

일찍 아침밥을 먹고 고개에 올라가 적을 피하니, 적들은 종일 산을 수색하다가 저녁 무렵이 되자 그 사찰에 들어가 소를 잡아서 먹었다. 밤이 깊어진 뒤에 적이 물러간 것을 살피고 나서 절로 내려와, 급히 밥상을 갖추었다. 밥 먹기를 마치자, 미륵(彌勒)에게 길을 인도하도록 청하여 샛길을 따라 나섰는데, 우리들은 바야흐로 도망다니며 숨느라 수고하고 힘들었지만 만에 하나라도 살아날 길이 없을 수 없으므로 그의 말을 따랐다.

미륵의 옛집이 있는 남촌(南村) 앞에 도착하자, 많은 사람들이 지치고 매우 고단하였는지라 누구는 살뜨물을 마시고 누구는 담배를 피웠다. 미륵 부부는 자기의 집이 이미 다 타버리고 재가 된 것을 애통해하며 울부짖기를 그치지 않으면서도 또한 파묻어 두었던 곡식을 꺼내었으니, 그것으로 일행이 밥을 짓느라 한참 동안 지체되었다.

갑자기 좌우편에서 연기와 불꽃이 맹렬하였는데, 낭천군(狼川君: 김경)이 먼저 알아차리고 말하기를, "이것은 필시 적이 횃불로 서로 호응하는 것입니다."라고 하였다. 나는 이에 낭천군과 함께 노복들을 재촉하여 길을 떠났는데, 낭천군이 맨 앞에서, 그 다음으로 내가 서고, 노복(奴僕) 생이(生伊)와 개동(介同)이 내 뒤에서, 과천군(果川君: 김염조)이 맨 뒤에서 갔다. 길을 떠난 지 겨우 수십 보쯤 되었을 때 적의 철기병 서너 명이 크게 소리를 지르며 돌진하자, 일행이 모두 날짐승과 들짐승처럼 흩어졌다. 나는 수전(水田: 논)의 얼음판을 뛰어넘다가 발을 헛디뎌 넘어지기도 하면서 겨우 언덕에 올라서 가시나무 숲속으로 들어갔는데, 노복 개동이가 뒤따라왔다. 수풀 밖에서 오랑캐들이 큰 소리를 내며 오가는 자가 무수하였으나 내가 있는 곳을 알지 못했으니, 어찌 천운이 아니겠는가?

과천군(果川君)이 먼저 소나무 숲 사이에 있다가 노복을 보내어 나에게 오기를 청해 내가 가서 만났는데, 서로 낭천군(狼川君: 김경)의 생사를 알지 못해 애석하게 여기고 탄식하였다. 잠시 뒤에 적의 소리가 또 바싹 다가와서, 허둥지둥 다른 곳으로 피신하느라 다시 과천군과 서로 헤어지느라 노복들 또한 나를 따르는 자가 한 사람도 없었다. 적이 물러가기를 기다렸다가 처음에 앉아 있었던 곳을 찾아가서 몇 차례 둘러보았지만 한 사람도 만날 수가 없었고, 오직 좌우의 촌락에서 적의 무리들이 말 모는 소리만 들려왔다.

이때 밤을 밝힌 달이 산 너머로 뉘엿뉘엿 기울고 날이 곧 새려 하니, 나는 다만 창창한 하늘만 우러러보고 한 번 웃고서 작은 소나무 아래에 기대어 죽고 사는 것을 맡길 따름이었다. 잠시 뒤에 사람의 나직한 말소리가 가까운 것을 듣고서 그곳으로 가니 노복 생이(生伊)와 개동(介同)이가 온 것이었다. 과천군(果川君)이 있는 곳을 물으니, 이미 수리산(修理山)으로 갔다고 하였다. 노복 생이가 내 옷자락을 잡고서 길게 뻗친 숲속 몇 곳을 뚫고 수리산으로 가는 큰길로 나오니 해가 벌써 솟았다.

나는 밤낮으로 도망을 다닌 뒤라서 체력이 이미 다해 적이 비록 뒤에 있을지라도 발걸음을 옮길 힘이 전혀 없었으니, 노복 생이가 나를 업고 간 것이 거의 10리가 다 되었다. 노복 개동(介同)이는 어리석고 못났을 뿐만 아니라 그의 체력 또한 그렇게 할 수도 없었다.

다행히 수리산 아래의 소나무 수풀에 이르러 피곤하고 고달파서 누웠는데, 변취일(邊就逸)이 문득 와서 서로 만났고 과천군(果川君: 김염조)도 이어서 왔다. 변취일이 사찰에서 얻은 밥 반 사발에 물을 부어 왔고, 노복 생이가 또 태말(太末: 콩가루)을 꺼내어 밥에 물 부은 것과 함께 먹도록 해주었다. 우리 두 사람은 드디어 살 수 있을 것 같았다.

어둠을 틈타 밤새도록 도망쳐 오느라 일행 중의 잃어버린 것을 살피니, 노복 생이는 내가 찼던 칼 1자루 및 활 하나·의복 1벌을 잃어버렸고, 과천군(果川君)은 그의 어머니가 주신 의복 한 짐바리 및 그의 부친의 홍패(紅牌: 대과 합격증)와 백패(白牌: 소과 합격증), 양가죽 옷 1벌을 잃어버렸다.

그때 낭천군(狼川君)이 간 곳을 알지 못하여 밤낮으로 한스러워 했는데, 나중에 들으니 낭천군은 그의 노복 군석(君石)과 함께 하룻밤에 120리를 달아나 남양(南陽)의 섬으로 들어갔다고 하니, 굳건하구나. 낭천군의 노복 덕인(德仁)은 주인을 잃고 나를 따랐다.

十二日。

早食, 登嶺避賊, 賊終日搜山, 夜入其寺, 推牛以食。夜深後, 審賊退, 乃下寺, 急具食。食訖, 彌勒請引路, 從間道出, 吾輩方苦竄伏之勞, 不能無萬一得生, 從其言。到彌勒舊家南村前, 諸人困憊[89], 或飮米水, 或吸南草。彌勒夫妻, 痛其家已盡灰燼, 呼泣不已, 且收所埋穀粮, 以此一行爲之, 遲滯良久。忽見左右邊, 烟火

---

89 困憊(곤문): 困憊의 오기인 듯.

盛熖, 狼川先覺曰: "此必是賊火相應." 余乃與狼川, 督奴僕發行, 狼川先, 其次余, 生奴·介奴在我後, 果川尾行。行纔數十步許, 鉽騎三四, 大叫突出, 一行皆鳥獸散。余越水田氷上, 失足顚蹶, 僅乃上岸, 入棘林中, 介奴隨之。林外沸脣咆哮, 往來者無數, 而不知余處, 豈非天哉? 果川, 先在松林間, 送奴請余, 余往會, 相與呑嗟不知狼川死生。俄而, 賊聲又逼, 蒼黃避之他處, 又與果川相失, 奴輩亦無一人從我者。俟賊退徃, 尋初坐處, 數巡而不得相遇一人, 惟聞左右村落間, 賊徒叱馬之聲。時夜月低山, 天將欲曙, 余只仰蒼蒼而一笑, 倚小松下, 任其死生而已。小頃, 聞人微語聲, 近之, 則生奴與介奴至也。問果川所在, 則已往脩理云。生奴牽我, 穿長林數處, 出脩理大路, 日已出矣。余晝夜奔走之餘, 筋力已殫, 雖賊在後, 萬無運步之勢, 生奴負我而行, 幾盡十里。介奴則非唯愚劣, 渠之筋力, 亦不能矣。幸達脩理山下松林中, 疲憊而臥, 就逸忽來相遇, 果川繼至。就逸以得於寺中, 飯半鉢和水, 生奴又出太末, 攬和飯水, 中食。吾兩人, 遂有生道矣。乘昏度夜, 檢行中所失, 則生奴失吾帶劍一弓一衣一, 果川失其慈親所授衣服一馱及其家尊[90]紅牌·白牌·羊裘一領。其時, 以失狼川所之, 晝夜茹恨[91], 後聞之, 則狼川與其奴君石, 一夜走百二十里, 入南陽島中云, 健哉。狼川奴德仁, 失主從我。

90　家尊(가존): 남의 아버지를 높이어 이르는 말.
91　茹恨(여한): 한을 삼킴. 원한을 품음.

1월 13일。

일찍 아침밥을 먹은 뒤, 고개에 올라가 멀리서 적진(賊陣)을 바라보니 남쪽으로 출입하는 자들이 수십 리에 걸쳐 이어져 있었는데, 한 부대는 수원(水原)을 향하였고, 또 한 부대는 남양(南陽)을 향하였고, 또 다른 한 부대는 산속으로 들어가 뒤지며 약탈하였다.

나는 과천군(果川君)과 함께 지난날 낭천군(狼川君)이 알아 두었던 석굴 안으로 들어갔으나 추위로 인한 고통이 이루 말할 수 없었다. 날이 저물고 있어서 사찰로 내려가려 해도 적이 아직 사찰 안에 있었다.

마침내 얼음 절벽을 따라 한 석굴로 겨우 들어가니, 미륵(彌勒)의 처자식들이 이미 석굴 안에 있었다. 간신히 밤을 지새는데, 굶주림과 추위는 말할 수 없었다.

十三日。

早食後, 登嶺, 望見賊陣, 南出者連亘數十里, 一隊向水原, 一隊向南陽, 又一隊入山中搜掠。余與果川, 入前日狼川所得石窟中, 寒苦不可言。日垂暮, 欲下寺, 則賊尙在寺中。遂緣氷崖, 入一石窟, 彌勒妻子, 已在窟中矣。艱難經夜, 飢凍不可言。

1월 14일。

새벽 잠자리에서 언 밥을 대충 먹고, 또 석굴로 가서 적을 피하였다. 저녁에 사찰로 내려가려 했으나 적이 또한 그 밤에 사찰 안에서 머물고 있었다.

산 뒤편으로 방향을 바꾸어 촌락 사람들의 산막(山幕)에서 밤을
보냈다. 두 노복은 일부러 따라오지 않고 떨어져 딴 곳에 있었다.
과천군(果川君)은 변해일(邊海逸) 및 그의 노비 1명에게 두 노복을
찾아서 데려오도록 권하였다.

十四日。

蕘食氷飯, 又向石窟避賊。夕, 欲下寺, 則賊又於其夜, 留寺
中。轉向山後, 村民山幕經夜。二奴, 故不從也, 落在他處矣。果
川, 勸海逸及其奴一名, 推尋携來。

1월 15일。

과천군(果川君)과 함께 얼음 덮인 어느 골짜기에서 띠 풀을 덮고
누워 눈이 내리는데 몸만 가리고 있으니, 산새가 얼굴을 쪼아대고
사방에서는 적의 소리가 들렸다.

이경(二更: 밤 10시 전후)이 지난 뒤에 서로 의논하여 관악산(冠岳山)
으로 돌아가기로 하고는 안양교(安陽橋)를 건너고 심가천(沈家阡)을
통과해 불성사(佛成寺)에 들어갔다.

十五日。

與果川, 得一氷壑, 披茅而臥, 雪下掩體, 山鳥啄面, 而四面賊
聲矣。二更後, 相與謀還冠岳, 度安陽橋, 穿沈家阡, 入佛成。

1월 16일。

사찰의 동쪽 고개에 올라서 멀리 산성(山城: 남한산성)을 우러러 보다가 저도 모르게 울음소리를 삼켰다. 저녁이 되어서도 적이 사찰 안에 있었기 때문에 들어가지 못하고, 산 뒤편으로 가 박천세(朴千世)의 산막(山幕)에서 밤을 보냈다.

十六日。

登寺之東嶺, 瞻望山城, 不覺呑聲。夕, 以賊在寺中, 不得入投, 往山後, 朴千世山幕經夜。

1월 17일。

새벽밥을 대충 먹고는 관노(官奴) 수남(水男)이가 말한 대로 한 석굴에 들어가 종일 있었다. 날이 어두워진 뒤에 불성사(佛成寺)로 내려와 막 밥을 먹으려는데, 적의 소리가 갑자기 문밖에서 나는지라 재빨리 빠져나와 도피하여 산막(山幕)에 들어가 묵었다.

그 밤에 노복(奴僕) 생이(生伊) 및 과천군(果川君)의 노비 1명을 삼현(三峴: 경기도 광주 세오개)에 있는 윤석(允石)의 집으로 내려보내어 겉곡 몇 섬을 가져다 불성사에 두고 호구책(糊口策)으로 삼았다.

十七日。

蓐食, 用官奴水男言, 入一石窟, 終日。昏後, 下佛成寺, 將食, 賊聲猝至門外, 挺身而跳避, 入山幕宿。其夜, 使生奴及果川奴一名, 下三峴允石家, 取租石, 置佛成, 爲糊口計。

1월 18일。

일찍 아침밥을 먹은 뒤에 다시 석굴 하나를 찾았는데, 이전의 석굴과는 수십 보쯤 떨어졌지만 칼바람이 뼈에 사무치는 것이 덜한 듯했다. 저녁이 되어서 수남(水男)의 산막(山幕)에 내려와 묵었다.

十八日。

早食, 復得一石窟, 去前石窟數十步, 酸風徹骨, 則似減矣。夕, 下水男山幕宿。

1월 19일。

또 석굴 안으로 피신하였다. 이날 진눈깨비가 종일 내렸고, 적 또한 오지 않았다. 과천 관노(果川官奴)로 병영(兵營)의 사령(使令)이 된 자인 승룡(乘龍)이 남의 손을 빌려 유둔(油苞: 기름 먹인 두꺼운 종이)으로 장막을 만들도록 하고 우리 일행을 받아들여 주어 밤을 보냈다.

하루 전에 수남의 80세 된 모친이 적의 칼날에 맞아 목덜미 절반이나 상처를 입고 산막(山幕) 안으로 실려와 곁에서 신음하고 있으니 불쌍하고 불쌍하였다.

이날 밤에 산성(山城: 남한산성)의 대포 소리가 끊이지 않고 들렸는데, 승룡이가 나에게 밥을 보내왔다.

十九日。

又避石窟中。是日, 雨雪終日, 賊亦不至。有果川官奴爲兵營使令者乘龍, 借人油苞[92]作幕, 容我一行, 經夜。前一日, 水男母

年八十餘, 被賊刃, 傷項一半, 駄來山幕中, 在傍呻痛, 可矜可
矜。是夜, 聞山城大炮聲不絶, 乘龍饋我以飯。

1월 20일。

새벽에 밥을 먹은 뒤, 불성사(佛成寺)의 남쪽 봉우리 위에 올라
석대(石臺)에서 종일 지냈다. 저녁이 되어서는 다시 산막(山幕)에 내
려와 묵었다.

二十日。

曉食, 登佛成南峯上, 石臺終日。夕, 復下山幕宿。

1월 21일。

새벽에 승룡(乘龍)에게 길을 앞서도록 하여 나뭇가지를 부여잡고
벼랑길을 따라 한 석대(石臺)에 올라가니, 석대가 몹시 기울어져 있어
다리를 오므린 채로 종일 있었다.

날이 저물어서야 수남(水男)의 산막(山幕)에 내려와 묵었다.

二十一日。

曉, 使乘龍前道, 攀木緣崖, 登一石臺, 臺甚傾仄, 側足終日。
暮, 下水男山幕宿。

---

92 油芚(유둔): 비 올 때에 쓰기 위하여 이어붙인 두꺼운 油紙.

1월 22일。

산성(山城: 남한산성)에서의 대포소리가 연일 끊이지 않았다.

새벽밥을 대충 먹은 뒤, 승룡(乘龍)이 찾아낸 석대(石臺)에 다시 올라가 종일 지냈다.

二十二日。

山城炮聲, 連日不絶。蓐食, 復登乘龍所得石臺, 終日。

1월 23일。

중봉(中峯)의 석굴 뒤편에 있는 양지바른 벼랑 위에 올라가 한데에 앉아 있는데, 과천군(果川君)의 계집종이 〈마사(馬史: 사마천의 사기)〉 1권을 구해 바쳐서 그것을 펴보며 종일 보냈다. 이러한 환난(患難) 중에 죽고 사는 것을 저 푸른 하늘에 맡기니, 마음에 진실로 일삼을 것이 없었다.

저녁에 노복(奴僕) 생이(生伊)가 긴 자리를 모아서 볏짚으로 엮어 따로 산막(山幕)을 만들고 곡식을 찧어 밥을 지으니, 남의 집에서 기숙할 때보다 훨씬 나았다.

二十三日。

登中峯石窟後陽崖, 露坐, 果川婢子, 得馬史一卷以獻, 披覽終日處。此患難之中, 死生任彼蒼蒼, 心固無事矣。夕, 生奴鳩聚[93]

---

93 鳩聚(구취): 한데 모음.

長席編秸, 別搆山幕, 春粮炊飯, 頗勝寄宿時矣。

1월 24일。

얼핏 수남(水男: 관노)의 아들이 승룡(承龍: 과천 관노 출신 병영의 사령)에게 하는 말을 듣자니, 석대(石臺) 뒤편에 또 하나 대(臺)가 동떨어져 있어 새끼줄을 걸고 올라갔는데 촌민(村民) 어둔금(於屯金)이 혼자 이 대를 찾아서 그의 처자식이 편안히 잠들어 있었다고 하였다. 내가 과천군(果川君)과 함께 나무를 베고 길을 내어 한밤중에 그 대(臺)의 아래에 가니, 과연 새끼가 매달려 있었다. 노복(奴僕)에게 먼저 오르도록 하고 우리들도 허리를 묶어서 따르니, 대(臺) 위는 몹시 좁고 기울어서 겨우 일고여덟 명을 수용할 수 있었다. 어둔금이라는 자가 나중에 왔는데, 성난 얼굴빛으로 나무라는 말을 하였다.

저물어지자 산막(山幕)에 내려와 묵었다.

二十四日。

微聞水男兒子之言承龍, 臺後更有一臺懸絕[94], 懸索而上, 村民於屯金, 自得此臺, 妻子安寢云。余與果川, 斬木通道, 夜半至其臺下, 果有懸索。使奴人先上, 我輩繫腰以從, 臺上狹窄傾仄, 僅容七八人。於屯金者後至, 頗有慍色誶語。暮, 下山幕宿。

---

94 懸絕(현절): 懸隔. 동떨어짐.

1월 25일。

새벽밥을 대충 먹은 뒤에 다시 그 대(臺)에 올랐고, 산성(山城: 남한
산성)에서 대포 소리가 끊이지 않았다. 적이 산을 수색하는 것은 전에
비하여 매우 많았는데, 대(臺)의 아래를 횡행하면서 아우성치며 성내
는 소리가 귀에 쟁쟁하였다.

해가 진 뒤에야 비로소 산막(山幕)에 내려와 묵었다.

二十五日。

蓐食, 復登其臺, 山城炮聲不絶。賊之搜山者, 比前甚多, 縱橫
臺下, 叫怒之聲, 盈耳。日沒後, 始下山幕宿。

1월 26일。

새벽에 밥을 먹은 뒤, 과천군(果川君)의 말을 따라 변해일(邊海逸)
에게 길을 앞서도록 하여 자하동(紫霞洞)의 바위 위로 가서 상수리
나무 숲 사이에 몸을 숨겼다. 노복(奴僕)들 및 변해일 등은 다른 곳으
로 흩어져 숨었다.

한낮이 되었을 때 적이 산에 들어왔는데, 그 수가 많고 적은지
알지 못하겠으나 흉포한 소리가 갑자기 바위 아래에까지 이르렀다.
과천군(果川君)은 한창 자고 있었지만 내가 발로 차서 깨우자, 과천군
이 깜짝 놀라서 안절부절 못하다가 마침내 바위 고개를 넘어 달아났
다. 나는 다리의 힘이 약하여 그를 따라가지 못하고 바위틈에서 외따
로이 누워 하늘의 명을 기다렸다.

얼마 뒤에 적의 소리가 그친 듯했고 산속에는 정신없이 오가는 기색이 없어서 구불구불 바윗길을 따라 수십 보를 가니, 노복들이 그곳에 숨어 있었다. 노복 생이(生伊)가 나지막한 소리로 고하기를, "적들이 아직 산속에 두루 퍼져 있으니, 행여라도 나가지 마십시오." 라고 하였다. 나는 바위 아래에 움츠리고 앉아 있다가 이따금씩 피곤하여 누웠다.

잠시 후에 적 한 놈이 모질게 외치면서 갑자기 생이가 있는 곳으로 들이닥쳤는데, 내가 있는 곳과는 겨우 10여 걸음이었지만 수목이 가렸기 때문에 나를 볼 수 없었다. 나는 적을 매우 상세하게 살필 수 있었는데, 달족(㺚族: 여진족)이 아니고 한인(漢人)인 것 같았으며, 갖고 있는 것이라고는 오직 흰 몽둥이뿐이었다. 가만히 생각건대 나를 공격하면 의리상 쫓길 수만 없어서 마땅히 서로 치고 서로 죽는 것을 마음속으로 결정하자 전혀 두려운 마음이 없어졌으니, 바로 이른바 '물에 빠진 사람이 반드시 웃는다.'라고 한 격이었다.

노복 생이(生伊)는 적의 소리가 나자마자 곧바로 한 손으로 적의 목덜미를 감싸쥐고서 길로 나아갔는데, 아마도 필시 적이 나를 볼까 봐 두려웠기 때문이리라. 이것에서 우리나라의 노복과 주인의 의리가 없어지지 아니하였음을 알겠다. 생이와 같이 포로가 된 자는 개손(介孫), 과천군의 노복 일남(一南), 낭천군의 노복 덕인(德仁)이었다. 적이 물러간 뒤에 다른 곳의 바윗돌 사이로 피신하기 위해 일어났다.

저물녘에 과천군이 와서 나를 불러 자기가 요행히 죽음을 모면한 상황을 이야기하였으나 또한 나와 다름이 없었다. 내가 말하기를,

"우리들은 비록 목숨만이라도 건졌으나 노복들이 모두 포로가 되었
으니, 하늘이 우리를 망하게 한 것이오. 적의 칼날에 죽기보다는
차라리 영주대(靈珠臺)에 올라가 정결한 곳에서 자결하는 것이 낫지
않겠소?"라고 하였는데, 과천군은 옳지 않다면서 변취일(邊就逸) 등
의 말을 따랐다.

이날 밤에 청계산(淸溪山)으로 옮겨 갔는데, 나는 다리의 힘이 점점
다하여 오직 변해일(邊海逸)이 밀어주는 것에만 힘입어 헤치고 가야
했기 때문에 병사(兵使) 이엄(李崦)의 무덤을 지나 응봉(應峯)의 아래
로 가면서 낙엽을 헤치느라 종일 굶고 떨어야 했다.

어둑어둑해질 무렵에야 정대방(鄭大方)의 노복 광생(廣生)의 집에
내려가 묵었다. 광생은 내가 그의 주인과 옛 인연이 있는 줄 알고서
등잔에 불을 붙이고 자리를 펴고는 국과 밥을 갖추어 나에게 먹도록
해주었는데, 난리 중에 처음 겪는 일이었다.

二十六日。

曉食, 從果川言, 使海逸前道, 向紫霞洞[95]岩上, 橡林間藏身。
奴輩及海逸等, 散伏他處。日午, 賊入山, 不知多小, 獷聲猝至嵒
下。果川方睡, 余蹴而起, 果川驚愕不定, 遂越嵒嶺而走。余脚軟
不及, 介身石罅, 臥而俟命。俄聞賊聲似息, 山中無奔遑之色, 迤
從岩邊數十步, 則奴輩伏在其處。生奴徐聲告曰:"賊尙徧山中,

---

95 紫霞洞(자하동): 서울특별시 금천구 시흥동과 경기도 안양시에 걸쳐 있는 관악산
   남동 기슭의 경승지.

幸無出." 余縮坐嵒下, 時復困臥. 俄而, 一賊獷呼, 猝至生伊處,
去我處, 僅十餘步, 以其樹木掩翳, 故不能見我. 我則察賊甚詳,
非猻似是漢人, 所持唯白挺而已. 竊意逼我, 則義不可被駈, 當
相扑相斃, 決定於心, 了無怖心, 正所謂溺人必笑[96]也. 生奴應賊
聲, 便從一手, 抱賊項頰, 前路而去, 意必畏賊見我也. 於此, 乃
知我國奴主之義, 不可泯也. 同生伊被擄者, 介孫·果川奴一南·
狼川奴德仁也. 賊去後, 起避他處岩石間. 臨暮, 果川來呼我, 說
其幸免之狀, 亦無異於我矣. 余曰: "吾輩雖獨身免, 僕從[97]俱虜,
天之亡我. 與其死於賊鋒, 無寧上靈珠臺, 淨潔地以自決乎?" 果
川持以不可, 從就逸等言. 是夜, 移往靑溪[98], 余則脚力漸盡, 專
藉海逸推挽, 而行穿故, 兵使李崦壟, 向鷹峯下, 披落葉, 飢凍終
日. 昏暮, 下宿鄭大方奴子廣生家. 生也, 知吾與其主有舊, 張燈
設席, 具羹飯食我, 亂離中, 初見事也.

96　溺人必笑(익인필소):《春秋左氏傳》哀公 20년조에, 오나라 왕이 楚隆에게 보물
　　한 상자를 주며 趙孟에게 전해 주라고 하면서 "구천이 나에게 장차 근심거리를
　　만들 것이니, 내가 죽으려 해도 죽을 수가 없다.(句踐將生憂寡人, 寡人死之不得
　　矣.)"라고 하고, 또 "물에 빠진 사람은 반드시 웃는 얼굴을 한다.(溺人必笑.)"라고
　　한 데서 나온 말. 물에 빠진 사람은 웃지 않을 수 없는데 웃는다 해도 기쁠 수
　　없음을 이르는 말이니, 다급한 상황에서 웃는 얼굴을 하고 있지만 근심은 잊을
　　수 없다는 의미이다.

97　僕從(복종): 僕夫. 奴僕. 사내종.

98　靑溪(청계): 淸溪山. 서울특별시 서초구 남쪽과 경기도 과천시·의왕시·성남시
　　경계에 있는 산.

1월 28일。

새벽밥을 대충 먹은 뒤, 광생(廣生)의 피난처로 가니 남녀 수십 명이 함께 바위굴 속에 지내고 있었다. 한창 천연두를 앓는 아이가 울음을 그치지 않는데도 마침 적이 산에 들어오지 않았다.

저녁에 다시 광생의 집에 내려와 자고 먹었다. 청계산(淸溪山) 승려 희상(熙尙)은 변취일(邊就逸)의 스승인데, 쌀 2말을 보내와 우리 일행이 그에 힘입어 굶주림을 면하였다.

二十八日。

蓐食, 從廣生所避處, 則男女數十, 並處岩窟中。方痘之兒, 啼哭不止, 適賊不入山。夕, 復下廣生家宿食。青溪山僧熙尙, 就逸之師也, 送米二斗, 我行賴以免飢。

1월 29일。

새벽밥을 대충 먹은 뒤, 또 어제의 피난처로 향하였다. 저녁에는 또 광생(廣生)의 집에 내려와 묵었다.

二十九日。

蓐食, 又向昨避處。暮, 又下廣生家宿。

1월 30일

새벽밥을 대충 먹은 뒤, 변해일(邊海逸)에게 길을 앞서도록 하여 응봉(應峯)으로 방향을 바꾸어 서쪽에서 높은 바위에 벌어진 틈 하나를 찾았으나, 앉으나 누우나 모두 조금도 편치 못하여 종일 고생하였다. 적의 흉포한 소리가 산의 아래에 가득하였으나 다행히도 산을 수색하지는 않았다.

그날 저녁 마침내 원통(圓通)의 작은 암자에 가서 묵었는데, 변해일 등이 흰죽을 쑤어 주었다.

三十日。

蓐食, 使海逸前道, 改向鷹峯, 西得一高岩坼隙, 坐臥俱不得小安, 軌鞷[99]終日。賊之獰聲, 滿於山下, 幸不搜山。其夕, 遂向圓通小菴[100]宿, 海逸等, 作白粥以進。

2월 1일。

새벽밥을 대충 먹은 뒤, 응봉(應峯)의 아래로 피신하여 응달진 골짜기 사이에서 하루를 보냈다.

저녁이 되어서 광생(廣生)의 집에 내려와 묵었다.

二月 初一日。

---

99 軌鞷(궤갑): 轗軻의 의미인 듯. 길이 험하여 수레로 가기 힘들다는 의미로, 고생한다는 말이다.

100 圓通小菴(원통소암): 圓通菴은 淸溪山의 산내 암자. 淸溪寺의 서쪽 1~2리가 되지 않은 골짜기와 우물물 사이에 있었다고 한다. 황인규의 「청계산 청계사의 역사와 위상: 고려와 조선시대를 중심으로」(『보조사상』 39, 보조사상연구원, 2013)가 참고된다.

蓐食, 避鷹峯下, 陰壑間終日。夕, 下廣生家宿。

2월 2일。

새벽에 광생(廣生)을 따라 이전의 석굴 속으로 피신하였다. 저녁이
되자 광생이 원통암(圓通菴)에 갔다가 돌아와서 말하기를, "남한산성
(南漢山城)의 중초군(中哨軍)이 나와서 이르기를, '주상이 남한산성을
나오면 적군들은 장차 철수하여 돌아갈 것이다.'라고 하였습니다."
하였다. 그 말을 듣고서 간담을 파낸 듯 가슴을 쳤고 기가 막혀 통곡조차
할 수 없었다. 고금의 천하에 어찌 군주가 치욕을 당하는 것이 이와
같은 경우가 있으랴? 여러 신하들의 죄는 이루 다 말할 수 있겠는가!

初二日。

曉, 從廣生, 避前石窟中。向夕, 廣生往圓通, 還曰:"南漢城中
哨軍, 出來言曰:'上出城, 賊兵將撤廻.'云."聞其言, 肝膽如鑿椎
胸, 氣塞不可痛哭。古今天下, 安有主辱如此者乎? 諸臣之罪, 可
勝言哉!

2월 3일。 진눈깨비 크게 내림。

들건대 적군 가운데서 철수해 돌아가는 자들이 길에 끊이지 않았
는데, 비록 산을 수색하지 않았으나 도로에서 노략질하는 것은 여전
했다고 하였다.

해가 저물 때 진눈깨비가 크게 내리던 것이 조금 개었는지라, 청계
사(靑溪寺: 淸溪寺의 오기)로 옮겨 극륜(克倫)의 방에서 묵었다. 강부민
(姜富民)·김연성(金連成) 두 사람이 어제부터 나를 따르는데, 광주(廣
州) 남부의 초군(哨軍)으로 남한산성(南漢山城)에 들어갔다가 오랑캐
와 화친(和親)이 맺어진 뒤에 흩어져 돌아온 자들이었다. 이에 남한산
성의 곡절(曲折)을 아주 상세하게 들었다.

初三日。雨雪大作。

聞賊兵撤回者, 絡繹於道, 而雖不搜山, 虜掠路傍如舊云。日
晡時, 雨雪少霽, 移向靑溪, 宿克倫房。有姜富民·金連成二人,
自昨從我, 卽以廣南哨軍, 入南漢, 講好[101]後, 散歸者也。仍聞南
漢曲折甚詳。

2월 4일。

변취일(邊就逸) 등에게 적의 동정을 살피도록 하였더니, 적의 기마
병들이 길을 바쁘게 오가는 것이 여전하였다.

저녁에 청계사(靑溪寺: 淸溪寺의 오기)로 옮겨 묵었는데, 지전(智
全)·방전(房全)은 내가 포의(布衣)로 산방(山房)에서 독서할 때 밥을
지어 주었던 중들이다. 모습이 다 늙어서 나는 그들을 알아보지 못
했으나, 온전히 아직도 나를 잊지 않고 기억하여 밥과 반찬을 갖추

---

101 講好(강호): 서로 화해하여 사이 좋게 지냄.

어 먹도록 해주니 옛정을 족히 볼 수 있었으니, 치도(緇徒: 승려)의
자비가 사실 그렇게 만든 것이리라.

初四日。

使就逸等候望, 則賊騎織路如舊。夕, 移宿靑溪, 智全·房全,
卽余布衣讀書山房, 時供飯僧也。形容俱老, 我不省識, 而全猶
能憶, 得俱飯飡而饋之, 足見舊情, 而緇徒慈悲, 實使然也。

2월 5일。

사찰 뒤편의 고개에 올라서 바라보니, 적군이 수백 리의 사이에
가득하였다. 적의 선봉대는 남한산성 앞 들판에 접해 있고, 후진(後陣)
은 인덕원(仁德院)에 있었는데, 그 가운데에 흰옷을 입은 자들이 반이
나 넘었으니 우리나라 백성들로 포로가 된 자들이 많음을 알 수 있었다.

初五日。

登寺後嶺, 望之, 則賊軍瀰滿數百里之間。前鋒接南漢前坪,
後陣在仁德院, 其中白衣者過半, 我國人民, 被擄之多, 可知矣。

2월 6일。

듣건대 적이 아직도 다시 산을 수색하려 한다고 하니, 수월암(水月
菴)으로 옮겨 갈 계획을 정하였다.

初六日。

聞賊猶復搜山, 移向水月菴[102]計定。

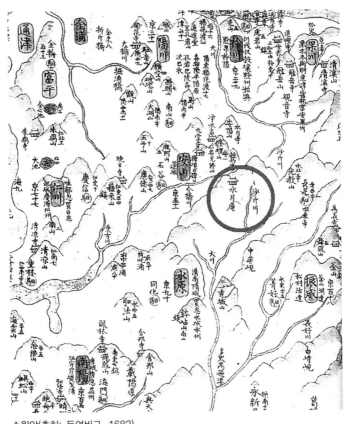

수월암(출처: 동여비고, 1682)

---

102 水月菴(수월암): 光敎山의 서쪽이고 修理山의 남쪽 즉 현재의 경기도 의왕시
   월암동의 덕성산 고개에 있었던 절.

2월 7일.

아침 일찍 밥을 먹은 뒤, 수월암(水月菴)으로 옮겨 갔다. 암자에는
노숙(老宿: 오랜 수행으로 덕이 높은 승려)이 있는데 법랍(法臘: 중이 된
연수)이 80세 가량 되었고, 비구니가 있는데 나이 또한 70세였다.
아마도 비구니의 아들은 노숙의 상좌(上座)였을 것인데, 이에 앞서
포로가 되어 돌아오지 않았다고 하였다.

初七日。

早食, 移住水月菴。菴有老宿[103], 臘[104]可八十, 有比尼, 季亦七
十。蓋尼之子, 爲老宿上座, 先是被擄不還云。

2월 8일.

수월암(水月菴)에 머물렀는데, 변해일(邊海逸) 등이 산의 아래에서
양식을 구하여 왔다.

初八日。

留水月菴, 海逸等, 討粮山下以來。

2월 9일.

저녁에 밥을 먹은 뒤 국사봉(國寺峯: 國思峯의 오기인 듯)에 올라가

---

103 老宿(노숙): 오랫동안 수행하여 덕이 높은 승려.
104 臘(랍): 法臘. 불가에서 속인이 출가하여 승려가 된 해부터 세는 나이.

적의 동정을 살펴보았다. 저물어서 다시 수월암(水月菴)에 내려와 묵었다.

初九日。

晚食後, 上國寺峯[105], 候望賊氽。暮, 復下水月菴宿。

2월 10일。

수월암(水月菴)에 머물렀는데, 포로가 되었다가 몰래 달아나 돌아온 사람을 통해 동전(東殿: 소현세자)과 빈궁(嬪宮: 강빈), 대군(大君: 봉림대군)과 부인(夫人: 張維의 딸 덕수장씨)이 북쪽으로 간다는 말을 들었지만 통곡이나 할 뿐 무슨 말을 하겠는가.

十日。

留水月菴, 因走回人[106], 聞東殿嬪宮及大君與夫人, 北行之說, 痛哭何言?

---

105 國寺峯(국사봉): 國思峯의 오기인 듯. 경기도 성남시와 의왕사에 걸쳐 있는 청계산 자락에 있는 國思峰은 고려 말기 이곳에 은거하던 趙狷이 조선의 개국공신이 된 형 趙浚으로부터 새로운 나라의 조정에서 함께 일하자는 권유를 받았으나 이를 뿌리치고 날마다 이 봉우리에 올라가 고려의 멸망을 슬퍼하였다는 데서 유래한다.

106 走回人(주회인): 적에게 사로잡혔다가 몰래 도망하여 돌아온 사람.

2월 11일。

수월암(水月菴)에서 청계사(靑溪寺: 淸溪寺의 오기)로 옮기고 길이 통하기를 기다렸다.

十一日。

自水月, 移靑溪寺, 俟道路通也。

2월 12일。

그대로 청계사(靑溪寺: 淸溪寺의 오기)에 머물렀다.

十二日。

仍留靑溪。

2월 13일。

밥을 먹은 뒤, 변해일(邊海逸)·강후민(姜厚民: 앞에서는 姜富民) 등에게 관악산(冠嶽山)에 가서 남은 양식을 가져오도록 했는데, 도성(都城)에 가지고 달려 들어가 문후(問候)할 계획을 세웠다.

十三日。

食後, 使海逸·姜厚民等, 往冠嶽, 取餘粮, 以爲入城奔問[107]計。

---

107 奔問(분문): 난리를 당한 임금에게 달려 가서 문후하는 것.

2월 14일。

밥을 먹은 뒤, 백화사(白花寺: 百花寺)로 옮겨 갔다.

저녁에 변해일(邊海逸) 등이 와서 모였다. 영주사(靈珠寺)에서 우리
두 사람의 흑립(黑笠: 검은 갓)을 찾았는데, 완연히 옛날 모양 그대로였다.

十四日。

食後, 移向白花寺[108]。夕, 海逸等來會。得吾二人黑笠于靈珠
寺, 宛然昔日模樣矣。

2월 15일。

적군이 철수해 이미 다 돌아가서 나룻길이 막히지 않는다는 것을
자세히 알고는, 아침 일찍 밥을 먹고 한강의 길로 들어서서 서울로
향하였는데, 강후민(姜厚民)·변해일(邊海逸)이 앞장서서 인도하였다.
양재촌(良才村)에 이르니, 여막(旅幕)은 모두 타 잿더미가 된 데다 사람
의 그림자조차도 끊어져서 비린내 나는 바람만이 들판에 가득하였다.

十五日。

審知賊兵撤回已盡, 津路不捜[109], 早食, 取漢江路向洛, 姜厚民·
海逸先導。至良才村, 旅幕灰燼, 人烟[110]斷絶, 醒風滿野。

---

108 白花寺(백화사): 淸溪山에 있는 百花寺의 오기인 듯. 卞季良의 시가 있다.
109 捜(경): 梗의 오기.
110 人烟(인연): 밥 짓는 연기. 사람의 그림자.

찾아보기

ㄱ

가산(嘉山) 15, 16
가평(加平) 94, 96
강귀룡(康貴龍) 98
강도(江都) 17, 23, 25, 41, 43,
      47-49, 58, 61-65, 70, 72,
      79, 83, 87, 90, 91, 93, 95,
      100, 104, 105, 117-119,
      121, 139, 150, 159
강부민(姜富民) 178
강숙(姜璹) 55, 58, 65, 71
강인(姜絪) 71, 72, 76, 85
강홍립(姜弘立) 65, 68, 72, 79,
      87, 100, 107
강화(江華) 150
강후민(姜厚民) 183, 184
개동(介同) 121, 125, 160, 161
개성부(開城府) 115
개손(介孫) 114, 172
검수참(劍水站) 81, 82
경성(京城) 36, 37, 58, 90, 111,
      114, 138
경신(慶信) 102
계진(季鎭) 116
고부천(高傅川) 84, 85

고산(高山) 93
공산(公山) 55, 57, 81
공주(公州) 41, 44, 64, 70, 86, 87
공청도(公淸道) 134, 136
공형(工洞) 147
과천(果川) 36
과천군(果川君) 133, 158, 160,
      161, 162, 164-166, 169, 170-
      173
과천현(果川縣) 29, 37, 125, 141,
      148
관악산(冠嶽山) 124, 125, 144,
      165, 183
광릉(光陵) 144
광산(光山) 93
광생(廣生) 173, 175-177
광정(廣亭) 55, 56
광주(廣州) 178
광진(廣津) 143, 144
국사봉(國寺峯) 181, 182
국사봉(國思峯) 182
군기시(軍器寺) 91
군석(君石) 154, 162
권대유(權大有) 115, 116
권반(權盼) 47, 48, 50

권첩(權帖) 94, 97
극륜(克倫) 178
근왕병(勤王兵) 142
금강(錦江) 55, 56, 64
금구(金溝) 64, 66, 87
기만헌(奇晚獻) 41, 45
김경(金坰) 122, 123
김경서(金景瑞) 74, 75
김경징(金慶徵) 139, 140
김극신(金克新) 49
김극신(金克信) 47, 49, 64, 65
김기종(金起宗) 17, 18, 38, 72,
    73, 95, 98
김도(金濤) 28, 33
김득진(金得振) 74, 75
김상(金尙) 37, 38, 136, 137
김상빈(金尙賓) 99
김상용(金尙容) 90, 91
김상헌(金尙憲) 111, 113
김설(金卨) 28, 32, 82
김세렴(金世濂) 28, 29, 33, 82
김수종(金守宗) 41, 44, 105
김승선(金承善) 121, 122
김시생(金始生) 71
김양언(金良彦) 74, 76
김여수(金汝水) 64, 67
김연성(金連成) 178
김염조(金念祖) 124, 126

김옥(金鎏) 87, 88
김우선(金友善) 90
김원립(金元立) 99, 100
김육(金堉) 24, 28, 35, 61, 105
김장생(金長生) 55, 56, 59, 84, 93
김적(金迪) 28
김존경(金存敬) 78, 80
김준(金俊) 65, 67
김준(金浚) 67, 74
김포(金浦) 119
김포군(金浦郡) 118, 119
김후남(金後男) 36

ㄴ

나주(羅州) 79, 93
남양(南陽) 133-135, 162, 164
남이흥(南以興) 65, 67
남일(南佾) 97, 105
남촌(南村) 155, 160
남평(南平) 93
남한산성(南漢山城) 29, 115, 117,
    119, 121, 124, 127, 128, 131,
    134, 146, 177-179
낭천(狼川) 129
낭천군(狼川君) 128, 131, 138,
    139, 144, 154, 157, 160-
    162, 164, 172
내포(內浦) 55, 58

넙남(汝邑南) 117, 118
노량(露梁) 148
노량진(露梁津) 91, 118
노숙(老宿) 181
노진(露津) 121
능한산성(凌漢山城) 19, 21

ㄷ

달보(達甫) 54
달족(㺚族) 172
덕인(德仁) 162, 172
덕종(德宗) 134
도감포수(都監砲手) 17, 18
독구(禿丘) 107, 108
독성(禿城) 41, 45
동대문(東大門) 115
동양위(東陽尉) 28, 29
동작(銅雀) 148
동작진(銅雀津) 36
동전(東殿) 25, 28, 41, 182
두도(杜度) 108
두두(斗㪷) 107, 108

ㄹ

류대명(柳大鳴) 41, 44
류림(柳琳) 48, 51, 98
류문서(柳文瑞) 41, 45
류비(柳斐) 81, 84, 86

류시영(柳時英) 52, 53
류신로(柳莘老) 99, 100
류영순(柳永順) 78, 80

ㅁ

만수사(萬壽寺) 140
면천(沔川) 148, 149
명례방(名禮坊) 148
명례방(明禮坊) 149
목서흠(睦敍欽) 52, 53
목성선(睦性善) 28, 33
묘덕(妙德) 138
묘덕사(妙德寺) 128, 147, 152-
  154
무장(茂長) 93
미륵(彌勒) 159, 160, 164
민계(閔枅) 52, 53
민성징(閔聖徵) 93, 95
민형남(閔馨男) 111, 113

ㅂ

박난영(朴蘭英) 65, 68, 79, 87,
  100
박달(朴達) 147
박로(朴𥠌) 65, 69
박로(朴簹) 69
박명룡(朴命龍) 65, 68
박민장(朴敏長) 118

박선(朴選) 52
박천세(朴千世) 166
방전(房全) 178
배명순(裵命純) 104
배명준(裵命俊) 104
백화사(白花寺) 184
백화사(百花寺) 184
백후(伯厚) 23, 24, 83, 87, 97, 98, 102
법민(法敏) 140
변취일(邊就逸) 153, 154, 162, 173, 175, 178
변해일(邊海逸) 153, 154, 158, 165, 171, 173, 175, 181, 183, 184
봉산(鳳山) 81, 82, 115
봉천성(奉天城) 134
봉천지위(奉天之圍) 135
부안(扶安) 64, 66
부평(富平) 26, 27
분사복(分司僕) 17, 18
불성사(佛性寺) 139
불성사(佛成寺) 127-129, 152, 154, 165, 166, 168
비산(飛山) 155, 157

ㅅ

사기촌(沙器村) 155

사신사(舍身寺) 157, 159
사신암(謝身庵) 157
사평(沙坪) 142, 143
사평(沙平) 144
사현(沙峴) 142, 143
삼강(三江) 97, 98, 143
삼등(三登) 107, 108
삼수현(三水縣) 74
삼현(三峴) 37, 40, 125, 166
삼현(三縣) 74
상원(祥原) 38, 40
생이(生伊) 117, 125, 154, 160-162, 166, 169, 172
서경주(徐景霌) 91, 92
서산(瑞山) 43, 55
서흥(瑞興) 78, 79, 81, 84
선릉(宣陵) 136
선우흡(鮮于洽) 98
선혜청(焚惠廳) 91
성원(性元) 154
성천(成川) 107, 108
소사교(素沙橋) 47, 50
송경(松京) 78
송국택(宋國澤) 93, 95
송달보(宋達甫) 53
송도(松都) 17
송도남(宋圖南) 74, 76
송산(松山) 114-116

송유례(宋惟禮) 158
송진선(宋震善) 84, 85
송효조(宋孝祚) 54
송흥주(宋興周) 59, 61, 93
수구문(水口門) 117, 118
수남(水男) 166-168, 170
수리사(修理寺) 155
수리산(修理山) 157, 161
수리산(脩理山) 155, 157
수성군(邃城君) 94
수안(遂安) 107, 108
수원(水原) 130, 134, 164
수원부(水原府) 37, 41
수월암(水月菴) 179-183
숙천(肅川) 37, 40
순창(淳昌) 93
순천(順天) 79, 81, 83, 84
승룡(乘龍) 167-169
승룡(承龍) 170
신경원(申景瑗) 77
신경인(申景禋) 58-60, 73
신경진(申景禛) 28, 34, 56, 65
신계(新溪) 102, 103, 107
신관(愼寬) 154
신담(愼淡) 154
신설(申渫) 49, 51, 52
신성립(辛成立) 105
신성언(辛成彦) 93, 96

신익량(申翊亮) 28, 32
신익성(申翊聖) 28, 32
신준(申儁) 37
신해(申瀣) 41
신환(愼環) 154
신흠(申欽) 27, 30
실운(實雲) 115, 116
심가천(沈家阡) 165
심기성(沈器成) 47, 48, 50, 52,
    70, 106
심기원(沈器遠) 55, 57, 138, 142
심노(沈奴) 114
심열(沈悅) 28, 33, 59, 79, 98, 103
심장세(沈長世) 119, 120
심지원(沈之源) 136, 137
심평(沈枰) 41, 45

○

아민(阿敏) 108
아산(牙山) 48, 50, 159
아장(阿將) 107, 108
아호(阿胡) 107
악탁(岳託) 108
안방(安舫) 130, 131
안양교(安陽橋) 155, 165
안주(安州) 27, 65, 67, 107
안홍립(安弘立) 79
야주가(夜晝街) 26

야주현(夜晝峴) 25
양재(良才) 121
양재역(良才驛) 125
양재촌(良才村) 184
양화(楊花) 144
양화진(楊花津) 143
어기락(魚起樂) 81, 82
어기락(魚起洛) 82
어둔금(於屯金) 170
엄황(嚴愰) 91, 92
여사(汝思) 103
여산(礪山) 59, 93
연금(連金) 134, 136, 147
연미정(燕尾亭) 58, 65, 91
연정(燕亭) 56, 58
영주대(靈珠臺) 130-134, 136,
    142, 143, 146-151, 173
영주사(靈珠寺) 184
오권(吳權) 99
오달승(吳達升) 26, 28, 27, 105
오달천(吳達天) 37, 40
오숙(吳翻) 37, 39
오신남(吳信男) 65, 68
오윤겸(吳允謙) 25
왕십리(往十里) 117, 118
요토(要土) 107, 108
용강(龍岡) 74
용산(龍山) 148

용인(龍仁) 130
용천(龍泉) 76, 77, 81
우상중(禹尙中) 64, 66
우후(虞詡) 136
우후고모(虞詡古謀) 138
원두표(元斗杓) 82, 83
원숙(元翻) 102
원유남(元裕男) 81, 82
원주(原州) 82
원창군(原昌君) 88, 89, 91, 100,
    105
원통(圓通) 176
원통암(圓通菴) 176, 177
유백증(兪伯曾) 113
유비(柳斐) 28
유시증(兪是曾) 42, 45, 47
유영순(柳永詢) 80
유자선(兪子善) 111
유해(劉海) 87-89, 95, 100, 105
유흥조(劉興祚) 89
윤계(尹棨) 133, 134
윤명은(尹鳴殷) 71, 136
윤석(允石) 166
윤주은(尹舟殷) 41, 44
윤지(尹墀) 28, 31, 36, 49, 59, 64,
    90
윤지경(尹知敬) 22, 23, 29
윤훤(尹暄) 17, 37, 38, 64, 102

은우계성잠(殷憂啓聖箴) 99

응립(應立) 148

응봉(應峯) 173, 176

응준(應俊) 154

의주(義州) 15, 16

의주성(義州城) 17, 19

이각(李恪) 55, 56, 64, 79

이경직(李景稷) 91, 92

이경헌(李景憲) 28, 31

이계선(李繼先) 94

이광복(李匡復) 74, 75

이광익(李光翼) 36

이광춘(李光春) 52-54

이구(李玖) 89, 91, 94

이귀(李貴) 17, 18

이돈림(李惇臨) 116

이돈오(李惇五) 28, 32

이립(李岦) 96

이명(李溟) 29, 35, 78

이명웅(李命雄) 39

이명준(李命俊) 27, 28, 30, 59, 79

이민구(李敏求) 59, 60

이보(李溥) 94

이복광(李復匡) 75

이부(李溥) 96

이산(尼山) 70

이상안(李尙安) 74, 76

이상질(李尙質) 41, 44

이서(李曙) 28, 29, 34, 41, 48, 98, 106

이성구(李聖求) 28-30, 59, 79, 81, 98

이수일(李守一) 43, 46

이순신(李舜臣) 19, 20

이시우(李時雨) 28

이시직(李時稷) 136, 137

이식(李植) 28, 30, 55, 59, 61, 64, 86, 87, 98, 99

이언영(李彦英) 78, 80

이엄(李崦) 173

이영(李嵊) 133-135

이영달(李英達) 28, 34

이완(李莞) 19, 20

이원익(李元翼) 27, 30

이유정(李維楨) 116

이이성(李以省) 102, 103

이익(李榏) 102, 103

이인원(李仁元) 133, 140, 141, 150, 152-155

이정징(李井徵) 116

이제운(李齊運) 148, 149

이준(李埈) 101

이준(李竣) 100, 101

이진보(李眞寶) 94, 96

이필영(李必榮) 81

이행진(李行進) 41, 44

이형득(李亨得) 133, 152
이홍망(李弘望) 88, 89, 91, 94, 100
이회(李淮) 119, 120
이회(李澮) 120
익산(益山) 93
익인필소(溺人必笑) 174
인덕원(仁德院) 179
일남(一南) 172
임경업(林慶業) 140, 141
임실(任實) 93
임진(臨津) 22, 29, 49, 84, 91, 106
임천(林川) 64, 66
임표변(林豹變) 95, 97

ㅈ

자산(慈山) 95, 97
자선(子先) 113
자선(子善) 113
자전(慈殿) 25, 64
자하동(紫霞洞) 171, 173
잠두(蠶頭) 144
잠두봉(蠶頭峰) 143
장단(長湍) 81, 82
장돈(張暾) 74, 75
장만(張晚) 17, 18, 65, 72, 78, 106
장성(長城) 93
장유(張維) 65, 69, 94

적상산성(積裳山城) 59, 61
적상산성(赤裳山城) 61
전상의(全尙毅) 74, 76
전의현(全義縣) 53, 54
전주(全州) 27, 43, 62, 86, 93, 94
정광경(鄭廣敬) 98, 99
정광성(鄭廣成) 39
정구만교(鄭丘萬郊) 144
정대방(鄭大方) 173
정릉(靖陵) 136
정문익(鄭文翼) 136, 137
정세구(鄭世矩) 94, 97
정읍(井邑) 93
정이(挺而) 37, 39
정창연(鄭昌衍) 39
정충신(鄭忠信) 77, 81
정호학(鄭好學) 41, 43
정홍명(鄭弘溟) 28, 31, 52
조구(趙緱) 116
조기(趙琦) 98, 106
조령(鳥嶺) 55, 57
조몽양(趙蒙陽) 136
조익(趙翼) 136
조진양(趙晉陽) 136
조창원(趙昌遠) 52, 53
조희일(趙希逸) 100, 101
주회인(走回人) 182
죽령(竹嶺) 55, 57

중전(中殿) 25, 64
중화(中和) 38, 40
중흥사(中興寺) 142, 143
지전(智全) 178
직산(稷山) 48, 50
진달(眞達) 148
진위(振威) 42, 45
진주(晉州) 79, 83
진천송씨(鎭川宋氏) 20
진해루(鎭海樓) 56, 58

ㅊ

차령(車嶺) 55, 57
창평(昌平) 93
채영(蔡英) 74
천안(天安) 52
철곶(鐵串) 147
청계사(靑溪寺) 178, 183
청계산(淸溪山) 173, 175
청계산(靑溪山) 174
청연(淸淵) 144
청풍(淸風) 57
청풍령(淸風嶺) 55
초동(草洞) 118
초전(草前) 118
초전동(草前洞) 117
최명길(崔鳴吉) 41, 45, 86
최몽량(崔夢亮) 19, 20, 36

최시량(崔始量) 98, 99
최유해(崔有海) 28, 33, 64, 98
최응수(崔應守) 72, 73
최응수(崔應水) 73
축석령(祝石嶺) 115, 116
충주(忠州) 94, 96
취일(就逸) 131

ㅌ

태안(泰安) 43, 55
태인(泰仁) 93
토산(兎山) 77, 78
통군정(統軍亭) 15, 16
통영(統營) 43, 46
통진(通津) 64, 66

ㅍ

평산(平山) 76, 77, 85, 87, 115
평산 산성(平山山城) 81
평양(平壤) 37, 65, 72, 107
평양성(平壤城) 72
평택(平澤) 159
포천(抱川) 19, 20, 111, 112, 122
풍덕(豐德) 55, 58

ㅎ

한강(漢江) 29, 48, 49, 106, 136,
143, 184

한강도(漢江渡)　37, 39

한여직(韓汝溭)　70

한여직(韓汝稷)　70

한윤(韓潤)　90

한익명(韓翼明)　28, 32

한택(韓澤)　90

한흥일(韓興一)　55, 57

함평(咸平)　93

해일(海逸)　131

해주(海州)　81, 107

향교동(鄕校洞)　149

향교촌(鄕校村)　141

향화인(向化人)　150

허가천(許家阡)　121, 122

허계진(許季鎭)　114

허립(許岦)　116

헌릉(獻陵)　121, 123, 124, 136

현철(玄哲)　154

호서(湖西)　130

호패청(號牌廳)　23, 24

홍내범(洪乃範)　72, 73

홍명일(洪命一)　111, 112

홍무적(洪茂績)　52, 54

홍서봉(洪瑞鳳)　111, 112

홍이포(紅夷炮)　146, 147

홍이포(紅夷砲)　149

홍주(洪州)　148, 149

홍헌(洪憲)　47, 50

홍효남(洪孝男)　128

화량(花梁)　136

화순(和順)　93

활차암(滑次嵓)　125, 130

황개(黃盖)　143

황개(黃蓋)　142

황주(黃州)　103, 115

황환(黃渙)　52

횡령(橫嶺)　157

흥정전(興政殿)　28, 34

흥화문(興化門)　29, 35

희상(熙尙)　175

용주 조경 관련 논문

정경훈, 「용주 조경의 문학관에 대한 연구」, 『한국한문학연구』 34, 한국한문학
　　회, 2004.

신승훈, 「용주 조경 산문론 일고: 문학관의 재검토를 겸하여」, 『고전과 해석』
　　9, 고전문학한문학연구학회, 2010.

신승훈, 「용주 조경 산문의 미학」, 『인문학논총』 25, 경성대학교 인문과학연구
　　소, 2011.

정해출, 「용주 조경의 시세계」, 『대동한문학』 37, 대동한문학회, 2012.

정해출, 「조경의 한시에 나타난 대청인식과 북벌의지」, 『어문논집』 66, 민족어
　　문학회, 2012.

김하라, 「용주 조경 문학에 나나탄 질병의 형상화」, 『한국한문학연구』 52,
　　한국한문학회, 2013.

신로사, 「1643년 통신사행과 조경의 일본 인식에 관한 소고」, 『민족문화』
　　41, 한국고전번역원, 2013.

신승훈, 「용주 조경 〈남명조선생신도비명〉의 수사양상 연구」, 『남명학연구』
　　40, 경상대학교 남명학연구소, 2013.

윤재환, 「용주 조경의 시문학 세계: 즉흥시를 중심으로」, 『동방한문학』 54,
　　동방한문학회, 2013.

정해출, 「한시작품을 통해 본 용주 조경의 역사의식」, 『고전과 해석』 14,
　　고전문학한문학연구학회, 2013.

정해출, 「조경의 시에 나타난 현실인식과 비판적 시각」, 『동양한문학연구』
　　39, 동양한문학회, 2014.

정해출, 「용주 조경 시문학 연구」, 고려대학교 박사학위논문, 2014.

송혁기, 「용주 조경의 문학론」, 『우리어문연구』 51, 우리어문학회, 2015.

허태구, 「용주 조경의 대외인식과 척화론」, 『남명학연구』 47, 경상대학교
　　경남문화연구원, 2015.
김광년, 「용주 조경의 應旨 上疏에 나타난 현실 비판과 그 의미」, 『동방한문학』
　　67, 동방한문학회, 2016.
방기철, 「용주 조경의 대일인식」, 『한국사상과 문화』 89, 한국사상문화학회,
　　2017.
이사항, 「용주 조경의 생애와 문학사상 연구」, 『한남어문학』 40, 한남대학교
　　한남어문학회, 2017.
허태구, 「효종 원년(1650) 용주 조경의 백마산성 幽囚」, 『한국학연구』 47,
　　인하대학교 한국학연구소, 2017.
이사항, 「용주 조경 문학 연구」, 한남대학교 박사학위논문, 2019.
이사항, 「용주 조경 한시의 聖과 狂」, 『한국한시연구』 27, 한국한시학회,
　　2019.

영인 자료

—

정묘일기丁卯日記
병정일기丙丁日記

《용주유고》, 미간행본, 각산 조영원 소장

여기서부터는 影印本을 인쇄한 부분으로 맨 뒷 페이지부터 보십시오.

龍洲遺稿（未刊行本）

丁卯日記
乙亥南征日記
丙丁日記
庚寅日記
辛卯日記

龍洲集

日記天啓丁卯正月日

十六日儂以病呈告者三浮遠諫戒閉戶而坐忽聞

庭中奴僕有晝奔走指天帷訏之聲即推戶而出戴

目而觀日有暈珥相义白虹交貫乎中驚怪不已遂

閱漢史天文志考諸前事見懸象懲則人君勑身正

事之語意欲叫閽而止蓋先是在丙寅義州一日震

風忽起統軍亭上百歲古木摧折作斤斤而飛海且

溢浹平陸三十里嘉山間亦然禍亂之作其兆於是

耶○十七日朝政以首望拜司書是日平安監司尹

3

瞳馳啟十三日奴賊圍義州城云　上引見備局堂

上及大臣兩司長官以延平府院李貴言即之避八

江都之計徵兵七道遣體察使張晚薈畫使金起宗

等領都監砲手數百分司僕馬三十匹西下脫亂以

馹騎不呈遝遝不發受　命七日始至松都○十八

日晴萧謝與老親決別是朝老親寧稚弟及家屬避

往抱川儂萧謝後仍入直講院羽書連續告憂午後

報義州城陷府尹李莞身自搏戰殺賊數十餘而死

判官崔夢亮亦遇害於城西門云蓋莞即故統制李

舜臣之姪子頗有精悍膽畧國家倚以為西門鎖鑰

4

猝然一朝城陷身死報至都下大震朝廷不復爲守

禦之策矣午後凌漢山城敗報又至○十九日○二

十日晴輔德尹知敬上疏請假臣精兵五百遮截臨

津且請對陳具討策　答曰省疏具悉極嘉乃忠勇

之志遂　命召見備局大臣仍啟曰臨津把守爲令

日第一策今聞尹知敬上疏臣等邀與相見商確機

宜忠謀奮發令人動聳大檠侍從之臣以　御史下

去董率餙旅則諸將守令莫不用命請尹知敬檢督

御史補餙速爲發送何如　傳曰允知敬以一書生

慷慨忘身徇國家之憂其所規畫足以有爲而臨發

兩陳炮手火藥等事皆為當事者沮格終不克觧散

其事識者嘅焉是日儂與伯厚聞號牌廳載中外成

冊翰入江都道路見者莫不憤惋遂連名上章請罷

號牌以收人心進　駐前路以振士氣　啟下備邊

司○二十一日　慈殿發向江都　中殿東殿随行

陪従大臣右相呉允謙至夜晝街中官自內將命

命　中殿東殿還以大臣請分朝也午後　中殿還

發行向江都○二十二日　傳曰世子下歸南方九

事便宜行之守令有闕擇其慶可合人除授以為瞀

動之地事愚之後監兵使大邑守令亦為除授以吏

兵曹官從行者主除拜事記事則說書為之○說書

吳達升承 令問安于 兩殿及于富平而還報○

二十三日安州敗報至○二十四日壬辰 王世子

分朝南下以全州為駐駕之所○陪從官領府事李

元翼左議政申欽分兵曹參判李命俊吏曹參議李

聖求貲畫使李楨彌善李景憲無文學鄭弘溟文學

金堉無司書尹墀說書吳達升兵曹佐郞金高翊贇

李惇五金迪衛章申翊亮副章韓翼明東陽尉申翊

聖知事沈悅體府從事献納金世濂軍器正崔有海

禮曹佐郞睦性善尚衣直長金濤司僕主簿李時雨

武官壹衛大將柳斐中軍李英達○儂始也不得落

點於陪從之列是日朝本院以體察使意 啓請蒙

允 東殿擧動臨發 上御興政殿先引見領府事

大臣罷出後又引見東陽以下諸從臣下 教曰世

子幼冲卿等須勿各自爲心盡力補導諸臣皆感涕

而拜分兵曹判李命俊進曰 殿下平日所養之

將宜莫如李曙申景禛而當此奴賊長驅之時不用

此輩而欲待何時尹知敬以白面書生猶能上疏請

把截臨津李曙以武將反退守南漢以爲自全之討

可不痛哉臣戰非所宜言而今日遠難不得不盡所

懷

答曰朝廷自有慮置為分朝者自為分朝之事

可矣東陽尉李聖求金世濂等皆有進言而無乏記

者遂辭出坐　闕門前自　內命賜臘藥人一封陪

衛出興化門到漢江日己夕矣　世子乘舟舟上不

設帳幕只藉以編茅江風甚惡景色凄冷從臣咸以

王候致傷為憂而恨李滇之向　上不用誠也　時

李滇為京坼監司　初更到果川縣○二十五日晴大

風下令遣文學金堉問候于體相下處○體府達曰

義州判官崔夢亮死於國事今聞其妻子在本縣地

請別遣宮官致吊賻給以布十匹何如　答曰依達

9

無司書尹堉承　令吊賻時朝儂承　下令問安于

大殿僅得刷馬二匹駑鈍不堪騎書吏金後南從到

銅雀津只有一舟而無擢楫江邊觧操舟者皆適不

出　國家號令已不得行矣彷徨江岸者良久聞李

光翼者尚在江村親徃見之乞其奴習舟者具楫物

乃渡時惡風麤浪行者競渡舟且液漏幾不能渡抵

京葵　王世子問安　答曰知道予始與世子約以

一月二度問安而今何緣到果川乃馳使來此時不

可貽弊驛路此後勿爲問安之意甫其歸報　世子

儂遂辭退承旨則金尚吳翿在坐入臺廳見府院諸

公握手而別挺而適来相見道其慈親病患極重勢

不能及於明日　動駕時扈從仍於邑不食僅行過

舊居歇馬飯從者還到漢江渡與蓬萊鄭相父子同

舟而濟日暮入果縣縣監吳達天在焉遂得遞馬投

三嶺舊庄申僑諸人来見夜黑不可行坐僅一更即

上馬使從者持炬夜行平朝到水原府　鶴駕未及

輦矣上報　上教○八京時見二十二日成貼平安

監司尹暄狀啓賊鋒已到甫川而平壤人民洶懼哭

聲滿城各自墜城而下一時潰散勢不可臣獨與軍

官數百餘人坐於空城守禦無計不得已退屯於中

和欲往祥原等地呼召義旅而一路攏攪已斷兀奇

無路傳達東望痛哭而已云臺諫論喧依律而　上

命拿鞫以金起宗代之○二十六日是日　大駕幸

江都○翊衛鄭好學副率尹舟殷侍直李行進李尚

贄洗馬金守宗来會于此雖不在落點之數而自倚

粮陪従也　下令出體府軍資木百五十匹分賜崔

衛軍進上魚膳等物亦如之放本府罪囚二十餘人

時儂眼病甚重適逢柳大鳴于府門內請醫大鳴言

當於公州安頓廬乃鍼云朝飯後　東殿動駕發水

原府府內人民數十百名呼訴於路左請焚彌碑册

至亢城下生負柳文瑞沈枰奇晩獻幼學申澣等二

百餘人伏於道左上疏言願 邸下駐駕于此請命

大朝速斬李曙崔鳴吉之頭梟示城上以慰民心

答曰甭等招集義旅欲爲死守之計爲國之誠余甚

嘉焉疏中所陳余不能自斷當與大臣議啓是夕到

振威縣令俞是曾頻以勤幹見能○領府事以下引

見講院亦皆入侍 世子慰諭領府曰國家不幸有

此播越使元老扶病遠行未知日間氣力如何領府

對曰小臣平居專廢匙箸氣甚委甭自登道頻進粥

飮氣仍蘇快然不便跨馬以草作櫈子貯身而用人

13

舁行無異駕轎不勝未安且念　邸下春秋未壯跨

馬素所未閑而連日馳驅得無勞傷　王體子請曰

明日　御人轎　答曰不惟調發人夫有獎　大殿

去邻亦且乘馬跋涉而余獨何安於人轎乎○世子

曰兢鋒漸迫　大駕八江都之後所恃者舟師兩南

舟師宜更催蕆以會江都領府對曰當初己為分付

今依　下令更督○世子曰賊若長驅則南下之後

當駐何地領府對曰賊情叵測以勢言之則似無南

搶之理而我無守禦可恃之處安保其賊之不汚南

土于今當下駐全州若事惡則直向統營統營樓船

器械完偹李守一頗得士卒心亦足倚伏海路亦可

達于江都矣比諸瑞恭之醒縠偏區則不啻倍矣○

二十七日晴縣令俞是曾引見 世子曰聞他群縣

皆未及到以殘獘小縣獨支供乃甫余用嘉焉又

下令䟽放本縣被囚罪人○宣傳官金克信以江都

問 安事奉徽旨出去○卯時 動駕到素沙橋邊

院中火忠清監司權盼清州牧使沈噐成等領兵二

千餘人迎于境上○海運判官洪憲来謁引見 世

子曰國運不幸奴賊猖獗 大駕播越僻處江都轉

漕不絕惟海運是望憲對曰頂承 諭旨今又 下

令臣敢不盡心牙山所儲田稅米只有五百石當合
別收米一千石姑先載運具餘亦當催捧以運　世
子更諭以須及来月望前運送之意○是夕到稷山
下令左相以下及本道監司引見　世子曰聞沈
器成軍二千名以扈衛来到云此軍欲送于漢江與
撚戎李曙同力把截何如左相對曰扈衛亦重此兵
之外更有他兵之可以扈衛者則可矣權盼進曰聞
變之初兵使柳琳即簽正軍七千名已赴京都此軍
則僅收合束伍惟爲扈衛而来　世子又下令使無
司書尹墀議此事于都體察　世子曰本道舟師已

16

八江都耶盼曰昨見水使之報十九日祗承　諭旨

二十二日蒙船云　世子曰軍兵禁軍中自募一人

使之前往京都探問賊鋒今逼何地臨津漢江把守

將帥兵馬幾何一一聞知而来左相曰　下令至當

○行司直申渫辟奴丁三十餘名来謁于道左　○二

十八日晴卯時　世子出御東廳召集父老軍民而

宣論以倡起義旅而討賊按堵耕作而勿散之意父

老等皆感拜而謝○引見各邑守令奉安郡守睦叙

欽溫陽郡守朴簧稷山縣監趙昌遠清安縣監閔枅

平山縣監黃瀁木川縣監柳時英清州牧使沈器成

17

申渫亦與焉守令等各陳其縣獎瘼而或有非其所

宜言者 世子曰朝見饌品中用牛肉此春耕之日

逐日推牛則將何以農作今後一切勿用○無文學

鄭弘演薦鎮川縣監洪茂績忠義慷慨可以為召募

将 辰時 動駕到天安晝點儂遇李光春于此地

叙潤外光春言其老母病在床席不得扈從儂勸以

弭召鄉兵以助官軍光春雖雖而去○未時 動駕

八全義縣○宋達甫以報恩縣監來見于宿舍贈以

大召○二十九日晴卯時 動駕到廣亭晝點弭召

使金長生狀達至午時 動駕到錦江金溝縣令李

18

略領自募軍一千名束伍軍二百名扶安縣監韓興

一領自募兵五百名結陣于沙中迎謁　世子駐駕

命資畫使李植宣諭二邑將士申時　八公山巡察

使沈器遠謁見　下令引對儂以眼病甚不得入侍

聞器遠上遏賊三筴其一藏兵車嶺而設陣錦江其

一把守竹嶺鳥嶺淸風嶺使賊不得入嶺南其一屯

兵瑞恭之間使賊不得入內浦聽其言誠甘且美而

其與古人投袂之義異矣○朝羞胡留豐德令姜濤

等邀到鎭海樓使申景禎薦享待之

二月初一日戊戌風雪大作　下令曰風雪如此亭

衛軍士必多凍濕使之撤去〇遣中使問安于江

都全羅兵使申景禋領兵上京　下令引見景禋

世子問其軍數景禋對曰親兵七百抄發之軍三

千并將官倉頭則不下四千餘人後運軍二千名亦

追後上來矣　世子又命李植尹墀宣諭景禋軍〇

以沈悅爲軍餉色堂上林川郡守李敏求爲倡義使

從李植之請也〇撫軍司堂上三望沈悅李命俊李

聖求加望李植〇號召史金長生副使宋興周自礪

山來謁　下令引見興周極言積裳山城形勝可以

駐駕〇下令本府預備酒饌明日犒饋京砲手〇本

院達請分房○初二日晴申時 世子出御大廳登
進士民等宣諭文學金𡑄讀宣諭文文李植所製○
下令領府事以下并引見儂以病不入 世子曰南
来累日絶不聞 江都消息且不知賊鋒遠近殊甚
譽譽其不可自此募人直從西路而詳探賊勢耶領
府對曰頃已募得三人一人則使入京都探聞先還
二人則使直前西路期迫賊陣乃還 江都有宮官
在前已通言使之随所聞即達矣 世子曰募送偵
探人必得某鎮文報或取某州懸板而返然後方可
為信領府曰臣等亦已教送矣 世子曰若往全州

21

則當久留不遷耶領府曰今此　邸下之行專為監
撫不可久駐一慶賊雖退去固當巡撫各邑區畫諸
事〇李植以翊衛司之員不受　點者不得在於班
行則歸咎於臣為言　世子曰翊衛之員雖八班行
有何貽獎〇見朝報是日亥時胡書二度至江都〇
初三日晴大風　下令停山城舉動申時　世子出
御大門命李植尹墀慰諭兩湖軍勉以盡力把守錦
江之意時公州林川之軍屬於禹尚中金溝扶安之
軍屬於李恪　世子又命從事官崔有海出軍資綿
布六十匹分賜兩軍公州軍一千三百三十名僧軍

一千名林川軍一百名金溝軍八百名扶安軍三百
六十四名是夕宣傳官金克信回自江都上政院草
記二度　下令引對克信進曰臣正月二十九日至
通津　大駕尚留其縣臣遂上謁退乃逹于江都上
問安于　慈殿中殿二殿傳敎曰與世子相分始得
聞安穩消息慰喜殊甚仍命賜臣囊子尺錦等物○
見朝報尹暄狀啓金汝水於正月二十六日自安州
生還言賊兵不過萬餘而一人各持戰馬二三匹皆
着鐵甲眩亂人目隔城器械雖曰雲梯連層扺城僅
得步上守城軍盡是民兵故先自潰散云南以興金

俊父子自焚死虜候朴命龍以蘭英親族授降之際

為亂兵所殺云城未陷時二十日夜朴蘭英吳信男

来到城下語及講和金俊以義絶之云是日到付江

都○正月二十七日姜弘立稱五道都元帥為書暁

諭于平壤人民等云○二月初二日午後胡差到燕

尾亭申景禛張維接待云○奴差偕姜璹朴廬等往

奴中　宣傳官来傳朝報弘立答張晚書大畧言兵

既深八軍情甚銳不可徒以口舌爭辨特講真實好

意厚遺禮物及賞軍之資云恐唱可見○初四日辛

丑晴　動駕歆公州行到三十里許住駕歇旅尼山

24

男也公州牧使韓汝稷下直肅拜　令引見　世子

曰本州有長江之限且有山城卿須勤力○下令以

全州炮手一百名付沈器成軍偕赴江都且令撫軍

司賜綿布人一匹○初五日見朝報館學儒生尹鳴

殷等工疏請斬胡差及姜璹等斥絶講和　答曰觀

此疏章忠義凜凜令人靦顏佀霦麋之道自古有之

姑許息兵未爲不可○以姜絪正二品結縅金始生

爲從事使奴中云○初六日見朝報胡書到江都弘

立遺張晩書亦至○金起宗狀啓平壤城中焚燒閭

舍殺越人命者皆出於我國之人士夫則時無投入

者三和縣令崔應守江東縣監洪乃範俱以平壤人
受 國厚恩為國之誠必倍於他人昨日己與此人
等相議為鎮定人心之計○初七日見朝報 備忘
記全羅兵使申景禋身為閫帥不思星夜赴亂今始
緩緩上來極為痛駭所當論以軍律以警他人姑令
體臣拿致軍門從重決杖○巳時到金起宗狀啓三
縣等地土賊窩蕟守令竄入島中難保朝夕甑山縣
監李匡復戰馬三匹本縣衙前公然奪去投入蔡英
陣中云○蔡英抵金景瑞子淂振書求王貫子向國
家多蕟不遜語淂振持其書納于龍岡守云○是日

政金浚　贈右贊成張曍　贈領中樞府事全尚毅

贈兵曹判書宋圖南　贈禮曹參判李尚安　贈

右贊成金良彥　贈判中樞府事戰亡人也○初八

日是日姜綗向龍泉　賊入平山境○初九日是日

成帖鄭忠信與申景瑗約會兒山景瑗所領僅一千

相繼而逃今見存者只八百餘名云○初十日夜京

圻監司李滇馳報于本府初六日賊首瑞興體察張

晩退走東路松京盡潰云　世子引見陪扈嚴官中

曾經臺侍者柳永順金存敬等十七人使各陳所見

柳永順李彥英奏言最勇罷出後又引見兩大臣及

撫軍司諸堂上扈衛大將中軍方伯府尹議定移駐
之所領府事請晉州為信地左相亦從其議沈悅頗
說羅州之好李聖求又說順天人心風俗之好卒從
大臣議以晉州為歸時李命俊獨排製群議以進駐
赴亂為言而多有妥敦過當慮似不識分朝本意〇
初昏宣傳官安弘立來自江都蓋為侵李将等兵赴
江都云〇邸報是日三司請斬弘立蘭英等勿為親
見胡差〇十一日世子出御府大門宣諭士民〇
體府軍官魚起樂往鳳山偵探還言初六日賊兵到
劔水站兵可萬餘馬皆有副結陣之時分屯三慶前

鋒二百餘騎先向龍泉渠時上山隱身而望見云且

言張元帥走向長端副元帥鄭忠信只率軍官及守

令等屯瑞興地黃海監司李必榮在平山山城聞賊

兵已近走向海州云○撫軍司更請以順天為移駐

之所聖求之議也○以柳斐為三南統禦使使率全

羅監司牙兵把截公山以元裕男為扈衛大將裕男

府尹元斗杓之父也○體府從事官金世濂聞承重

祖母喪奔往原州以兵曹佐即金堉代之○十二日

小雨 世子引見講院官又見兩大臣又議移駐之

所領府事曰臣始以晉州請為信地人多言舟通江

都莫如順天此是大義而在臣不得不從其議僕遂

進言臣等私議與大臣異且以伯厚為證伯厚乃陳

順不如晋之故左相色頗不悅而堅執順議○午後

世子出御大門犒柳斐軍軍凡九百九十五名

世子親舉觴以侑之賜柳斐及副將宋震善弓矢賜

從事官高傅川及軍官將官等或膃藥或紬布有差

○是日辰時京圻監司馳報賊大陣留瑞興游騎三

十餘已到臨津云故有議移駐之所送柳斐軍之舉

○諭召使金長生請對僕以病不能入夜大風達曉

○十三日兩辰時摠戎使狀達賊留屯平山姜絪入

賊中傳國書賊又胡差定和事○是日本院始禀書

遂 答曰畫講爲之○柳斐章兵向公州是夕禀畫

使李植自公州至植前以坐牢湖西心留公州不従

駕来全今始至○邸報合啓論崔鳴吉去邪主和

之罪盖吉以狡虜爲質直可信降将爲忠節可尚云

請竄○十四日陰李植引對 世子問植以公州留

屯軍情及把守事植具陳其不可恃盛言江都守禦

亦疏仍辟畫兵法有若真謀士者然 世子又問全

羅道後軍赴江都者幾何植對曰抄得二千工去儂

進白金溝募兵之獎○宣傳官金鎔来自江都有

旨于體察及方伯使刮餘兵上送　世子引見鏊對

以賊兵尚屯平山姜弘立朴蘭英胡將劉海等來到

江都議和自　上引見弘立等云○體府以設科慰

三南人心狀達蒙　依達是日始開書　廷儂與伯

厚入侍○是日饌胡差罷後宰臣　啓曰原昌君與

李弘望來見對差行茶禮罷臣等設宴相接劉頗歡

論酒半臣出示約条對皆退託指犯境字曰不妥且

言韓姓兄弟旣已剃頭渠不願來奈何云對且言金

人以快活為好男子王弟見金王弟時雖有所問勿

為薔澁云是時以海稱大人○十五日兩　世子寧

32

從臣守令等行望闕于大廳以兩退行科擧于十八

日○無司書尹墀以問安往江都昏偵探宣傳官金

友善還自京城聞留都大將金尙容扵初九日浪信

賊到臨津之奇邊出城渡露梁亂民秉時焚惠廳及

戶曹軍器寺云○是日巳時原昌君玖護行官李弘

望闕　朝○府啓論達城尉徐景霌先出家眷走避

之罪　李景稷餞遣胡差扵燕尾亭稱大人○平山

府使嚴愰馳報初九日曉賊蓑千餘兵分行兩道搜

畧山藪汚辱婦女掠奪牛畜閭有紀極云○十六日

陰雨晝講儂與文學八食後　引見虩召使金長生

副使宋興周參謀官宋國澤以將向礪山去也又

引見監司閔聖徽　命散遣守令歸其任勸農夕又

引見十五邑守令全州羅州咸平㤗仁益山昌平

井邑筏長高山南平光山和順淳昌長城任實　問

所率親兵多小使各歸其邑勸民農作○昏宣傳官

辛成産来自江都盖　大朝聞分朝將向嶺南有

吉于兩相使勿輕動姑留全州云且聞和事將成賊

之所求綿布四萬匹紬四千匹牛四千頭虎豹皮二

百領且請　王子若弟為質　朝廷以李継先孽子

溥稱王弟直赴武科超階嘉善假銜遂城君將䊵又

改以原昌副令玖為王弟以李弘望為護行官陞堂

上將送而未蔵云禮物則連議多詰差胡而減數綿

布一萬五千匹紬一百五十匹虎皮二十張豹皮四

十張大鹿皮四十張倭刀八柄鞍具馬一匹笒布二

百五十匹笒胡書張維製進云○是日李眞寶自忠

州來始聞老親家屬由加平路已達于忠州　以權

帖為朝天奏聞使鄭世矩為書狀官○是日酉時劉

海楬帖入江都○金起宗狀啟慈山進士林豹變挺

身倡義為一道始其志可嘉云○十七日雨　世子

下令諭于三道監司使列邑守令親出入田間勸民

耕作文出伯厚手○遺宣傳官南俉巡審三江把守

慶且　下諭于摠戎使李曙慶尚兵使趙琦忠清兵

使柳琳等慶使之堅守從體府請也○朝報金起宗

狀啓附賊人鮮于洽康貴龍○十八日乙卯雨　世

子出御西上房大廳試士出題後　出臨北亭子試

武士文科試官沈悅鄭廣敬李聖求李植崔有海儂

及崔始量伯厚以禮房入叅　殷憂啓聖箴受　點

為題李植出也取金尚賓吳權金元立柳莘老等四

人○十九日雨　命左相試武士○見朝報原昌君

與李弘望偕胡差劉海及朴蘭英十五日向奴營姜

弘立仍留江都云　潭陽府使趙希逸自江都將赴

任所為蕭拜來過言　世子南下之後仁聲大暢金

金珉俗莫不延頸云○前輔德李竣自嶺南來蕭拜

下令引見　世子問募谷幾何竣對曰米得石者

二百五十餘租得石者二千五百餘云○二十日晴

昏雨文學往試所○二十一日雨彌善往試所　下

令自夜得泄瀉之證氣似不平書遂勿為○二十二

日雨伯厚又往試所○見京報黃海兵使李檝寧江

原道兵駐新溪初九日卒遇賊兵皆潰黃州判官元

翩新溪縣令李以省家屬被虜康翎縣令慶信射賊

見殺扵後聞之則誤也○前平安監司尹暄以棄

城之罪十五日梟示云○二十三日小雨　命判府

事沈悅　往試所文學徃試所　晝夕講儂與汝思

八侍○宣傳官蒙命俊来自江都○二十四日雨晝

夕講儂與彌善八侍儂徃試所午後寒風挾兩而驕

舉子皆凍戰不得已早罷○二十五日晴文學金堉

說書吳達升入晝夕講儂徃試所左相以命官徃○

洗馬金守宗呈疏乞歸省病母　賜臈藥一封而送

○二十六日晴儂與彌善八侍晝夕講○體府軍官

同知辛成立宣傳官南俉等還自江都言原昌君十

八日夜抵平山奴陣十九日始傳國書則賊將以不

去天啓年號生獰欲罪劉海而止又攻他胡數輩二

十一日當到江都云○又聞李曙守漢江趙琦亭兵

七千合沈噐成軍晉守臨津聽張晚分付相幾進退

云賊欲去而乃守臨津非曙晚執畫此策哉○二十

七日○二十八日○二十九日○三十日

三月初一日○初二日○初三日○初四日○初五

日○初六日○初七日○初八日○初九日○初十

日○十一日○十二日○十三日○十四日○十五

日○十六日○十七日邸報弘亭書阿將本意必欲

大搶兩西而歸自兎丘退來要士力言和事已成不

當搶掠阿胡嚴分兵兩路一由海州等處沿海而西

昨夕到平壤一由新溪遂安轉入三登成川之路昨

到平壤昨朝要士與斗斗相詰要士至於不食阿將

斗斗乃許安州以南不爲搶掠云云且胡中約以十

七作誓十九日向安州之路云○是日胡書至有水

鮋田魚鮋民戀房産等語極其傜辱痛哭痛哭○十

八日○十九日

南征日記乙亥

九月初八日朝承政院牌招詣　關入坐王署待姜

40

丙丁日記

皇明崇禎丙子六月余拜司諫自抱川入京謝　恩

後即上章論左議政洪瑞鳳貪污不宜居具瞻之地

瑞鳳大狼疾其子獻納命一上疏爭訟時居領右位

及元任大臣皆瑞鳳一體之人且忌嫉於己之所為

於收議咸請拿問金尚憲亦於　經筵斥余必欲加

余重律賴俞子善以特進爭之強継有閔公馨男

以知義禁上疏言拿問臺諫　國朝所無事　上遂

動聽下理三日乃釋即還抱川舊栖屏伏田間不得

豫聞朝政者七八月至十二月十三日夕家奴介孫自

京来言聞之道路胡騎似應云以奴愚劣不之信其
夜于時後在京沉奴雇人来報寇深十四日晩許李
鎮在松山亦送人報賊已八黄海道云即治行具補
馬鞍齋粮秣屬老親於稚弟及壻即董使之避道成
賣雲間朝食後叢行到祝石嶺下遇抱倅權大有言
虜已過黄鳳平山間而或云已迫開城府自 上當
更待愚報動駕避地時未定云八松山外家則夜已
數更外祖毋時年八十八寢疾累月奄奄之状不可
忍見两寡姑在側號哭而已忍後去鄉忍淚訣別而
去冒霜雪夜行道中行人断絶雖耳飄消息亦不得

聞笑到東大門外則鷄未鳴而門尚鑰行人填咽曲

城內或言 大駕方往南漢或言既已講和 大駕

明日還 宮危亂中訛言頗如是也待門開入城則

十五日朝也 大駕去邠的矣暫過草前舊家促草

具馳出水口門向南漢過往十村有一帶靑衣者謁

余馬首余不省何人也奴生伊曰此侍講院使令汝

邑南也問余曰進賜將何向答曰余在鄕故未及

庵駕今向南漢矣汝邑南曰小人自南漢下來

嚴動駕定往江都小人見 東宮亦爲動駕而后來大

進賜從直路則必不及矣須趣徑行余猶疑而不信

45

去汝邑南幾一里呼而更問曰汝言信于如是者三
南曰我何故而欺進賜余遂用其言從間道出露梁
津遇朴敏長　父子則亦言聞之道路頻言　大駕
向江都余乃決疑前行未及金浦郡曰已沒矣投宿
休歇家曉鼓路遇安陰縣監沈長世問之則答以我
亦不知的奇遂入金浦官太守李淮下階迎余相携
洒淚余曰他不論　大駕審向江都否曰未也方
住南漢余聞而驚惋便即還向南漢之路主人應我
僕飢馬瘵俍設朝食供蒭秣馬託拂衣而行是日烈
風如刀飛雪撲面臭目難開馬凍蹄脱十步九顚即

十六日也繞行數十里日已昏暮不得已投宿休歇

家十七日天未明擧其慶奴介同使之前路從露津

氷上步行穿漢江越邊許家阡下遇弘文館書寫金

承善曰賊已遍道路進賜必不得入南漢莫如自此

轉向江都江都亦　廟社所矣余答曰余當傳城下

而後已趣馬而行遥見良才野中鐵騎縱橫矣逵入

獻陵逵左有武夫三四輩探飯而坐揖余問曰吾

等即體府軍官也在外未及從　衛今到此山下逢

虜被奪所騎故徒步請從公共圖入城遂與偕入

獻陵齋室齋即皆已散矣問諸守僕等曰虜屯南漢

山下者不多而時掠村落而已尚未八　陵中余與

武夫輩登　陵南麓而望虜陣果不連屬糜幾乘夜

穿過等待之間忽遇前縣監金堈端且上山而來言

我亦在抱川新遭喪耦僅草瘞而來昨於此野路中

逢虜奪馬今此遲囬　陵下者亦如公意也遂與同

宿齋室十八日曉武夫輩皆辭去余與金公作粥而

食朝日上三竿守僕等來告曰陵外之賊驅馬而動

今日必有搜　陵之事幸進　賜匵馬于齋後杏林中

人各占鬐鬣中則可以免矣余與金君從其言俄而

騎胡三十餘突八　陵內聞余馬鳴聲即至其處驅

策而去余與金君竄身松檜澗谷間得免終日不食

余言于金君曰吾等始計穿賊來此陵下者為入南

漢賊勢如此無間可入遲留數日終遭搜山之患若

坐此不變則徒死而已吾亦少時慣遊冠嶽山其險乢

恃而果川縣監金念祖吾亦有分可相就相與召募鄉

兵以勤虜掠之賊旅申臣于討賊之義而其與遠去

南漢竄身避亂者遠矣遂乘昏徒步鱗次而行將出

獻陵洞口又遭遠掠賊騎返陣者數三來若飄風

吾等皆鳥獸散相失候夜深相聚則余失耳掩生奴

失長刀介奴猶不失衾袱金君奴主無失物夜半後

乃敢從微逕作行未及良才驛八一村舍無人久矣

奴輩得破瓮吹火作飯以救一行之飢生熟雜沙不

暇論也行到羽萬郊余脚力酸澁不能動使三奴適

負而行金君健步自如入果縣官村已空有一避亂

止宿者出而應客問縣中事曰惟聞太守上冠嶽云

到三峴奴人家則村無一人在者入廳暫歇生奴等

三人前後牽挽我登滑次品則日已出矣十九日曉

金君飛步先行入佛成寺余繼至則避亂男女填咽

縣監縮廪于僧之後房相與握手灑涕仍講呂集義

旅以爲 南漢蟻子之援余曰縣監公雖尸此土而

50

無手下一卒孤寄山中須先結此山中避亂壯勇鹽

緇徒中健者依險阻遏賊而後乃可爲也感曰諾果倅

炊飯食我兩人既狼川君出巡山中避亂人諭以倡

義之意象多樂從辜二三慷慨者來余使呼入迕中

言曰吾等俱以受　國厚恩之人不及　扈從來授

此山者實不敢偷生遠走而爲此山密通　南漢也

賊雖來搜山中吾等之義死固甘心甫等父母妻子皆

入此山甫誠能受吾約束或張弓矢或舊釰火各守

要害與之戮力則甫等父母妻子皆保而功名可立

矣甫等視此山何等形勢象皆一口而應曰誠如公

言願盡力其中稱軍資書員洪孝男者頻觧事狼川

君使相薦引列書壯士于冊幾五六十名先時果守

運縣軍器倉米峙于佛成妙德寺中矣二十日早食

後候者傳言賊騎有來迫山下者召合昨日約束義

徒無一人至者寺中涵涵皆已走匿余與果川狼川

兩君亭奴丁四五名歩上山腰則鐵騎三十餘騰過

滑品果川軍官鄉所無一人從其守者吾三人各伏

奴星竆身品堅間以終其日賊退下寺則男女被擄

者甚多貨財不可勝載余寢具食具皆失矣此後乃

知避亂人不是與防賊計無奈何也兩金君聞余說

靈珠臺之險夜半決計徃就之出寺門則果川品官
妥舡等交謁果守曰明日賊必大搜此山靈珠臺不
可恃也不如從吾等出水原龍仁間下湖西之為萬
全徒死奚益從者果更海逸就逸及奴丁等舉不欲
向靈珠而是安舡之語果倅亦不能無動狼川君力
言吾等豈可負初心而遠離　南漢且賊已徧圻旬
雖從間道必不達辭氣慷慨余亦助之果倅於是翻
然覺悟辭安舡等使一僧前行指路吾三人杖劒而
從時山月中天萬壑情然微逕嶄确失足幾墜者數
矣及抵靈珠臺下小菴中避亂男女及僧徒帖帖充

滿吾等入廐堂奧二十一日上靈珠臺悵望　山城

吞聲下淚座首李仁元別監李亨得来夕余以諭告圻

内守令士大夫起義兵赴難之意草檄二十二日檄

成使果川君繕寫愚無人傳檄者會李亨得子名嶸

者来省其父果倅勸屬授檄俾傳南陽守守即尹蔡

也二十三日曉李嶸持檄徃南陽登臺瞻望　山城

城頭只有列火數三廐是日聞公清道軍兵来屯水

原使果倅執筆口占一書激勸監兵使使之趣進兵

以解　奉天之圍官奴連金受而去二十四日雨雪

終日朝有人来傳去夜賊迫　山城城上放炮礌石

賊多死傷城中又出火手斫營云二十五日雩霽風

列夕李崚遝自南陽言南陽府使避兵在花梁傳檄

則府使與奮義大將趙翼叅謀鄭文翼金尙沈之源

李時稷尹鳴殷趙蒙陽晉陽答書有曰等亦有是意

方招集義兵明日內點送三十餘名于其廩以受諸

尊號令云連金則還言公淸軍兵已潰故不得傳檄

云蓋謖言也夕食後登臺望見則賊騎無慮數千終

日渡漢不絶八 宣靖陵內轉向 獻陵後坪見者皆

以爲諸道赴難兵徐覺其非也蓋賊用虞詡古謀也

二十六日霎甚賊之四出虜掠人畜徃来扵道者如

織午後有一軍官補自舊義大將所來將向京城云

余又使果守操筆即占一書仍寄留都大將沈器遠

備陳車戟之利狼川君請徇妙德諸寺激勸避亂人

倡起義兵獨身而去二十七日晴蹇甚狼川宿佛成

而還言丁壯應募者二十餘名云頃之武無三四人

至補以體府軍官受檢察使金慶徵分付韋砲手六

十餘名自江都出來為撲擊零賊云余目其為人皆

不足與有為者不接一言其後聞其人等望賊而奔

優遊山谷間徒掠僧食而還八江都云是日果守書

前檄文付軍官使傳江都二十八日晴蹇甚李仁元

56

避走中興寺云三十日早登臺上都城內外烔火漲
盖者一彌滿都城內外橫亘沙坪留都大將沈器遠
避亂人来言胡兵自沙峴入来無數持黃盖者二白
應之兆四方觀　王之師果何歸乎痛哉痛哉有一
十九日登臺終日望　山城數十里內絶無烟火相
伏鄉校村後賊收穀將出伏蕤亂射賊棄馱而走二
賊七八騎馳入果縣官廳李仁亢辜僧俗十餘名埋
府尹林慶業送兵撲城中賊云後聞則皆屋也午後
將夜攻城中之賊云僧法敏自萬壽寺来又傳義州
從其母慶来傳道路言都元帥送一當百與留都大

天賊陣三次渡瀆而遠望所可察者江氷渾白上六

七行黑點如蟻不絕也奮暮望見三江上下及楊廣

間則賊火一道自漢江達于蠶頭一道自清淵達于

光陵近麎又一道自沙坪達于鄭丘萬郊光炎照

灼炅不可正視始知賊兵之後來者多也其夜半果

守狼川君齋沐具精糧作飯用玄酒祭冠嶽神冀獲

眞佑以掃胡塵也余以病不與執事是時冠嶽寺井

患涸久矣當祭便溢人以爲異

丁丑正月初一日山中雪深一尺曉起登臺瞻拜

山城以申平日朝正之禮自不覺澌泗連洒午後炮

聲出自 南漢凡四五度意以為日賊來侵而 城中

用大砲也後聞則賊用紅夷砲也痛哉痛哉 初二日

朝霧四塞向晚晴明妙德僧工洞來言鐵串僉使辛

軍兵三十餘名來宿寺中仍向朴達云初三日早登

臺瞻望 山城午後大砲聲出自都城一番而止官

奴連金來傳昨日有炮手三人稱嶺南 御營軍卆

賊果縣官廳後三人齊放炮中三賊他賊曳二賊屍

而去一賊橫屍縣前云差強人意初四日早登臺瞻

望 山城有名禮居李齊運奴者自城中跳來言銅

雀龍山露梁屯賊皆是蒙古殺戮掘谷甚於真捷云

果倅因其奴應立來得其大夫人已達洪馮安穩消

息在余嗟美如何初五日晴早登臺瞻望　山城大

砲聲始於午前終酉戌間此亦紅夷砲也午後去賊

五六自鄕校洞而來到臺下沸唇之聲甚堯山中窺

伏婦孺驚愕自出者無數吾三人堅坐臺上使射者

注矢以待三賊猝至臺北石崖下有一避亂人自峯

頭先射者投石幾中賊顧賊遂退去夕江華人來到

自稱持大君狀　啓達山城自　上親使進前問江

都消息仍　命除渠守門將使之還報出城見擄數

日乃逃云真僞間吾等瞭聞　山城消息即始也悲

喜鯁咽難以形言昏暮避亂僧俗來過者頻言攘掠
之賊因本縣向化聞知果倅聚兵靈珠臺明日期以
大來搜山云吾等固知其風波之言而所辜官吏及
奴人僧輩舉皆驚動不能定矣李仁元獨曰舍此天
險而何依初六日衆議遂決去靈珠果倅留粮七石
于臺上藏軍器一馱于臺腰石竇各持數日粮往就
佛成未及妙德聞賊之搜山者四至三人僅得石窟
中以避是日雨雪沒蹊黃霧漫山黃昏下妙德寺寺
僧設食餉吾行仍宿避亂男女無慮千百填滿寺中
有兵曹書吏者來謁余又有龍仁書院次知書寫池

姓人者來現為其老父乞米扵果倅初七日晚到佛

成蓐食登後嶺從者李仁元李亨得邊就逸海逸及

吾三人奴各二名也皆持弓矢寺僧執弓来會者亦

八口名受我約束時至巳午間賊八九目妙德登嶺

倅至山下村里擄掠之賊緫至雲積登嶺賊見我象

有備輒出恐喝之討把松枝左右揮之有若招山下

賊之狀人皆惶怯不知所出余論之曰山下去此十

里彼賊必不察見此賊之為且此賊少扵我軍吾己

即時擊却彼賊緃知之吳暇及救今若退一步則此

賊必乗我背後射我立盡死中求生正謂此也象志

矢亦中一賊皆斃而餘賊出死力運屍而去可見賊
嶺上亂射應俊矢中一賊牙頰即倒又中一賊性元
淡慎寬玄哲性元奴生伊君石就逸海逸等迫之従
故示屯結之状其實走也仁元乃辛僧應俊慎環慎
掠賊顱而過日將下山賊始退向来路上妙德後嶺
而立屢賊矢如雨海逸等亦彀射生奴超是而射矢
俊即挺身而出諸僧皆不敢後余與狼川俱往仁元
肯進余挱釰擬之曰吾雖書生汝等若不進則斬應
屯於數十步之外果川辛海逸等継之僧徒却立不
乃定李仁元頗有膽勇彎弓敢前倚嵓而立賊亦止

軍法之嚴也賊所掠財貨皆棄而被擄人得免者亦

多云及暮吾三人下佛成寺宿追賊之衆皆來會獨

仁元後問之則追賊仁最居前有一賊自下仰射仁

元中右膝故來遲也吾等皆出門迎撫其瘡而嗟歎

勞苦果川作藥親慰其瘡索酒勸之八夜仁元言于

我等曰是山本有名而今日之戰又實吾等義兵之

名明日賊必以大軍來不如今夜避往南村脩理山

吾則老親在此山下不可遠去也吾等遂用其言執

仁元手含淚而別從飛山路穿安陽橋到沙器村少

歇入脩理寺初八日早朝登舍身寺西嶺入狼川君

64

所得石窟以終其日初九日登寺後橫嶺品石上使
奴丁聚石開弓以為把守之計午後賊騎十餘來掠
山下村落初十日又登其嶺果川君得一本縣逃兵
借我鈵將斬而止使海逸尋覓哨官宋惟禮不得是
日賊邏不搜山夕下寺宿十一日早食復登前嶺欲
相避地俄頃賊聲已逼山中吾儕三人各伏奴僕竊
八品整底以免夜遷寺宿衆咸以為此山無險阻可
恃之慶賊來日滋吾等徒死無益不如乘夜南出向
牙山平澤間借一舸入江都從　社稷也遂定夜行
之計果川書員弥勒献其馬一匹于果川載一行衣

粮余與果川督騎余笑謂果川曰吾平生不知騎馬
之快至於此也行至十餘里遇避亂人聞賊陣橫亘
道路不可穿過不得已復還舍身寺十二日早食登
嶺避賊賊終日搜山夜入其寺推牛以食夜深後審
賊退乃下寺惡具食食訖弥勒請引路従間道出吾
輩方苦竄伏之勞不能無萬一得生従其言到弥勒
舊家南村前諸人用蔥或飲米水或吸南草弥勒夫
妻痛其家已盡灰燼呼泣不已且收所埋穀粮以此
一行為之遲滯良久忽見左右邊烟火盛熖狼川先
覺曰此必是賊火相應余乃與狼川督奴僕荷行狼

川先其次余生奴介奴在我後果川尾行行繞數十

步許鑣騎三四大吘突出一行皆鳥獸散余越水田

氷上失足顚蹶僅乃上岸入棘林中介奴隨之林外

沸唇咆哮往来者無數而不知余處豈非天哉果川

先在松林間迗奴請余徃會相與咨嗟不知狼川

死生俄而賊聲又通蒼黃避之他處又與果川相失

奴輩亦無一人従我者俟賊退徃尋初坐處數巡而

不得相遇一人惟聞左右村落間賊徒吐馬之聲時

夜月低山天將欲曙余只仰蒼蒼而一笑倚小松下徃

其死生而已小頃聞人微語聲近之則生奴與介奴

至也問果川所在則已往備理云生奴牽我穿長林

數慶出備理大路日已出矣余晝夜奔走之餘筋力

已殫錐賊在後萬無運步之勢生奴負我而行幾晝

十里介奴則非惟愚劣潺潺之筋力亦不能矣幸逢備

理山下松林中疲憊而卧就逸忽来相遇果川継至

就逸以得於寺中飯半鉢和水生奴又出太末攬和

飯水中食吾兩人遂有生道矣秉昏度夜撿行中所

失則生奴失吾帶劍一弓一衣一果川失其慈親所

授衣服一駄及其家尊紅牌白牌羊裘一領其時以

失狼川所之晝夜茹恨後聞之則狼川與其奴君石

一夜走百二十里入南陽島中云健斈狼川奴德仁

失主從我十三日早食後登嶺望見賊陣南出者連

亘數十里一隊向水原一隊向南陽又一隊入山中

搜掠余與果川八前日狼川所得石窟中寒苦不可

言日晷暮欲下寺則賊尚在寺中遂緣氷崖入一石

窟弥勒妻子已在窟中矣艱難經夜飢凍不可言十

四日蓐食凍飯又向石窟避賊夕欲下寺則賊又扵

其夜留寺中轉向山後村民山幕經夜二奴故不從

也落在他處矣果川勸海逸及其奴一名推尋携来

十五日與果川得一水螯投芧而卧霎下掩體山鳥

啄面而四面賊聲矣二更後相與謀還冠岳度安陽

橋穿沈家阡入佛成十六日登寺之東嶺瞻望　山

城不覺吞聲夕以賊在寺中不得入投往山後朴千

世山幕經夜十七日簟食用官奴水男言入一石窟

終日昏後下佛成寺將食賊聲猝至門外挺身而跳

避入山幕宿具夜使生奴及果川奴一名下三峴尤

石家取租石置佛成爲糊口計十八日早食復得一

石窟去前石窟數十步酸風徹骨則似減矣夕下水

男山幕宿十九日又避石窟中是日兩雪終日賊亦

不至有果川官奴爲兵營使令者秉龍借人油芚作

70

幕容我一行經夜前一日水男毋年八十餘被賊刃

傷項一半駄来山幕中在傍呻痛可矜可矜是夜聞

山城大炮聲不絕乘龍饋我以飯二十日曉食登

佛成南峯上石臺終日夕復下山幕宿二十一日曉

便乘龍前道攀木緣崖登一石甚臺傾尺側之終

日暮下水男山幕宿二十二日　山城炮聲連日不

絕蓐食復登乘龍所得石臺終日二十三日登中峯

石窟後陽崖露坐果川婢子得馬史一卷以獻披覽

終日慮此患難之中死生任彼蒼蒼心固無事矣夕

生奴鳩聚長席編秸別搆山幕卷粮炊飯頗勝寄宿

時矣二十四日微聞水男兒子之言承龍臺後更有

一臺懸絶懸索而上村民於屯金自得此臺妻子安

霞云余與果川斬木通道夜半至具臺下果有懸索

使奴人先上我輩縶哥以從臺上狹窄傾尺僅容七

八人於屯金者後至頗有慍色詬語暮下山幕宿二

十五日蓐食復登具臺 山城炬聲不絶賊之搜山

者比前甚多縱橫臺下吽怒之聲盈耳日沒後始下

山幕宿二十六日曉食從果川言使海逸前道向紫

霞洞岩上橡林間藏身奴輩及海逸等散伏他處日

午賊入山不知多小獰聲猝至岊下果川方睡余蹶

而起果川驚愕不定遂越嵒嶺而走余脚軟不及介

身石鑽卧而俟命俄聞賊聲似息山中無奔逞之色

迨從嵒邊數十步則奴輩伏在其慶生奴徐聲告曰

賊尚徧山中幸無出余縮坐嵒下時復困卧俄而一

賊獐呼獐至生伊慶去我慶僅十餘步以其樹木掩

翳故不能見我我則察賊甚詳非徒似是漢人所持

唯自挺而已竊意逼我我則義不可被虜當相扑相斃

決定於心了無怖心正所謂溺人必笑也生奴應賊

聲便從一手抱賊項頬前路而去意必畏賊見我也

於此乃知我國奴主之義不可泯也同生伊被擄者

介孫果川奴一南狼川奴德仁也賊去後起避他廈

岩石間臨暮果川来呼我說其幸免之状亦無異扵

我矣余曰吾輩雖獨身免儈從俱虜天之凶我與其

死扵賊鋒無寧上靈珠基净潔地以自决于果川持

以不可從就逸等言是夜移往青溪余則脚力漸盡

專籍海逸推挽而行穿故兵使李崦攏向鷹峯下披

落葉飢凍終日昏暮下宿鄭大方奴子廣生家生也

知吾與其主有舊張燈設席具美飯食我亂離中初

見事也二十八日蓐食從廣生所避廈則男女數十

並廈岩窟中方痘之兒啼哭不止遣賊不入山夕復

下廣生家宿食青溪山僧熙尚就逸之師也送米二

斗我行賴以免飢二十九日蓐食又向昨避慶暮又

下廣生家宿三十日蓐食使海逸前道改向鷹峯西

得一高岩坼隙間坐臥俱不得小安軋輊終日賊之

獶聲滿於山下幸不搜山其夕遂向圓通小菴宿海

逸等作白粥以進

二月初一日蓐食避鷹峯下陰硿間終日夕下廣生家

宿初二日曉從廣生避前石窟中向夕廣生往圓通

還曰南漢城中哨軍出來言曰　上出城賊兵將撤

迴云聞其言肝瞻如鑿椎骨氣塞不可痛哭古今天

下安有主辱如此者乎諸臣之罪可勝言哉初三日

兩雪大作聞賊兵撤迴者絡繹花道而雖不搜山虜

掠路傍如舊云日晡時兩雪少霽移向青溪宿克倫

房有姜冨民金連成二人自昨從我即以廣南哨軍

八南漢講好後散歸者也仍聞南漢曲折甚詳初四

日使就逸等候閭則賊騎織路如鷺夕移宿青溪智

全房全即余布衣讀書山房時供飯僧也形容俱老

我不省識而全猶能憶得俱飯食而饋之之見舊情

而緇徒慈悲寶使鈌也初五日登寺後嶺望之則賊

軍瀰滿數百里之間前鋒接南漢前坪後陣在仁德

院其中白衣者過半我國人民被擄之多可知矣初
六日聞賊猶復搜山移向水月菴計定初七日早食
移住水月菴菴有老宿朧可八十有比尼秊亦七十
蓋尼之子為老宿上座先是被擄不還云初八日留
水月菴海逸等討粮山下以来初九日晩食後上國
寺峯候望賊兵暮復下水月菴宿十日留水月菴因
走囬人聞 東殿嬪宮及大君與夫人比行之訛痛
哭何言十一日自水月移青溪寺候道路通也十二
日仍留青溪十三日食後使海逸姜厚民等性冠嶽
取餘粮以為入城奔問計十四日食後移向白花寺

夕海逸等來會得吾二人黑笠于靈珠寺宛然昔日

貌樣矣十五日審知賊兵徹回已盡津路不捿早食

取漢江路向洛姜厚民海逸先導至良才村旅幕灰

爐人烟斷絕醒風滿野

庚寅日記

三月初九日集南別宮應查〇十日待　命禁府門

外夕定以白馬山城安置〇十一日出新門外尸楊

根家以金吾押去單子未卽下故留二日〇十三日

冒雨發行秣馬高陽夕宿坡州李熙川叔自京徑未

同宿鄉射堂許判書徽差　長陵進香亦未本府再

영인 자료

정묘일기 丁卯日記
병정일기 丙丁日記

《용주유고》, 미간행본, 각산 조영원 소장

여기서부터 영인본을 인쇄한 부분입니다. 이 부분부터 보시기 바랍니다.

역주자 신해진(申海鎭)

경북 의성 출생
고려대학교 국어국문학과 및 동대학원 석·박사과정 졸업(문학박사)
전남대학교 제23회 용봉학술상(2019) ; 제25회·제26회 용봉학술특별상(2021·2022)
현재 전남대학교 인문대학 국어국문학과 교수
저역서 『암곡 도세순 용사일기』(2023), 『설하거사 남기재 병자사략』(2023)
　　　『사류재 이정암 서정일록』(2023), 『농포 정문부 진사장계』(2022)
　　　『약포 정탁 피난행록(상·하)』(2022), 『중호 윤탁연 북관일기(상·하)』(2022)
　　　『취사 이여빈 용사록』(2022), 『양건당 황대중 임진창의격왜일기』(2022)
　　　『농아당 박홍장 병신동사록』(2022), 『청허재 손엽 용사일기』(2022)
　　　『추포 황신 일본왕환일기』(2022), 『청강 조수성 병자거의일기』(2021)
　　　『만휴 황귀성 난중기사』(2021), 『월파 류팽로 임진창의일기』(2021)
　　　『검간 임진일기』(2021), 『검간 임진일기 자료집성』(2021), 『가휴 진사일기』(2021)
　　　『성재 용사실기』(2021), 『지헌 임진일록』(2021), 『양대박 창의 종군일기』(2021)
　　　『선양정 진사일기』(2020), 『북천일록』(2020), 『괘일록』(2020), 『토역일기』(2020)
　　　『후금 요양성 정탐서』(2020), 『북행일기』(2020), 『심행일기』(2020)
　　　『요해단충록 (1)~(8)』(2019, 2020), 『무요부초건주이추왕고소략』(2018)
　　　『건주기정도기』(2017)
　　　이외 다수의 저역서와 논문

용주 조경 호란일기
龍洲 趙絅 胡亂日記

2023년 5월 26일 초판 1쇄 펴냄

원저자 조경
역주자 신해진
펴낸이 김흥국
펴낸곳 도서출판 보고사

책임편집 이경민
표지디자인 김규범

등록 1990년 12월 13일 제6-0429호
주소 경기도 파주시 회동길 337-15 보고사
전화 031-955-9797(대표)
팩스 02-922-6990
메일 bogosabooks@naver.com
http://www.bogosabooks.co.kr

ISBN 979-11-6587-537-4 93910
ⓒ 신해진, 2023